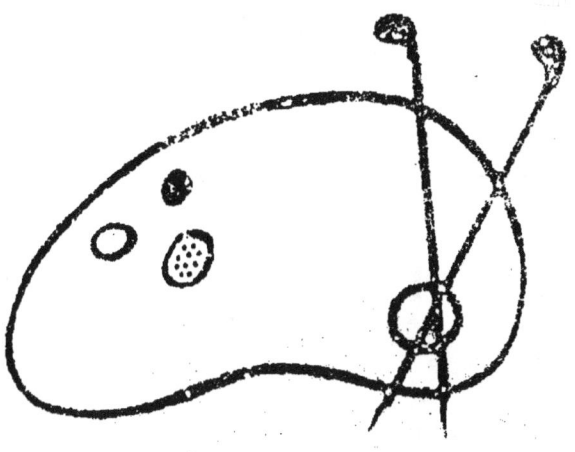

Début d'une série de documents en couleur

VINGT-QUATRIÈME ÉDITION

LES ANGLAIS
AU POLE NORD

AVENTURES

DU

CAPITAINE HATTERAS

PAR

JULES VERNE

AUTEUR DE CINQ SEMAINES EN BALLON

BIBLIOTHÈQUE
D'ÉDUCATION ET DE RÉCRÉATION
J. HETZEL ET Cⁱᵉ, 18, RUE JACOB
PARIS

Tous droits de traduction et de reproduction réservés.

LIBRAIRIE J. HETZEL ET Cⁱᵉ, 18, RUE JACOB

BIBLIOTHÈQUE D'ÉDUCATION ET DE RÉCRÉATION

VOLUMES IN-18
Brochés, **3 fr.** — Cartonnés toile, tranches dorées, **4 fr.**

	vol.		vol.		vol.
Ampère (A. M.). Journal et Corr.	1	Legouvé (E.). Pères et Enfants	2	Stahl (P.-J.) Maroussia.	1
Andersen. Nouv. Contes suéd.	1	— Conférences parisiennes.	1	Stahl (P.-J.) et de Wailly	
Bertrand (J.), Les Fondateurs		— Nos Filles et nos Fils.	1	Riquet et Madeleine.	1
de l'astronomie.	1	— L'Art de la lecture.	1	— Mary Bell, William et La-	
Biart (L.). Jeune naturaliste.	1	Lockroy (Mᵐᵉ). Contes.	1	faine.	1
— Entre frères et sœurs.	1	Macaulay. Histoire et Critique	1	Stahl et Müller. Le nouveau	
Blandy. Le Petit Roi.	1	Macé (Jean). Bouchée de pain.	1	Robinson suisse.	3
Boissonnas (Mᵐᵉ B.). Une Famil.		— Les Serviteurs de l'estomac	1	Susane. Hist. de la cavalerie.	3
pendant la guerre 1870-71.	1	— Contes du petit château.	1	Thiers. Histoire de Law.	1
Brachet (A.). Grammaire his-		— Arithmétique du grand-papa	1	Vallery Radot (René). Jour-	
torique (ouvr. couronné).	1	Malot (Hect.). Romain Kalbris	1	nal d'un volontaire d'un an.	1
Bréhat (de). Petit Parisien.	1	Maury (commᵗ). Géogr. phys.	1	Verne (Jules). Aventures du	
Candèze. Avent. d'un grillon.	1	— Le Monde où nous vivons	1	capitaine Hatteras.	2
Carlen (E.). Un Brill. mariage.	1	Muller (E.). La Jeunesse des		— Enfants du capitaine Grant.	3
Chazel (P.). Chalet des sapins.	1	hommes célèbres.	1	— Autour de la lune.	1
Cuerville (de). Histoire d'un		— Morale en action par l'hist.	1	— 3 Russes et 3 Anglais.	1
trop bon chien.	1	Ordinaire. Dict. de myth.	1	— Cinq Semaines en ballon	1
Clément (Ch.). Michel-Ange,		— Rhétorique nouvelle.	1	— De la Terre à la Lune.	1
Raphaël, etc.	1	Ratisbonne (L.). Comédie en-		— Découverte de la terre	2
Desnoyers (L.). J.-P. Choppart	1	fantine (ouvr. couronné).	1	— Grands navigateurs.	1
Durand. Hip.). Grands Poètes.	1	Reclus (E.). Hist. d'un ruisseau	1	— Le Pays des fourrures.	1
— Les Grands Prosateurs.	1	Renard. Le Fond de la mer.	1	— Tour du monde en 80 jours.	1
Erckm.-Chatrian. L'Invasion.	1	Roulin (F.). Histoire naturelle.	1	— 20,000 lieues sous les mers.	2
— Madame Thérèse.	1	Sandeau (J.) La Roche aux		— Voyage au centre de la terre	1
— Hist. d'un paysan (compl.).	4	mouettes.	1	— Une Ville flottante.	1
Fath (G.). Un drôle de voyage.	1	Savous. Conseils à une mère.	1	— Le docteur Ox.	1
Foucou. Histoire du travail.	1	— Principes de littérature.	1	— Le Chancellor.	1
Génin (M.). La Famille Martin.	1	Simonin. Histoire de la terre.	1	— L'Ile mystérieuse.	3
Gramont (Cᵗᵉ de). Les Vers		Stahl (P.-J.). Contes et Récits		— Michel Strogoff.	1
français et leur Prosodie.	1	de moral familière (ou-		— Les Indes-Noires.	1
Gratiolet (P.). Physionomie.	1	vrage couronné).	1	— Hector Servadac.	2
Grimard. Hist. goutte de sève.	1	— Hist. d'un âne et de deux		— Un Capitaine de 15 ans.	2
— Jardin d'acclimatation.	1	jeunes filles (ouvr. cour.).	1	— 500 millions de la Bégum.	1
Hippeau (Mᵐᵉ). Économ. domest	1	— Famille Chester.	1	— Tribulations d'un Chinois.	1
Hugo (V.). Les Enfants.	1	— Les Patins d'argent.	1	Zurcher et Margollé. Les	
Immermann. La blonde Lisbeth.	1	— Mon 1ᵉʳ voyage en mer.	1	Tempêtes.	1
Laprade (de). Livre d'un père.	1	— Les Histoires de mon par-		— Histoire de la navigation.	1
Lavallée (Th.). Hist. Turquie	2	rain.	1	— Le Monde sous-marin.	1

SÉRIE DES VOLUMES IN-18, AVEC GRAVURES
Brochés, **3 fr. 50.** — Cartonnés, tr. dorées, **4 fr. 50**

	vol.		vol.		vol.
Anquez. Histoire de France.	1	Mayne-Reid. William le Mousse	1	Mickiewicz Hist. de Pologne	1
Audoynaud. Cosmographie.	1	— Les Jeunes Esclaves.	1	Mortimer d'Ocagne. Grandes	
Bertrand (Alex.). Lettres sur		— Le Désert d'eau.	1	Ecoles civiles et militaires	1
les révolutions du globe.	1	— Les Chasseurs de girafes.	1	Nodier (Ch.). Contes choisis	1
Boissonnas (B.). Un vaincu.	1	— Naufragés de l'île de Bornéo	1	Parville (de). Un habitant de	
Faraday Hⁱʳᵉ d'une chandelle	1	— La Sœur perdue.	1	la planète Mars.	1
Franklin (J.). Vie des animaux	6	— Les Planteurs de la Jamaïq.	1	Silva (de). Livre de Maurice	1
Hirtz (Mˡˡᵉ). Méthode de		— Les deux Filles du squatter.	1	Susane. Histoire de l'artillerie	1
coupe et de confection.	1	— Les Jeunes voyageurs.	1	Tyndall. Dans les montagnes	1
Lavallée (Th.). Les Frontières		— Robinsons de terre ferme.	1	Wentworth Higginson. Hist.	
de la France.	1	— Chasseurs de chevelures.	1	des États-Unis.	1

SÉRIE IN-18. — PRIX DIVERS

	fr.		fr.		fr.
Block (Maurice). Petit Manuel		Clavé (J.). Économie politique	2	Macé (Jean). Théâtre du pe-	
d'économie pratique.	1	Dubail. Géographie de l'Al-		tit château.	2
A. Brachet. Dictionnaire éty-		sace-Lorraine.	1	— Arithmétique du grand-	
mologique (ouvrage cou-		Grimard (Ed.). La Botanique		papa (édit. popul.).	1
ronné).	8	à la campagne.	5	— Morale en action.	1
Chenevières (de). Aventures		Legouvé (E.). Petit Traité de		Souviron. Dictionn. des ter-	
du petit roi saint Louis.	5	lecture.	1	mes techniques.	6

Paris. — Imp. Gauthier-Villars

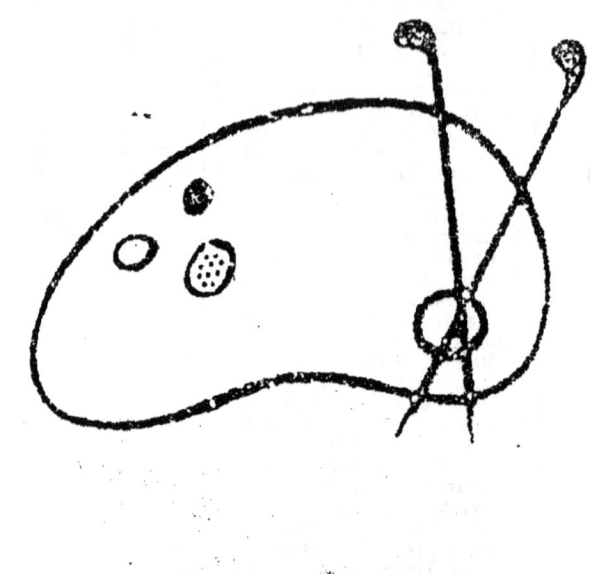

Fin d'une série de documents en couleur

LES ANGLAIS
AU POLE NORD

OUVRAGES DU MÊME AUTEUR
VOLUMES IN-18 A 3 FR.

Aventures du capitaine Hatteras, 25ᵉ édition.	2 vol.
Les Enfants du capitaine Grant, 19ᵉ édition.	3 vol.
Aventures de 3 Russes et de 3 Anglais, 18ᵉ édition.	1 vol.
De la Terre a la Lune, 24ᵉ édition.	1 vol.
Autour de la Lune, 20ᵉ édition.	1 vol.
Cinq Semaines en ballon, 43ᵉ édition.	1 vol.
Découverte de la Terre, 15ᵉ édition.	2 vol.
Les Grands Navigateurs du XVIIIᵉ siècle, 6ᵉ édition.	2 vol.
Les Voyageurs du XIXᵉ siècle, 4ᵉ édition.	2 vol.
Une Ville flottante, suivie des Forceurs de Blocus, 16ᵉ édit.	1 vol.
Vingt mille Lieues sous les mers, 24ᵉ édition.	2 vol.
Voyage au Centre de la Terre, 28ᵉ édition.	1 vol.
Le Pays des Fourrures, 16ᵉ édition.	2 vol.
Le Tour du Monde en 80 jours, 55ᵉ édition.	1 vol.
Le Docteur Ox, 19ᵉ édition.	1 vol.
L'Ile mystérieuse, 24ᵉ édition.	3 vol.
Le Chancellor, 19ᵉ édition.	1 vol.
Michel Strogoff, 22ᵉ édition.	2 vol.
Les Indes-Noires, 19ᵉ édition.	1 vol.
Hector Servadac, 17ᵉ édition.	2 vol.
Un Capitaine de quinze ans, 17ᵉ édition.	2 vol.
Les 500 Millions de la Bégum, 16ᵉ édition.	1 vol.
Les Tribulations d'un Chinois en Chine, 16ᵉ édition.	1 vol.
Un Neveu d'Amérique, comédie. Prix.	1 fr. 50

VOLUMES IN-8 ILLUSTRÉS.

Aventures du capitaine Hatteras. Prix : broché.	9 fr. »
Cinq Semaines en ballon.	5 »
Voyage au Centre de la Terre.	5 »
Ces deux ouvrages réunis en un seul volume.	9 »
De la Terre a la Lune.	5 »
Autour de la Lune.	5 »
Ces deux ouvrages réunis en un seul volume.	9 »
Une Ville flottante, suivie des Forceurs de blocus.	5 »
Aventures de 3 Russes et de 3 Anlgais.	5 »
Ces deux ouvrages réunis en un seul volume.	9 »
Vingt mille Lieues sous les mers.	9 »
Le Pays des Fourrures.	9 »
Le Tour du monde en 80 jours.	5 »
Le Docteur Ox.	5 »
Ces deux ouvrages réunis en un seul volume.	9 »
Les Enfants du capitaine Grant.	10 »
L'Ile mystérieuse.	10 »
Le Chancellor.	5 »
Les Indes-Noires.	5 »
Ces deux ouvrages réunis en un seul volume.	9 »
Michel Strogoff.	9 »
Hector Servadac.	9 »
Un Capitaine de quinze ans.	9 »
Découverte de la Terre.	7 »
Les Grands navigateurs du XVIIIᵉ siècle.	7 »
Les Voyageurs du XIXᵉ siècle.	7 »
La Maison a vapeur.	9 »
Les 500 Millions de la Bégum.	5 »
Les Tribulations d'un Chinois en Chine.	5 »
Ces deux ouvrages réunis en un seul volume.	9 »
Géographie illustrée de la France, par Jules Verne et Théophile Lavallée.	10 »

LES ANGLAIS
AU POLE NORD

AVENTURES

DU

CAPITAINE HATTERAS

PAR

JULES VERNE

AUTEUR DE CINQ SEMAINES EN BALLON

Vingt-quatrième édition

OUVRAGE COURONNÉ PAR L'ACADÉMIE FRANÇAISE

BIBLIOTHEQUE
D'ÉDUCATION ET DE RÉCRÉATION

J. HETZEL ET Cie, 18, RUE JACOB

PARIS

—

Tous droits de traduction et de reproduction réservés.

LES ANGLAIS

AU POLE NORD

AVENTURES DU CAPITAINE HATTERAS

CHAPITRE PREMIER.

LE FORWARD.

« Demain, à la marée descendante, le brick *le Forward*, capitaine, K. Z., second, Richard Shandon, partira de New Princes Docks pour une destination inconnue. »

Voilà ce que l'on avait pu lire dans le *Liverpool Herald* du 5 avril 1860.

Le départ d'un brick est un événement de peu d'importance pour le port le plus commerçant de l'Angleterre. Qui s'en apercevrait au milieu des navires de tout tonnage et de toute nationalité, que deux lieues de bassins à flot ont de la peine à contenir ?

Cependant, le 6 avril, dès le matin, une foule considérable couvrait les quais de New Princes Docks ; l'innombrable corporation des marins de la ville semblait s'y être donné rendez-vous. Les ouvriers des warfs environnants avaient abandonné leurs travaux, les négociants leurs sombres comptoirs, les marchands leurs magasins déserts. Les omnibus multicolores, qui longent le mur extérieur des bassins, déversaient à chaque minute leur cargaison de curieux ; la ville ne paraissait plus avoir qu'une seule préoccupation : assister au départ du *Forward*.

Le Forward était un brick de cent soixante-dix tonneaux, muni d'une hélice et d'une machine a vapeur de la force de cent vingt chevaux. On l'eût volontiers confondu avec les autres bricks du port. Mais, s'il n'offrait rien d'extraordinaire aux yeux du public, les connaisseurs remarquaient en lui certaines particularités auxquelles un marin ne pouvait se méprendre.

Aussi, à bord du *Nautilus*, ancré non loin, un groupe de matelots se livrait-il à mille conjectures sur la destination du *Forward*.

« Que penser, disait l'un, de cette mâture ? il n'est pas d'usage, pourtant, que les navires à vapeur soient si largement voilés.

— Il faut, répondit un quartier-maître à large figure rouge, il faut que ce bâtiment-là compte plus sur ses mâts que sur sa machine, et s'il a donné un tel développement à ses hautes voiles, c'est sans doute parce que les basses seront souvent masquées. Ainsi donc, ce n'est pas douteux pour moi, *le Forward* est destiné aux mers arctiques ou antarctiques, là où les montagnes de glace arrêtent le vent plus qu'il ne convient à un brave et solide navire.

— Vous devez avoir raison, maître Cornhill, reprit un troisième matelot. Avez-vous remarqué aussi cette étrave qui tombe droit à la mer?

— Ajoute, dit maître Cornhill, qu'elle est revêtue d'un tranchant d'acier fondu affilé comme un rasoir, et capable de couper un trois-ponts en deux, si *le Forward*, lancé à toute vitesse, l'abordait par le travers.

— Bien sûr, répondit un pilote de la Mersey, car ce brick-là file joliment ses quatorze nœuds à l'heure avec son hélice. C'était merveille de le voir fendre le courant, quand il a fait ses essais. Croyez-moi, c'est un fin marcheur.

— Et à la voile, il n'est guère embarrassé non plus, reprit maître Cornhill; il va droit dans le vent et gouverne à la main! Voyez-vous, ce bateau-là va tâter des mers polaires, ou je ne m'appelle pas de mon nom! Et tenez, encore un détail! Avez-vous remarqué la large jaumière par laquelle passe la tête de son gouvernail?

— C'est ma foi vrai, répondirent les interlocuteurs le maître Cornhill ; mais qu'est-ce que cela prouve?

— Cela prouve, mes garçons, riposta le maître avec une dédaigneuse satisfaction, que vous ne savez ni voir ni réfléchir; cela prouve qu'on a voulu donner du jeu à la tête de ce gouvernail afin qu'il pût être facilement placé ou déplacé. Or, ignorez-vous qu'au milieu des glaces, c'est une manœuvre qui se reproduit souvent?

— Parfaitement raisonné, répondirent les matelots du *Nautilus*.

— Et d'ailleurs, reprit l'un d'eux, le chargement de ce brick confirme l'opinion de maître Cornhill. Je le tiens de Clifton qui s'est bravement embarqué. *Le Forward* emporte des vivres pour cinq ou six ans, et du charbon en conséquence. Charbon et vivres, c'est là toute sa cargaison, avec une pacotille de vêtements de laine et de peaux de phoque.

— Eh bien, fit maître Cornhill, il n'y a plus à en douter; mais enfin l'ami, puisque tu connais Clifton, Clifton ne t'a-t-il rien dit de sa destination?

— Il n'a rien pu me dire; il l'ignore; l'équipage est engagé comme cela. Où va-t-il? Il ne le saura guère que lorsqu'il sera arrivé.

— Et encore, répondit un incrédule, s'ils vont au diable, comme cela m'en a tout l'air.

— Mais aussi quelle paye, reprit l'ami de Clifton, en s'animant, quelle haute paye! cinq fois plus forte que la paye habituelle! Ah! sans cela, Richard Shandon n'aurait trouvé personne pour s'engager dans des circonstances pareilles! Un bâtiment d'une forme étrange qui va on ne sait où, et n'a pas l'air de vouloir beaucoup revenir! Pour mon compte, cela ne m'aurait guère convenu.

— Convenu ou non, l'ami, répliqua maître Cornhill,

tu n'aurais jamais pu faire partie de l'équipage du *Forward*.

— Et pourquoi cela ?

— Parce que tu n'es pas dans les conditions requises. Je me suis laissé dire que les gens mariés en étaient exclus. Or tu es dans la grande catégorie. Donc, tu n'as pas besoin de faire la petite bouche, ce qui, de ta part d'ailleurs, serait un véritable tour de force. »

Le matelot, ainsi interpellé, se prit à rire avec ses camarades, montrant ainsi combien la plaisanterie de maître Cornhill était juste.

« Il n'y a pas jusqu'au nom de ce bâtiment, reprit Cornhill satisfait de lui-même, qui ne soit terriblement audacieux ! Le *Forward*[1], *forward* jusqu'où ? Sans compter qu'on ne connaît pas son capitaine, à ce brick-là ?

— Mais si, on le connaît, répondit un jeune matelot de figure assez naïve.

— Comment ! on le connaît ?

— Sans doute.

— Petit, fit Cornhill, en es-tu à croire que Shandon soit le capitaine du *Forward* ?

— Mais, répliqua le jeune marin...

— Sache donc que Shandon est le commander[2], pas autre chose ; c'est un brave et hardi marin, un baleinier qui a fait ses preuves, un solide compère, digne

1. *Forward*, en avant.
2. Second d'un bâtiment anglais.

en tout de commander, mais enfin il ne commande pas; il n'est pas plus capitaine que toi ou moi, sauf mon respect! Et quant à celui qui sera maître après Dieu à bord, il ne le connaît pas davantage. Lorsque le moment en sera venu, le vrai capitaine apparaîtra on ne sait comment et de je ne sais quel rivage des deux mondes, car Richard Shandon n'a pas dit et n'a pas eu la permission de dire vers quel point du globe il dirigerait son bâtiment.

— Cependant, maître Cornhill, reprit le jeune marin, je vous assure qu'il y a eu quelqu'un de présenté à bord, quelqu'un annoncé dans la lettre où la place de second était offerte à M. Shandon!

— Comment! riposta Cornhill en fronçant le sourcil, tu vas me soutenir que *le Forward* a un capitaine à bord?

— Mais oui, maître Cornhill.

— Tu me dis cela, à moi!

— Sans doute, puisque je le tiens de Johnson, le maître d'équipage.

— De maître Johnson?

— Sans doute; il me l'a dit à moi-même!

— Il te l'a dit? Johnson?

— Non-seulement il m'a dit la chose, mais il m'a montré le capitaine.

— Il te l'a montré! répliqua Cornhill stupéfait.

— Il me l'a montré.

— Et tu l'as vu?

— Vu de mes propres yeux.
— Et qui est-ce?
— C'est un chien.
— Un chien !
— Un chien à quatre pattes.
— Oui. »

La stupéfaction fut grande parmi les marins du *Nautilus*. En toute autre circonstance, ils eussent éclaté de rire. Un chien capitaine d'un brick de cent soixante-dix tonneaux ! il y avait là de quoi étouffer ! Mais, ma foi, *le Forward* était un bâtiment si extraordinaire, qu'il fallait y regarder à deux fois avant de rire, avant de nier. D'ailleurs, maître Cornhill lui-même ne riait pas.

« Et c'est Johnson qui t'a montré ce capitaine d'un genre si nouveau, ce chien? reprit-il en s'adressant au jeune matelot. Et tu l'as vu?...

— Comme je vous vois, sauf votre respect !

— Eh bien, qu'en pensez-vous? demandèrent les matelots à maître Cornhill.

— Je ne pense rien, répondit brusquement ce dernier, je ne pense rien, sinon que *le Forward* est un vaisseau du diable, ou de fous à mettre à Bedlam ! »

Les matelots continuèrent à regarder silencieusement *le Forward*, dont les préparatifs de départ touchaient à leur fin; et pas un ne se rencontra parmi eux à prétendre que le maître d'équipage Johnson se fût moqué du jeune marin.

Cette histoire de chien avait déjà fait son chemin

dans la ville, et parmi la foule des curieux plus d'un cherchait des yeux ce *captain-dog*, qui n'était pas éloigné de le croire un animal surnaturel.

Depuis plusieurs mois d'ailleurs, *le Forward* attirait l'attention publique ; ce qu'il y avait d'un peu extraordinaire dans sa construction, le mystère qui l'enveloppait, l'incognito gardé par son capitaine, la façon dont Richard Shandon reçut la proposition de diriger son armement, le choix apporté à la composition de l'équipage, cette destination inconnue à peine soupçonnée de quelques-uns, tout contribuait à donner à ce brick une allure plus qu'étrange.

Pour un penseur, un rêveur, un philosophe, au surplus, rien d'émouvant comme un bâtiment en partance ; l'imagination le suit volontiers dans ses luttes avec la mer, dans ses combats livrés aux vents, dans cette course aventureuse qui ne finit pas toujours au port, et pour peu qu'un incident inaccoutumé se produise, le navire se présente sous une forme fantastique, même aux esprits rebelles en matière de fantaisie.

Ainsi du *Forward*. Et si le commun des spectateurs ne put faire les savantes remarques de maître Cornhill, les on dit accumulés pendant trois mois suffirent à défrayer les conversations liverpooliennes.

Le brick avait été mis en chantier à Birkenhead, véritable faubourg de la ville, situé sur la rive gauche de la Mersey, et mis en communication avec le port par le va-et-vient incessant des barques à vapeur.

Le constructeur, Scott & C°, l'un des plus habiles de l'Angleterre, avait reçu de Richard Shandon un devis et un plan détaillé, où le tonnage, les dimensions, le gabarit du brick étaient donnés avec le plus grand soin. On devinait dans ce projet la perspicacité d'un marin consommé. Shandon ayant des fonds considérables à sa disposition, les travaux commencèrent, et, suivant la recommandation du propriétaire inconnu, on alla rapidement.

Le brick fut construit avec une solidité à toute épreuve; il était évidemment appelé à résister à d'énormes pressions, car sa membrure en bois de teack, sorte de chêne des Indes remarquable par son extrême dureté, fut en outre reliée par de fortes armatures de fer. On se demandait même dans le monde des marins pourquoi la coque d'un navire établi dans ces conditions de résistance n'était pas faite de tôle, comme celle des autres bâtiments à vapeur. A cela, on répondait que l'ingénieur mystérieux avait ses raisons pour agir ainsi.

Peu à peu le brick prit figure sur le chantier, et ses qualités de force et de finesse frappèrent les connaisseurs. Ainsi que l'avaient remarqué les matelots du *Nautilus*, son étrave faisait un angle droit avec la quille; elle était revêtue, non d'un éperon, mais d'un tranchant d'acier fondu dans les ateliers de R. Hawthorn de Newcastle. Cette proue de métal, resplendissant au soleil, donnait un air particulier au brick, bien

1.

qu'il n'eût rien d'absolument militaire. Cependant un canon du calibre 16 fut installé sur le gaillard d'avant; monté sur pivot, il pouvait être facilement pointé dans toutes les directions; il faut ajouter qu'il en était du canon comme de l'étrave; ils avaient beau faire tous les deux, ils n'avaient rien de positivement guerrier.

Mais si le brick n'était pas un navire de guerre, ni un bâtiment de commerce, ni un yacht de plaisance, car on ne fait pas des promenades avec six ans d'approvisionnement dans sa cale, qu'était-ce donc?

Un navire destiné à la recherche de *l'Erebus* et du *Terror*, et de sir John Franklin? Pas davantage, car en 1859, l'année précédente, le commandant Mac Clintock était revenu des mers arctiques, rapportant la preuve certaine de la perte de cette malheureuse expédition.

Le Forward voulait-il donc tenter encore le fameux passage du Nord-Ouest? A quoi bon? le capitaine Mac-Clur l'avait trouvé en 1853, et son lieutenant Creswel eut le premier l'honneur de contourner le continent américain du détroit de Behring au détroit de Davis.

Il était pourtant certain, indubitable pour des esprits compétents, que *le Forward* se préparait à affronter la région des glaces. Allait-il pousser vers le pôle Sud, plus loin que le baleinier Wedell, plus avant que le capitaine James Ross? Mais à quoi bon, et dans quel but?

On le voit, bien que le champ des conjectures fût

extrêmement restreint, l'imagination trouvait encore moyen de s'y égarer.

Le lendemain du jour où le brick fut mis à flot, sa machine lui arriva, expédiée des ateliers de R. Hawthorn, de Newcastle.

Cette machine, de la force de cent vingt chevaux, à cylindres oscillants, tenait peu de place; sa force était considérable pour un navire de cent soixante-dix tonneaux, largement voilé d'ailleurs, et qui jouissait d'une marche remarquable. Ses essais ne laissèrent aucun doute à cet égard, et même le maître d'équipage Johnson avait cru convenable d'exprimer de la sorte son opinion à l'ami de Clifton :

« Lorsque *le Forward* se sert en même temps de ses voiles et de son hélice, c'est à la voile qu'il arrive le plus vite. »

L'ami de Clifton n'avait rien compris à cette proposition, mais il croyait tout possible de la part d'un navire commandé par un chien en personne.

Après l'installation de la machine à bord, commença l'arrimage des approvisionnements; et ce ne fut pas peu de chose, car le navire emportait pour six ans de vivres. Ceux-ci consistaient en viande salée et séchée, en poisson fumé, en biscuit et en farine; des montagnes de café et de thé furent précipitées dans les soutes en avalanches énormes. Richard Shandon présidait à l'aménagement de cette précieuse cargaison en homme qui s'y entend; tout cela se trouvait casé, étiqueté, numéroté avec un ordre parfait; on embarqua également une très-grande provision de cette préparation indienne nommée pemmican, et qui renferme sous un petit volume beaucoup d'éléments nutritifs.

Cette nature de vivres ne laissait aucun doute sur la longueur de la croisière; mais un esprit observateur comprenait de prime saut que le Forward allait naviguer dans les mers polaires, à la vue des barils de lime-juice [1], de pastilles de chaux, des paquets de moutarde, de graines d'oseille et de cochléaria, en un mot, à l'abondance de ces puissants antiscorbutiques, dont l'influence est si nécessaire dans les navigations australes ou boréales. Shandon avait sans doute reçu avis de soigner particulièrement cette partie de la cargaison, car il s'en préoccupa fort, non moins que de la pharmacie de voyage.

Si les armes ne furent pas nombreuses à bord, ce qui pouvait rassurer les esprits timides, la soute aux poudres regorgeait, détail de nature à effrayer. L'unique canon du gaillard d'avant ne pouvait avoir la prétention d'absorber cet approvisionnement. Cela donnait à penser. Il y avait également des scies gigantesques et des engins puissants, tels que leviers, masses de plomb, scies à main, haches énormes, etc., sans compter une recommandable quantité de blasting-cy-

[1]. Jus de citron.

linders[1], dont l'explosion eût suffi à faire sauter la douane de Liverpool. Tout cela était étrange, sinon effrayant, sans parler des fusées, signaux, artifices et fanaux de mille espèces.

Les nombreux spectateurs des quais de New Princes Docks admiraient encore une longue baleinière en acajou, une pirogue de fer-blanc recouverte de gutta-percha, et un certain nombre de halkett-boats, sortes de manteaux en caoutchouc, que l'on pouvait transformer en canots en soufflant dans leur doublure. Chacun se sentait de plus en plus intrigué, et même ému, car avec la marée descendante *le Forward* allait bientôt partir pour sa mystérieuse destination.

CHAPITRE II.

UNE LETTRE INATTENDUE.

Voici le texte de la lettre reçue par Richard Shandon huit mois auparavant.

1. Sortes de pétards.

« Aberdeen, 2 août 1859.

« Monsieur Richard Shandon,

« Liverpool,

« Monsieur,

« La présente a pour but de vous donner avis d'une remise de seize mille livres sterling [1] qui a été faite entre les mains de MM. Marcuart & C°, banquiers à Liverpool. Ci-joint une série de mandats signés de moi, qui vous permettront de disposer sur lesdits MM. Marcuart, jusqu'à concurrence des seize mille livres susmentionnées.

« Vous ne me connaissez pas. Peu importe. Je vous connais. Là est l'important.

« Je vous offre la place de second à bord du brick *le Forward* pour une campagne qui peut être longue et périlleuse.

« Si, non, rien de fait. Si, oui, cinq cents livres [2] vous seront allouées comme traitement, et à l'expiration de chaque année, pendant toute la durée de la campagne vos appointements seront augmentés d'un dixième.

« Le brick *le Foreward* n'existe pas. Vous aurez à le faire construire de façon qu'il puisse prendre la mer dans les premiers jours d'avril 1860 au plus tard. Ci-

1. 400,000 francs.
2. 12,500 francs.

joint un plan détaillé avec devis. Vous vous y conformerez scrupuleusement. Le navire sera construit dans les chantiers de MM. Scott & C°, qui régleront avec vous.

« Je vous recommande particulièrement l'équipage du *Forward*; il sera composé d'un capitaine, moi, d'un second, vous, d'un troisième officier, d'un maître d'équipage, de deux ingénieurs [1], d'un ice-master [2], de huit matelots et de deux chauffeurs, en tout dix-huit hommes, en y comprenant le docteur Clawbonny de cette ville, qui se présentera à vous en temps opportun.

« Il conviendra que les gens appelés à faire la campagne du *Forward* soient Anglais, libres, sans famille, célibataires, sobres, car l'usage des spiritueux et de la bière même ne sera pas toléré à bord, prêts à tout entreprendre comme à tout supporter. Vous les choisirez de préférence doués d'une constitution sanguine, et par cela même portant en eux à un plus haut degré le principe générateur de la chaleur animale.

« Vous leur offrirez une paye quintuple de leur paye habituelle, avec accroissement d'un dixième par chaque année de service. A la fin de la campagne, cinq cents livres seront assurées à chacun d'eux, et deux mille livres [3] réservées à vous même. Ces fonds seront faits chez MM. Marcuart & C°, déjà nommés.

1. Ingénieurs-mécaniciens.
2. Pilote des glaces.
3. 50,000 francs.

« Cette campagne sera longue et pénible, mais honorable. Vous n'avez donc pas à hésiter, monsieur Shandon.

« Réponse, poste restante, à Gotteborg (Suède), aux initiales K. Z.

« P.-S. Vous recevrez, le 15 février prochain, un chien grand danois, à lèvres pendantes, d'un fauve noirâtre, rayé transversalement de bandes noires. Vous l'installerez à bord, et vous le ferez nourrir de pain d'orge mélangé avec du bouillon de pain de suif[1]. Vous accuserez réception dudit chien à Livourne (Italie), mêmes initiales que dessus.

« Le capitaine du *Forward* se présentera et se fera reconnaître en temps utile. Au moment du départ, vous recevrez de nouvelles instructions.

« Le capitaine du *Forward*.

« K. Z. »

---

[1]. Pain de suif ou pain de cretons très-favorable à la nourriture des chiens.

CHAPITRE III.

LE DOCTEUR CLAWBONNY.

Richard Shandon était un bon marin; il avait longtemps commandé les baleiniers dans les mers arctiques, avec une réputation solidement établie dans tout le Lancastre. Une pareille lettre pouvait à bon droit l'étonner; il s'étonna donc, mais avec le sang-froid d'un homme qui en a vu d'autres.

Il se trouvait d'ailleurs dans les conditions voulues; pas de femme, pas d'enfant, pas de parents : un homme libre s'il en fut. Donc, n'ayant personne à consulter, il se rendit tout droit chez MM. Marcuart & C°, banquiers.

« Si l'argent est là, se dit-il, le reste va tout seul. »

Il fut reçu dans la maison de banque avec les égards dus à un homme que seize mille livres attendent tranquillement dans une caisse; ce point vérifié, Shandon se fit donner une feuille de papier blanc, et de sa grosse écriture de marin il envoya son acceptation à l'adresse indiquée.

Le jour même, il se mit en rapport avec les constructeurs de Birkenhead, et vingt-quatre heures après, la quille du *Forward* s'allongeait déjà sur les tins du chantier.

Richard Shandon était un garçon d'une quarantaine d'années, robuste, énergique et brave, trois qualités pour un marin, car elles donnent la confiance, la vigueur et le sang-froid. On lui reconnaissait un caractère jaloux et difficile; aussi ne fut-il jamais aimé de ses matelots, mais craint. Cette réputation n'allait pas, d'ailleurs, jusqu'à rendre laborieuse la composition de son équipage, car on le savait habile à se tirer d'affaire.

Shandon craignait que le côté mystérieux de l'entreprise fût de nature à gêner ses mouvements.

« Aussi, se dit-il, le mieux est de ne rien ébruiter ; il y aurait de ces chiens de mer qui voudraient connaître le parce que et le pourquoi de l'affaire, et comme je ne sais rien, je serais fort empêché de leur répondre. Ce K. Z. est à coup sûr un drôle de particulier ; mais au bout du compte, il me connaît, il compte sur moi : cela suffit. Quant à son navire, il sera joliment tourné, et je ne m'appelle pas Richard Shandon, s'il n'est pas destiné à fréquenter la mer glaciale. Mais gardons cela pour moi et mes officiers. »

Sur ce, Shandon s'occupa de recruter son équipage, en se tenant dans les conditions de famille et de santé exigées par le capitaine.

Il connaissait un brave garçon très-dévoué, bon marin, du nom de James Wall. Ce Wall pouvait avoir trente ans, et n'en était pas à son premier voyage dans les mers du Nord. Shandon lui proposa la place de troisième officier, et James Wall accepta les yeux fermés; il ne demandait qu'à naviguer, et il aimait beaucoup son état. Shandon lui conta l'affaire en détail, ainsi qu'à un certain Johnson, dont il fit son maître d'équipage.

« Au petit bonheur, répondit James Wall; autant cela qu'autre chose. Si c'est pour chercher le passage du Nord-Ouest, il y en a qui en reviennent.

— Pas toujours, répondit maître Johnson; mais enfin ce n'est pas une raison pour n'y point aller.

— D'ailleurs, si nous ne nous trompons pas dans nos conjectures, reprit Shandon, il faut avouer que ce voyage s'entreprend dans de bonnes conditions. Ce sera un fin navire, ce *Forward*, et, muni d'une bonne machine, il pourra aller loin. Dix-huit hommes d'équipage, c'est tout ce qu'il nous faut.

— Dix-huit hommes, répliqua maître Johnson, autant que l'Américain Kane en avait à bord, quand il a fait sa fameuse pointe vers le pôle.

— C'est toujours singulier, reprit Wall, qu'un particulier tente encore de traverser la mer du détroit de Davis au détroit de Behring. Les expéditions envoyées à la recherche de l'amiral Franklin ont déjà coûté plus de sept cent soixante mille livres[1] à l'Angleterre, sans

1. Dix-neuf millions.

produire aucun résultat pratique ! Qui diable peut encore risquer sa fortune dans une entreprise pareille ?

— D'abord, James, répondit Shandon, nous raisonnons sur une simple hypothèse. Irons-nous véritablement dans les mers boréales ou australes, je l'ignore, il s'agit peut-être de quelque nouvelle découverte à tenter. Au surplus, il doit se présenter un jour ou l'autre un certain docteur Clawbonny, qui en saura sans doute plus long, et sera chargé de nous instruire. Nous verrons bien.

— Attendons alors, dit maître Johnson ; pour ma part, je vais me mettre en quête de solides sujets, commandant ; et quant à leur principe de chaleur animale, comme dit le capitaine, je vous le garantis d'avance. Vous pouvez vous en rapporter à moi. »

Ce Johnson était un homme précieux ; il connaissait la navigation des hautes latitudes. Il se trouvait en qualité de quartier-maître à bord du *Phénix*, qui fit partie des expéditions envoyées en 1853 à la recherche de Franklin ; ce brave marin fut même témoin de la mort du lieutenant français Bellot, qu'il accompagnait dans son excursion à travers les glaces. Johnson connaissait le personnel maritime de Liverpool, et se mit immédiatement en campagne pour recruter son monde.

Shandon, Wall et lui firent si bien, que dans les premiers jours de décembre leurs hommes se trouvèrent au complet ; mais ce ne fut pas sans difficultés ; beaucoup se tenaient alléchés par l'appât de la haute paye, que l'avenir de l'expédition effrayait, et plus d'un s'engagea résolûment, qui vint plus tard rendre sa parole et ses à-comptes, dissuadé par ses amis de tenter une pareille entreprise. Chacun d'ailleurs essayait de percer le mystère, et pressait de questions le commandant Richard. Celui-ci les renvoyait à maître Johnson.

« Que veux-tu que je te dise, mon ami? répondait invariablement ce dernier ; je n'en sais pas plus long que toi. En tout cas, tu seras en bonne compagnie avec des lurons qui ne bronchent pas ; c'est quelque chose, cela! ainsi donc, pas tant de réflexions : c'est à prendre ou à laisser ! »

Et la plupart prenaient.

« Tu comprends bien, ajoutait parfois le maître d'équipage, je n'ai que l'embarras du choix. Une haute paye, comme on n'en a jamais vu de mémoire de marin, avec la certitude de trouver un joli capital au retour : il y a là de quoi allécher.

— Le fait est, répondaient les matelots, que cela est fort tentant! de l'aisance jusqu'à la fin de ses jours!

— Je ne te dissimulerai point, reprenait Johnson, que la campagne sera longue, pénible, périlleuse ; cela est formellement dit dans nos instructions ; ainsi, il faut bien savoir à quoi l'on s'engage ; très-probablement à tenter tout ce qu'il est humainement possible de faire, et peut-être plus encore ! Donc, si tu ne te sens pas un cœur hardi, un tempérament à toute épreuve, si tu n'as pas le diable au corps, si tu ne te dis pas que tu as vingt chances contre une d'y rester, si tu tiens en un mot à laisser ta peau dans un endroit plutôt que dans un autre, ici de préférence à là-bas, tourne-moi les talons, et cède ta place à un plus hardi compère !

— Mais au moins, maître Johnson, reprenait le matelot poussé au mur, au moins, vous connaissez le capitaine ?

— Le capitaine, c'est Richard Shandon, l'ami, jusqu'à ce qu'il s'en présente un autre. »

Or, il faut le dire, c'était bien la pensée du commandant ; il se laissait facilement aller à cette idée, qu'au dernier moment il recevrait ses instructions précises sur le but du voyage, et qu'il demeurerait chef à bord du *Forward*. Il se plaisait même à répandre cette opinion, soit en causant avec ses officiers, soit en suivant les travaux de construction du brick, dont les premières levées se dressaient sur les chantiers de Birkenhead, comme les côtes d'une baleine renversée.

Shandon et Johnson s'étaient strictement conformés à la recommandation touchant la santé des gens de l'équipage ; ceux-ci avaient une mine rassurante, et ils possédaient un principe de chaleur capable de chauffer la machine du *Forward* ; leurs membres élastiques, leur teint clair et fleuri les rendaient propres à réagir contre des froids intenses. C'étaient des hommes confiants et résolus, énergiques et solidement constitués ; ils ne jouissaient pas tous d'une vigueur égale ; Shandon avait même hésité à prendre quelques-uns d'entre eux, tels que les matelots Gripper et Garry, et le harponneur Simpson, qui lui semblaient un peu maigres; mais, au demeurant, la charpente était bonne, le cœur chaud, et leur admission fut signée.

Tout cet équipage appartenait à la même secte de la religion protestante; dans ces longues campagnes, la prière en commun, la lecture de la Bible doit souvent réunir des esprits divers, et les relever aux heures de découragement; il importe donc qu'une dissidence ne puisse pas se produire. Shandon connaissait par expérience l'utilité de ces pratiques, et leur influence sur le moral d'un équipage; aussi sont-elles toujours employées à bord des navires qui vont hiverner dans les mers polaires.

L'équipage composé, Shandon et ses deux officiers s'occupèrent des approvisionnements; ils suivirent strictement les instructions du capitaine, instructions nettes, précises, détaillées, dans lesquelles les moindres articles se trouvaient portés en qualité et quantité. Grâce aux mandats dont le commandant disposait, chaque article fut payé comptant, avec une bonification de 8 pour cent, que Richard porta soigneusement au crédit de K. Z.

Équipage, approvisionnements, cargaison, tout se trouvait prêt en janvier 1860; le *Forward* prenait déjà tournure. Shandon ne passait pas un jour sans se rendre à Birkenhead.

Le 23 janvier, un matin, suivant son habitude, il se

trouvait sur l'une de ces larges barques à vapeur, qui ont un gouvernail à chaque extrémité pour éviter de virer de bord, et font incessamment le service entre les deux rives de la Mersey ; il régnait alors un de ces brouillards habituels, qui obligent les marins de la rivière à se diriger au moyen de la boussole, bien que leur trajet dure à peine dix minutes.

Cependant, quelque épais que fût ce brouillard, il ne put empêcher Shandon de voir un homme de petite taille, assez gros, à figure fine et réjouie, au regard aimable, qui s'avança vers lui, prit ses deux mains, et les secoua avec une ardeur, une pétulance, une familiarité « toute méridionale, » eût dit un Français.

Mais si ce personnage n'était pas du Midi, il l'avait échappé belle ; il parlait, il gesticulait avec volubilité ; sa pensée devait à tout prix se faire jour au dehors, sous peine de faire éclater la machine. Ses yeux, petits comme les yeux de l'homme spirituel, sa bouche, grande et mobile, étaient autant de soupapes de sûreté qui lui permettaient de donner passage à ce trop-plein de lui-même ; il parlait, il parlait tant et si allégrement, il faut l'avouer, que Shandon n'y pouvait rien comprendre.

Seulement, le second du *Forward* ne tarda pas à reconnaître ce petit homme qu'il n'avait jamais vu ; il se fit un éclair dans son esprit, et au moment où l'autre commençait à respirer, Shandon glissa rapidement ces paroles :

« Le docteur Clawbonny?

— Lui-même, en personne, commandant! Voilà près d'un grand demi-quart d'heure que je vous cherche, que je vous demande partout et à tous! Concevez-vous mon impatience! cinq minutes de plus, et je perdais la tête! C'est donc vous, commandant Richard? vous existez réellement? vous n'êtes point un mythe? votre main, votre main! que je la serre encore une fois dans la mienne! Oui, c'est bien la main de Richard Shandon! Or, s'il y a un commandant Richard, il existe un brick *le Forward* qu'il commande; et s'il le commande, il partira; et, s'il part, il prendra le docteur Clawbonny à son bord.

— Eh bien, oui, docteur, je suis Richard Shandon, il y a un brick *le Forward*, et il partira!

— C'est logique, répondit le docteur, après avoir fait une large provision d'air à expirer; c'est logique. Aussi, vous me voyez en joie, je suis au comble de mes vœux! Depuis longtemps, j'attendais une pareille circonstance, et je désirais entreprendre un semblable voyage. Or, avec vous, commandant...

— Permettez,... fit Shandon.

— Avec vous, reprit Clawbonny sans l'entendre, nous sommes sûrs d'aller loin, et de ne pas reculer d'une semelle.

— Mais,... reprit Shandon.

— Car vous avez fait vos preuves, commandant, et je connais vos états de service. Ah! vous êtes un fier marin!

— Si vous voulez bien...

— Non, je ne veux pas que votre audace, votre bravoure et votre habileté soient mises un instant en doute, même par vous ! Le capitaine qui vous a choisi pour second est un homme qui s'y connaît, je vous en réponds !

— Mais il ne s'agit pas de cela, fit Shandon impatienté.

— Et de quoi s'agit-il donc ? Ne me faites pas languir plus longtemps !

— Vous ne me laissez pas parler, que diable ! Dites-moi, s'il vous plaît, docteur, comment vous avez été amené à faire partie de l'expédition du *Forward ?*

— Mais par une lettre, par une digne lettre que voici, lettre d'un brave capitaine, très-laconique, mais très-suffisante ! »

Et ce disant, le docteur tendit à Shandon une lettre ainsi conçue :

« Inverness, 22 janvier 1860.

« Au docteur Clawbonny,

Liverpool.

« Si le docteur Clawbonny veut s'embarquer sur *le Forward,* pour une longue campagne, il peut se présenter au commander Richard Shandon, qui a reçu des instructions à son égard.

« Le capitaine du *Forward,*

« K. Z. »

« Et la lettre est arrivée ce matin, et me voilà prêt à prendre pied à bord du *Forward*.

— Mais au moins, reprit Shandon, savez-vous, docteur, quel est le but de ce voyage?

— Pas le moins du monde; mais que m'importe? pourvu que j'aille quelque part! On dit que je suis un savant; on se trompe, commandant : je ne sais rien, et si j'ai publié quelques livres qui ne se vendent pas trop mal, j'ai eu tort; le public est bien bon de les acheter! Je ne sais rien, vous dis-je, si ce n'est que je suis un ignorant. Or, on m'offre de compléter, ou, pour mieux dire, de refaire mes connaissances en médecine, en chirurgie, en histoire, en géographie, en botanique, en minéralogie, en conchyliologie, en géodésie, en chimie, en physique, en mécanique, en hydrographie; eh bien, j'accepte, et je vous assure que je ne me fais pas prier!

— Alors, reprit Shandon désappointé, vous ne savez pas où va *le Forward*?

— Si, commandant; il va là où il y a à apprendre, à découvrir, à s'instruire, à comparer, où se rencontrent d'autres mœurs, d'autres contrées, d'autres peuples à étudier dans l'exercice de leurs fonctions; il va, en un mot, là où je ne suis jamais allé.

— Mais plus spécialement? s'écria Shandon.

— Plus spécialement, répliqua le docteur, j'ai entendu dire qu'il faisait voile vers les mers boréales. Eh bien, va pour le septentrion!

— Au moins, demanda Shandon, vous connaissez son capitaine?

— Pas le moins du monde! Mais c'est un brave, vous pouvez m'en croire. »

Le commandant et le docteur étant débarqués à Birkenhead, le premier mit le second au courant de la situation, et ce mystère enflamma l'imagination du docteur. La vue du brick lui causa des transports de joie. Depuis ce jour, il ne quitta plus Shandon, et vint chaque matin faire sa visite à la coque du *Forward*.

D'ailleurs, il fut spécialement chargé de surveiller l'installation de la pharmacie du bord.

Car c'était un médecin, et même un bon médecin que ce Clawbonny, mais peu pratiquant. A vingt-cinq ans docteur comme tout le monde, il fut un véritable savant à quarante; très-connu de la ville entière, il devint membre influent de la Société littéraire et philosophique de Liverpool. Sa petite fortune lui permettait de distribuer quelques conseils qui n'en valaient pas moins pour être gratuits; aimé comme doit l'être un homme éminémment aimable, il ne fit jamais de mal à personne, pas même à lui; vif et bavard, si l'on veut, mais le cœur sur la main, et la main dans celle de tout le monde.

Lorsque le bruit de son intronisation à bord du *Forward* se répandit dans la ville, ses amis mirent tout en œuvre pour le retenir, ce qui l'enracina plus profondément dans son idée ; or, quand le docteur s'était enraciné quelque part, bien habile qui l'eût arraché !

Depuis ce jour, les on dit, les suppositions, les appréhensions allèrent croissant ; mais cela n'empêcha pas *le Forward* d'être lancé le 5 février 1860. Deux mois plus tard, il était prêt à prendre la mer.

Le 15 mars, comme l'annonçait la lettre du capitaine, un chien de race danoise fut expédié par le railway d'Édimbourg à Liverpool, à l'adresse de Richard Shandon. L'animal paraissait hargneux, fuyard, même un peu sinistre, avec un singulier regard. Le nom du *Forward* se lisait sur son collier de cuivre. Le commandant l'installa à bord le jour même, et en accusa réception à Livourne aux initiales indiquées.

Ainsi donc, sauf le capitaine, l'équipage du *Forward* était complet. Il se décomposait comme suit :

1° K. Z., capitaine.
2° Richard Shandon, commandant.
3° James Wall, troisième officier.
4° Le docteur Clawbonny.
5° Johnson, maître d'équipage.
6° Simpson, harponneur.
7° Bell, charpentier.
8° Brunton, premier ingénieur.
9° Plover, second ingénieur.
10° Strong (nègre), cuisinier.

11° Foker, ice-master.
12° Wolsten, armurier.
13° Bolton, matelot.
14° Garry,   id.
15° Clifton,   id.
16° Gripper,   id.
17° Pen,   id.
18° Waren, chauffeur.

CHAPITRE IV.

DOG-CAPTAIN.

Le jour du départ était arrivé avec le 5 avril. L'admission du docteur à bord rassurait un peu les esprits. Où le digne savant se proposait d'aller, on pouvait le suivre. Cependant la plupart des matelots ne laissaient pas d'être inquiets, et Shandon, craignant que la désertion ne fît quelques vides à son bord, souhaitait vivement d'être en mer. Les côtes hors de vue, l'équipage en prendrait son parti.

La cabine du docteur Clawbonny était située au fond de la dunette, et elle occupait tout l'arrière du navire.

Les cabines du capitaine et du second, placées en retour, prenaient vue sur le pont. Celle du capitaine resta hermétiquement close, après avoir été garnie de divers instruments, de meubles, de vêtements de voyage, de livres, d'habits de rechange, et d'ustensiles indiqués dans une note détaillée. Suivant la recommandation de l'inconnu, la clef de cette cabine lui fut adressée à Lubeck; il pouvait donc seul entrer chez lui.

Ce détail contrariait Shandon, et ôtait beaucoup de chances à son commandement en chef. Quant à sa propre cabine, il l'avait parfaitement appropriée aux besoins du voyage présumé, connaissant à fond les exigences d'une expédition polaire.

La chambre du troisième officier était placée dans le faux pont, qui formait un vaste dortoir à l'usage des matelots; les hommes s'y trouvaient fort à l'aise, et ils eussent difficilement rencontré une installation aussi commode à bord de tout autre navire. On les soignait comme une cargaison de prix; un vaste poêle occupait le milieu de la salle commune.

Le docteur Clawbonny était, lui, tout à son affaire; il avait pris possession de sa cabine dès le 6 février, le lendemain même de la mise à l'eau du *Forward*.

« Le plus heureux des animaux, disait-il, serait un colimaçon qui pourrait se faire une coquille à son gré; je vais tâcher d'être un colimaçon intelligent. »

Et, ma foi, pour une coquille qu'il ne devait pas

quitter de longtemps, sa cabine prenait bonne tournure; le docteur se donnait un plaisir de savant ou d'enfant à mettre en ordre son bagage scientifique. Ses livres, ses herbiers, ses casiers, ses instruments de précision, ses appareils de physique, sa collection de thermomètres, de baromètres, d'hygromètres, d'udomètres, de lunettes, de compas, de sextants, de cartes, de plans, les fioles, les poudres, les flacons de sa pharmacie de voyage très-complète, tout cela se classait avec un ordre qui eut fait honte au British Museum. Cet espace de six pieds carrés contenait d'incalculables richesses; le docteur n'avait qu'à étendre la main, sans se déranger, pour devenir instantanément un médecin, un mathématicien, un astronome, un géographe, un botaniste ou un conchyliologue.

Il faut l'avouer, il était fier de ces aménagements, et heureux dans son sanctuaire flottant, que trois de ses plus maigres amis eussent suffi à remplir. Ceux-ci, d'ailleurs, y affluèrent bientôt avec une abondance qui devint gênante, même pour un homme aussi facile que le docteur, et, à l'encontre de Socrate, il finit par dire :

« Ma maison est petite, mais plût au ciel qu'elle ne fût jamais pleine d'amis ! »

Pour compléter la description du *Forward,* il suffira de dire que la niche du grand chien danois était construite sous la fenêtre même de la cabine mystérieuse ; mais son sauvage habitant préférait errer dans l'entre-pont et la cale du navire ; il semblait impossible à apprivoiser, et personne n'avait eu raison de son naturel bizarre ; on l'entendait, pendant la nuit surtout, pousser de lamentables hurlements qui résonnaient dans les cavités du bâtiment d'une façon sinistre.

Était-ce regret de son maître absent? Était-ce instinct aux approches d'un périlleux voyage? Était-ce pressentiment des dangers à venir? Les matelots se prononçaient pour ce dernier motif, et plus d'un en plaisantait, qui prenait sérieusement ce chien-là pour un animal d'espèce diabolique.

Pen, homme fort brutal d'ailleurs, s'étant un jour élancé pour le frapper, tomba si malheureusement sur l'angle du cabestan, qu'il s'ouvrit affreusement le crâne. On pense bien que cet accident fut mis sur la conscience du fantastique animal.

Clifton, l'homme le plus superstitieux de l'équipage, fit aussi cette singulière remarque, que ce chien, lorsqu'il était sur la dunette, se promenait toujours du côté du vent ; et plus tard, quand le brick fut en mer et courut des bordées, le surprenant animal changeait de place après chaque virement, et se maintenait au vent, comme l'eût fait le capitaine du *Forward*.

Le docteur Clawbonny, dont la douceur et les caresses auraient apprivoisé un tigre, essaya vainement de gagner les bonnes grâces de ce chien ; il y perdit son temps et ses avances.

Cet animal, d'ailleurs, ne répondait à aucun des noms inscrits dans le calendrier cynégétique. Aussi les gens du bord finirent-ils par l'appeler Captain, car il paraissait parfaitement au courant des usages du bord. Ce chien-là avait évidemment navigué.

On comprend dès lors la réponse plaisante du maître d'équipage à l'ami de Clifton, et comment cette supposition ne trouva pas beaucoup d'incrédules; plus d'un la répétait en riant, qui s'attendait à voir ce chien, reprenant un beau jour sa forme humaine, commander la manœuvre d'une voix retentissante.

Si Richard Shandon ne ressentait pas de pareilles appréhensions, il n'était pas sans inquiétudes, et la veille du départ, le 5 avril au soir, il s'entretenait sur ce sujet avec le docteur, Wall et maître Johnson, dans le carré de la dunette.

Ces quatre personnages dégustaient alors un dixième grog, leur dernier sans doute, car, suivant les prescriptions de la lettre d'Aberdeen, tous les hommes de l'équipage, depuis le capitaine jusqu'au chauffeur, étaient *teetotalers*, c'est-à-dire qu'ils ne trouveraient à bord ni vin, ni bière, ni spiritueux, si ce n'est dans le cas de maladie, et par ordonnance du docteur.

Or, depuis une heure, la conversation roulait sur le départ. Si les instructions du capitaine se réalisaient jusqu'au bout, Shandon devait le lendemain même recevoir une lettre renfermant ses derniers ordres.

« Si cette lettre, disait le commandant, ne m'indique pas le nom du capitaine, elle doit au moins nous apprendre la destination du bâtiment. Sans cela, où le diriger?

— Ma foi, répondait l'impatient docteur, à votre place, Shandon, je partirais même sans lettre ; elle saurait bien courir après nous, je vous en réponds.

— Vous ne doutez de rien, docteur! Mais vers que point du globe feriez-vous voile, s'il vous plaît?

— Vers le pôle Nord, évidemment! cela va sans dire, il n'y a pas de doute possible.

— Pas de doute possible! répliqua Wall; et pourquoi pas vers le pôle Sud?

— Le pôle Sud, s'écria le docteur, jamais! Est-ce que le capitaine aurait eu l'idée d'exposer un brick à la traversée de tout l'Atlantique! prenez donc la peine d'y réfléchir, mon cher Wall.

— Le docteur a réponse à tout, répondit ce dernier.

— Va pour le Nord, reprit Shandon. Mais, dites-moi, docteur, est-ce au Spitzberg? est-ce au Groënland? est-ce au Labrador? est-ce à la baie d'Hudson? Si les routes aboutissent toutes au même but, c'est-à-dire à la banquise infranchissable, elles n'en sont pas moins nombreuses, et je serais fort embarrassé de me décider pour l'une ou pour l'autre. Avez-vous une réponse catégorique à me faire, docteur?

— Non, répondit celui-ci, vexé de n'avoir rien à dire; mais enfin, pour conclure, si vous ne recevez pas de lettre, que ferez-vous?

— Je ne ferai rien ; j'attendrai.

— Vous ne partirez pas! s'écria Clawbonny, en agitant son verre avec désespoir.

— Non, certes.

— C'est le plus sage, répondit doucement maître Johnson, tandis que le docteur se promenait autour de la table, car il ne pouvait tenir en place. Oui, c'est le plus sage ; et cependant une trop longue attente peut avoir des conséquences fâcheuses : d'abord, la saison est bonne, et si Nord il y a, nous devons profiter de la débâcle pour franchir le détroit de Davis ; en outre, l'équipage s'inquiète de plus en plus ; les amis, les camarades de nos hommes les poussent à quitter le *Forward*, et leur influence pourrait nous jouer un mauvais tour.

— Il faut ajouter, reprit James Wall, que si la panique se mettait parmi nos matelots, ils déserteraient jusqu'au dernier ; et je ne sais pas, commandant, si vous parviendriez à recomposer votre équipage.

— Mais que faire? s'écria Shandon.

— Ce que vous avez dit, répliqua le docteur ; attendre, mais attendre jusqu'à demain avant de se désespérer. Les promesses du capitaine se sont accomplies jusqu'ici avec une régularité de bon augure ; il n'y a donc aucune raison de croire que nous ne serons pas avertis de notre destination en temps utile ; je ne doute pas un seul instant que demain nous ne naviguions en pleine mer d'Irlande ; aussi, mes amis, je propose un dernier grog à notre heureux voyage ; il commence d'une façon un peu inexplicable, mais avec des marins comme vous il a mille chances pour bien finir. »

Et tous les quatre, ils trinquèrent une dernière fois.

« Maintenant, commandant, reprit maître Johnson, si j'ai un conseil à vous donner, c'est de tout préparer pour le départ ; il faut que l'équipage vous croie certain de votre fait. Demain, qu'il arrive une lettre ou non, appareillez ; n'allumez pas vos fourneaux ; le vent a l'air de bien tenir ; rien ne sera plus facile que de descendre grand largue ; que le pilote monte à bord ; à l'heure de la marée, sortez des docks ; allez mouiller au delà de la pointe de Birkenhead ; nos hommes n'auront plus aucune communication avec la terre, et si cette lettre diabolique arrive enfin, elle nous trouvera là comme ailleurs.

— Bien parlé, mon brave Johnson ! fit le docteur en tendant la main au vieux marin.

— Va comme il est dit ! » répondit Shandon.

Chacun alors regagna sa cabine, et attendit dans un sommeil agité le lever du soleil.

Le lendemain, les premières distributions de lettres avaient eu lieu dans la ville, et pas une ne portait l'adresse du commandant Richard Shandon.

Néanmoins, celui-ci fit ses préparatifs de départ, le bruit s'en répandit immédiatement dans Liverpool, et, comme on l'a vu, une affluence extraordinaire de spectateurs se précipita sur les quais de New Princes Docks.

3

Beaucoup d'entre eux vinrent à bord du brick, qui pour embrasser une dernière fois un camarade, qui pour dissuader un ami, qui pour jeter un regard sur le navire étrange, qui pour connaître enfin le but du voyage, et l'on murmurait à voir le commandant plus taciturne et plus réservé que jamais.

Il avait bien ses raisons pour cela.

Dix heures sonnèrent. Onze heures même. Le flot devait tomber vers une heure de l'après-midi. Shandon, du haut de la dunette, jetait un coup d'œil inquiet à la foule, cherchant à surprendre le secret de sa destinée sur un visage quelconque. Mais en vain. Les matelots du *Forward* exécutaient silencieusement ses ordres, ne le perdant pas des yeux, attendant toujours une communication qui ne se faisait pas.

Maître Johnson terminait les préparatifs de l'appareillage. Le temps était couvert, et la houle très-forte en dehors des bassins; il ventait du sud-est avec une certaine violence, mais on pouvait facilement sortir de la Mersey.

A midi, rien encore. Le docteur Clawbonny se promenait avec agitation, lorgnant, gesticulant, *impatient de la mer*, comme il le disait avec une certaine élégance latine. Il se sentait ému, quoi qu'il pût faire. Shandon se mordait les lèvres jusqu'au sang.

En ce moment, Johnson s'approcha et lui dit :

« Commandant, si nous voulons profiter du flot, il

ne faut pas perdre de temps ; nous ne serons pas déga-
gés des docks avant une bonne heure. »

Shandon jeta un dernier regard autour de lui, et
consulta sa montre. L'heure de la levée de midi était
passée.

« Allez ! dit-il à son maître d'équipage.

— En route, vous autres ! » cria celui-ci, en ordon-
nant aux spectateurs de vider le pont du *Forward*.

Il se fit alors un certain mouvement dans la foule
qui se portait à la coupée du navire pour regagner le
quai, tandis que les gens du brick détachaient les dernières amarres.

Or, la confusion inévitable de ces curieux que les
matelots repoussaient sans beaucoup d'égards fut
encore accrue par les hurlements du chien. Cet animal s'élança tout d'un coup du gaillard d'avant à travers la masse compacte des visiteurs. Il aboyait d'une
voix sourde.

On s'écarta devant lui ; il sauta sur la dunette, et,
chose incroyable, mais que mille témoins ont pu constater, ce dog-captain tenait une lettre entre ses dents.

« Une lettre ! s'écria Shandon ; mais *il* est donc à
bord ?

— Il y était sans doute, mais il n'y est plus, répondit Johnson en montrant le pont complétement net-
toyé de cette foule incommode.

— Captain ! Captain ! ici ! » s'écriait le docteur, en
essayant de prendre la lettre que le chien écartait de

sa main par des bonds violents. Il semblait ne vouloir remettre son message qu'à Shandon lui-même.

« Ici, Captain ! » fit ce dernier.

Le chien s'approcha ; Shandon prit la lettre sans difficulté, et Captain fit alors entendre trois aboiements clairs au milieu du silence profond qui régnait à bord et sur les quais.

Shandon tenait la lettre sans l'ouvrir.

« Mais lisez donc ! lisez donc ! » s'écria le docteur.

Shandon regarda. L'adresse, sans date et sans indication de lieu, portait seulement :

« Au commandant Richard Shandon, à bord
du brick *le Forward*. »

Shandon ouvrit la lettre, et lut :

« Vous vous dirigerez vers le cap Farewel. Vous l'atteindrez le 20 avril. Si le capitaine ne paraît pas à bord, vous franchirez le détroit de Davis, et vous remonterez la mer de Baffin jusqu'à la baie Melville.

« Le capitaine du *Forward*

« K. Z. »

Shandon plia soigneusement cette lettre laconique, la mit dans sa poche et donna l'ordre du départ. Sa voix, qui retentit seule au milieu des sifflements du vent d'est, avait quelque chose de solennel.

Bientôt *le Forward* fut hors des bassins, et, dirigé par un pilote de Liverpool, dont le petit cotre suivait à distance, il prit le courant de la Mersey. La foule se précipita sur le quai extérieur qui longe les Docks Victoria, afin d'entrevoir une dernière fois ce navire étrange. Les deux huniers, la misaine et la brigantine furent rapidement établis, et, sous cette voilure, *le Forward,* digne de son nom, après avoir contourné la pointe de Birkenhead, donna à toute vitesse dans la mer d'Irlande.

CHAPITRE V.

LA PLEINE MER.

Le vent, inégal, mais favorable, précipitait avec force ses rafales d'avril. *Le Forward* fendait la mer rapidement, et son hélice. rendue folle, n'opposait aucun obstacle à sa marche. Vers les trois heures, il croisa le bateau à vapeur qui fait le service entre Liverpool et l'île de Man, et qui porte les trois jambes de Sicile écartelées sur ses tambours. Le capitaine le héla de son bord, dernier adieu qu'il fut donné d'entendre à l'équipage du *Forward*.

A cinq heures, le pilote remettait à Richard Shandon le commandement du navire, et regagnait son cotre, qui, virant au plus près, disparut bientôt dans le sud-ouest.

Vers le soir, le brick doubla le calf du Man, à l'extrémité méridionale de l'île de ce nom. Pendant la nuit, la mer fut très-houleuse; *le Forward* se comporta bien, laissa la pointe d'Ayr par le nord-ouest, et se dirigea vers le canal du Nord.

Johnson avait raison; en mer, l'instinct maritime des matelots reprenait le dessus; à voir la bonté du bâtiment, ils oubliaient l'étrangeté de la situation. La vie du bord s'établit régulièrement.

Le docteur aspirait avec ivresse le vent de la mer; il se promenait vigoureusement dans les rafales, et pour un savant il avait le pied assez marin.

« C'est une belle chose que la mer, dit-il à maître Johnson, en remontant sur le pont après le déjeuner. Je fais connaissance un peu tard avec elle, mais je me rattraperai.

— Vous avez raison, monsieur Clawbonny; je donnerais tous les continents du monde pour un bout d'Océan. On prétend que les marins se fatiguent vite de leur métier; voilà quarante ans que je navigue, et je m'y plais comme au premier jour.

— Quelle jouissance vraie de se sentir un bon navire sous les pieds, et, si j'en juge bien, *le Forward* se conduit gaillardement !

— Vous jugez bien, docteur, répondit Shandon qui rejoignit les deux interlocuteurs; c'est un bon bâtiment, et j'avoue que jamais navire destiné à une navigation dans les glaces n'aura été mieux pourvu et mieux équipé. Cela me rappelle qu'il y a trente ans passés le capitaine James Ross allant chercher le passage du Nord-Ouest...

— Montait *la Victoire*, dit vivement le docteur, brick d'un tonnage à peu près égal au nôtre, également muni d'une machine à vapeur...

— Comment ! vous savez cela ?

— Jugez-en, repartit le docteur; alors les machines étaient encore dans l'enfance de l'art, et celle de *la Victoire* lui causa plus d'un retard préjudiciable; le capitaine James Ross, après l'avoir réparée vainement pièce par pièce, finit par la démonter, et l'abandonna à son premier hivernage.

— Diable ! fit Shandon; vous êtes au courant, je le vois.

— Que voulez-vous? reprit le docteur; à force de lire, j'ai lu les ouvrages de Parry, de Ross, de Franklin, les rapports de Mac Clure, de Kennedy, de Kane, de Mac Clintock, et il m'en est resté quelque chose. J'ajouterai même que ce Mac Clintock, à bord du *Fox*, brick à hélice dans le genre du nôtre, est allé plus facilement et plus directement à son but que tous ses devanciers.

— Cela est parfaitement vrai, répondit Shandon ; c'est un hardi marin que ce Mac Clintock ; je l'ai vu à l'œuvre ; vous pouvez ajouter que comme lui nous nous trouverons dès le mois d'avril dans le détroit de Davis, et, si nous parvenons à franchir les glaces, notre voyage sera considérablement avancé.

— A moins, repartit le docteur, qu'il ne nous arrive comme au *Fox,* en 1857, d'être pris dès la première année par les glaces du nord de la mer de Baffin, et d'hiverner au milieu de la banquise.

— Il faut espérer que nous serons plus heureux, monsieur Shandon, répondit maître Johnson ; et si avec un bâtiment comme *le Forward* on ne va pas où l'on veut, il faut y renoncer à jamais.

— D'ailleurs, reprit le docteur, si le capitaine est à bord, il saura mieux que nous ce qu'il faudra faire, et d'autant plus que nous l'ignorons complétement ; car sa lettre, singulièrement laconique, ne nous permet pas de deviner le but du voyage.

— C'est déjà beaucoup, répondit Shandon assez vivement, de connaître la route à suivre, et maintenant, pendant un bon mois, j'imagine, nous pouvons nous passer de l'intervention surnaturelle de cet inconnu et de ses instructions. D'ailleurs, vous savez mon opinion sur son compte.

— Hé ! hé ! fit le docteur ; je croyais comme vous que

cet homme vous laisserait le commandement du navire, et ne viendrait jamais à bord ; mais...

— Mais? répliqua Shandon avec une certaine contrariété.

— Mais, depuis l'arrivée de sa seconde lettre, j'ai du modifier mes idées à cet égard.

— Et pourquoi cela, docteur?

— Parce que si cette lettre vous indique la route à suivre, elle ne vous fait pas connaître la destination du *Forward*; or, il faut bien savoir où l'on va. Le moyen, je vous le demande, qu'une troisième lettre vous parvienne, puisque nous voilà en pleine mer! Sur les terres du Groënland, le service de la poste doit laisser à désirer. Voyez-vous, Shandon, j'imagine que ce gaillard-là nous attend dans quelque établissement danois, à Hosteinborg ou Uppernawik ; il aura été là compléter sa cargaison de peaux de phoques, acheter ses traîneaux et ses chiens, en un mot, réunir tout l'attirail que comporte un voyage dans les mers arctiques. Je serai donc peu surpris de le voir un beau matin sortir de sa cabine, et commander la manœuvre de la façon la moins surnaturelle du monde.

— Possible, répondit Shandon d'un ton sec; mais, en attendant, le vent fraîchit, et il n'est pas prudent de risquer ses perroquets par un temps pareil.

Shandon quitta le docteur et donna l'ordre de carguer les voiles hautes.

« Il y tient, dit le docteur au maître d'équipage.

— Oui, répondit ce dernier, et cela est fâcheux, car vous pourriez bien avoir raison, monsieur Clawbonny. »

Le samedi vers le soir, *le Forward* doubla le mull [1] de Galloway, dont le phare fut relevé dans le nord-est; pendant la nuit, on laissait le mull de Cantyre au nord, et à l'est le cap Fair sur la côte d'Irlande. Vers les trois heures du matin, le brick, prolongeant l'île Rathlin sur sa hanche de tribord, débouquait par le canal du Nord dans l'Océan.

C'était le dimanche, 8 avril; les Anglais, et surtout les matelots, sont fort observateurs de ce jour; aussi la lecture de la Bible, dont le docteur se chargea volontiers, occupa une partie de la matinée.

Le vent tournait alors à l'ouragan et tendait à rejeter le brick sur la côte d'Irlande; les vagues furent très-fortes, le roulis très-dur. Si le docteur n'eut pas le mal de mer, c'est qu'il ne voulut pas l'avoir, car rien n'était plus facile. A midi, le cap Malinhead disparaissait dans le sud; ce fut la dernière terre d'Europe que ces hardis marins dussent apercevoir, et plus d'un la regarda longtemps, qui sans doute ne devait jamais la revoir.

La latitude par observation était alors de 55° 57′, et la longitude, d'après les chronomètres 7° 40′ [2].

L'ouragan se calma vers les neuf heures du soir; *le Forward*, bon voilier, maintint sa route au nord-ouest.

---

1. Promontoire.
2. Au méridien de Greenwich.

On put juger pendant cette journée de ses qualités marines; suivant la remarque des connaisseurs de Liverpool, c'était avant tout un navire à voile.

Pendant les jours suivants, *le Forward* gagna rapidement dans le nord-ouest; le vent passa dans le sud, et la mer fut prise d'une grosse houle. Le brick naviguait alors sous pleine voilure. Quelques pétrels et des puffins vinrent voltiger au-dessus de la dunette; le docteur tua fort adroitement l'un de ces derniers, qui tomba heureusement à bord.

Simpson, le harponneur, s'en empara, et le rapporta à son propriétaire.

« Un vilain gibier, monsieur Clawbonny, dit-il.

— Qui fera un excellent repas, au contraire, mon ami!

— Quoi! vous allez manger cela?

— Et vous en goûterez, mon brave, fit le docteur en riant.

— Pouah! répliqua Simpson; mais c'est huileux et rance comme tous les oiseaux de mer.

— Bon! répliqua le docteur; j'ai une manière à moi d'accommoder ce gibier là, et si vous le reconnaissez après pour un oiseau de mer, je consens à ne plus en tuer un seul de ma vie.

— Vous êtes donc cuisinier, monsieur Clawbonny? demanda Johnson.

— Un savant doit savoir un peu de tout.

— Alors, défie-toi, Simpson, répondit le maître

d'équipage ; le docteur est un habile homme, et il va nous faire prendre ce puffin pour une groose[1] du meilleur goût. »

Le fait est que le docteur eut complétement raison de son volatile ; il enleva habilement la graisse qui est située tout entière sous la peau, principalement sur les hanches, et avec elle disparut cette rancidité et cette odeur de poisson dont on a parfaitement le droit de se plaindre dans un oiseau. Ainsi préparé, le puffin fut déclaré excellent, et par Simpson lui-même.

Pendant le dernier ouragan, Richard Shandon s'était rendu compte des qualités de son équipage ; il avait analysé ses hommes un à un, comme doit le faire tout commandant qui veut parer aux dangers de l'avenir ; il savait sur quoi compter.

James Wall, officier tout dévoué à Richard, comprenait bien, exécutait bien, mais il pouvait manquer d'initiative ; au troisième rang, il se trouvait à sa place.

Johnson, rompu aux luttes de la mer, et vieux routier de l'océan Arctique, n'avait rien à apprendre en fait de sang-froid et d'audace.

Simpson, le harponneur, et Bell, le charpentier, étaient des hommes sûrs, esclaves du devoir et de la discipline. L'ice-master Foker, marin d'expérience, élevé à l'école de Johnson, devait rendre d'importants services.

Des autres matelots, Garry et Bolton semblaient être

---

1. Sorte de perdrix.

les meilleurs : Bolton, une sorte de loustic, gai et causeur ; Garry, un garçon de trente-cinq ans, à figure énergique, mais un peu pâle et triste.

Les trois matelots, Clifton, Gripper et Pen, semblaient moins ardents et moins résolus ; ils murmuraient volontiers. Gripper même avait voulu rompre son engagement au départ du *Forward;* une sorte de honte le retint à bord. Si les choses marchaient bien, s'il n'y avait ni trop de dangers à courir ni trop de manœuvres à exécuter, on pouvait compter sur ces trois hommes ; mais il leur fallait une nourriture substantielle, car on peut dire qu'ils avaient le cœur au ventre. Quoique prévenus, ils s'accommodaient assez mal d'être *teetotalers*, et à l'heure du repas ils regrettaient le brandy ou le gin; ils se rattrapaient cependant sur le café et le thé, distribués à bord avec une certaine prodigalité.

Quant aux deux ingénieurs, Brunton et Plover, et au chauffeur Waren, ils s'étaient contentés jusqu'ici de se croiser les bras.

Shandon savait donc à quoi s'en tenir sur le compte de chacun.

Le 14 avril, le *Forward* vint à couper le grand courant du gulf-stream qui, après avoir remonté le long de la côte orientale de l'Amérique jusqu'au banc de Terre-Neuve, s'incline vers le nord-est et prolonge les rivages de la Norvége. On se trouvait alors par 51°37′ de latitude et 22°58′ de longitude, à deux cents milles de la pointe du Groënland. Le temps se refroidit; le thermomètre descendit à trente-deux degrés (0 centigrade)[1], c'est-à-dire au point de congélation.

Le docteur, sans prendre encore le vêtement des hivers arctiques, avait revêtu son costume de mer, à l'instar des matelots et des officiers; il faisait plaisir à voir avec ses hautes bottes dans lesquelles il descendait tout d'un bloc, son vaste chapeau de toile huilée, un pantalon et une jaquette de même étoffe; par les fortes pluies et les larges vagues que le brick embarquait, le docteur ressemblait à une sorte d'animal marin, comparaison qui ne laissait pas d'exciter sa fierté.

Pendant deux jours, la mer fut extrêmement mauvaise; le vent tourna vers le nord-ouest et retarda la marche du *Forward*. Du 14 au 16 avril, la houle demeura très-forte; mais le lundi, il survint une violente averse qui eut pour résultat de calmer la mer presque immédiatement. Shandon fit observer cette particularité au docteur.

« Eh bien, répondit ce dernier, cela confirme les curieuses observations du baleinier Scoresby qui fit partie de la Société royale d'Edinburgh, dont j'ai l'honneur d'être membre correspondant. Vous voyez ue pendant la pluie les vagues sont peu sensibles, même sous l'influence d'un vent violent. Au contraire,

---

1. Il s'agit du thermomètre de Fahrenheit.

avec un temps sec, la mer serait plus agitée par une brise moins forte.

— Mais comment explique-t-on ce phénomène, docteur ?

— C'est bien simple ; on ne l'explique pas. »

En ce moment, l'ice-master, qui faisait son quart dans les barres de perroquet, signala une masse flottante par tribord, à une quinzaine de milles sous le vent.

« Une montagne de glace dans ces parages ! » s'écria le docteur.

Shandon braqua sa lunette dans la direction indiquée, et confirma l'annonce du pilote.

« Voilà qui est curieux ! dit le docteur.

— Cela vous étonne ? fit le commandant en riant. Comment ! nous serions assez heureux pour trouver quelque chose qui vous étonnât ?

— Cela m'étonne sans m'étonner, répondit en souriant le docteur, puisque le brick *Ann de Poole*, de Greenspond, fut pris en 1813 dans de véritables champs de glace par le quarante-quatrième degré de latitude nord, et que Dayement, son capitaine, les compta par centaines !

— Bon ! fit Shandon, vous avez encore à nous en apprendre là-dessus !

— Oh ! peu de chose, répondit modestement l'aimable Clawbonny, si ce n'est que l'on a trouvé des glaces sous des latitudes encore plus basses.

— Cela, vous ne me l'apprenez pas, mon cher docteur, car, étant mousse à bord du sloop de guerre *le Fly*...

— En 1818, continua le docteur, à la fin de mars, comme qui dirait avril, vous avez passé entre deux grandes îles de glaces flottantes, par le quarante-deuxième degré de latitude.

— Ah! c'est trop fort! s'écria Shandon.

— Mais c'est vrai; je n'ai donc pas lieu de m'étonner, puisque nous sommes deux degrés plus au nord, de rencontrer une montagne flottante par le travers du *Forward*.

— Vous êtes un puits, docteur, répondit le commandant, et avec vous il n'y a qu'à tirer le seau.

— Bon! je tarirai plus vite que vous ne pensez; et maintenant, si nous pouvons observer de près ce curieux phénomène, Shandon, je serai le plus heureux des docteurs.

— Justement. Johnson, fit Shandon en appelant son maître d'équipage, la brise, il me semble, a une tendance à fraîchir.

— Oui, commandant, répondit Johnson; nous gagnons peu, et les courants du détroit de Davis vont bientôt se faire sentir.

— Vous avez raison, Johnson, et si nous voulons être le 20 avril en vue du cap Farewel, il faut marcher à la vapeur, ou bien nous serons jetés sur les côtes du Labrador. Monsieur Wall, veuillez donner l'ordre d'allumer les fourneaux. »

Les ordres du commandant furent exécutés ; une heure après, la vapeur avait acquis une pression suffisante ; les voiles furent serrées, et l'hélice, tordant les flots sous ses branches, poussa violemment *le Forward* contre le vent du nord-ouest.

CHAPITRE VI.

LE GRAND COURANT POLAIRE.

Bientôt des bandes d'oiseaux de plus en plus nombreux, des pétrels, des puffins, des contre-maîtres, habitants de ces parages désolés, signalèrent l'approche du Groënland. *Le Forward* gagnait rapidement dans le nord, en laissant sous le vent une longue traînée de fumée noire.

Le mardi 17 avril, vers les onze heures du matin, l'ice-master signala la première vue du *blink* de la glace[1]. Il se trouvait à vingt milles au moins dans le nord-nord-ouest. Cette bande d'un blanc éblouissant

---

1. Couleur particulière et brillante que prend l'atmosphère au-dessus d'une grande étendue de glace.

éclairait vivement, malgré la présence de nuages assez épais, toute la partie de l'atmosphère voisine de l'horizon. Les gens d'expérience du bord ne purent se méprendre sur ce phénomène, et ils reconnurent à sa blancheur que ce *blink* devait venir d'un vaste champ de glace situé à une trentaine de milles au delà de la portée de la vue, et provenait de la réflexion des rayons lumineux.

Vers le soir, le vent retomba dans le sud, et devint favorable ; Shandon put établir une bonne voilure, et, par mesure d'économie, il éteignit ses fourneaux. *Le Forward*, sous ses huniers, son foc et sa misaine, se dirigea vers le cap Farewel.

Le 18, à trois heures, un ice-stream fut reconnu à une ligne blanche peu épaisse, mais de couleur éclatante, qui tranchait vivement entre les lignes de la mer et du ciel. Il dérivait évidemment de la côte est du Groënland plutôt que du détroit de Davis, car les glaces se tiennent de préférence sur le bord occidental de la mer de Baffin. Une heure après, *le Forward* passait au milieu des pièces isolées du ice-stream, et, dans la partie la plus compacte, les glaces, quoique soudées entre elles, obéissaient au mouvement de la houle.

Le lendemain, au point du jour, la vigie signala un navire : c'était *le Valkyrien,* corvette danoise qui courait à contre-bord du *Forward* et se dirigeait vers le banc de Terre-Neuve. Le courant du détroit se faisait sentir, et Shandon dut forcer de voile pour le remonter.

En ce moment, le commandant, le docteur, James Wall et Johnson se trouvaient réunis sur la dunette, examinant la direction et la force de ce courant. Le docteur demanda s'il était avéré que ce courant existât uniformément dans la mer de Baffin.

« Sans doute, répondit Shandon, et les bâtiments à voile ont beaucoup de peine à le refouler.

— D'autant plus, ajouta James Wall, qu'on le rencontre aussi bien sur la côte orientale de l'Amérique que sur la côte occidentale du Groënland.

— Eh bien ! fit le docteur, voilà qui donne singulièrement raison aux chercheurs du passage du Nord-Ouest ! Ce courant marche avec une vitesse de cinq milles à l'heure environ, et il est difficile de supposer qu'il prenne naissance au fond d'un golfe.

— Ceci est d'autant mieux raisonné, docteur, reprit Shandon, que, si ce courant va du nord au sud, on trouve dans le détroit de Behring un courant contraire qui coule du sud au nord, et doit être l'origine de celui-ci.

— D'après cela, messieurs, dit le docteur, il faut admettre que l'Amérique est complétement détachée des terres polaires, et que les eaux du Pacifique se rendent, en contournant ses côtes, jusque dans l'Atlantique. D'ailleurs, la plus grande élévation des eaux du premier donne encore raison à leur écoulement vers les mers d'Europe.

— Mais, reprit Shandon, il doit y avoir des faits à

l'appui de cette théorie; et s'il y en a, ajouta-t-il avec une certaine ironie, notre savant universel doit les connaître.

— Ma foi, répliqua ce dernier avec une aimable satisfaction, si cela peut vous intéresser, je vous dirai que des baleines, blessées dans le détroit de Davis, ont été prises quelque temps après dans le voisinage de la Tartarie, portant encore à leur flanc le harpon européen.

— Et à moins qu'elles n'aient doublé le cap Horn ou le cap de Bonne-Espérance, répondit Shandon, il faut nécessairement qu'elles aient contourné les côtes septentrionales de l'Amérique. Voilà qui est indiscutable, docteur.

— Si cependant vous n'étiez pas convaincu, mon brave Shandon, fit le docteur en souriant, je pourrais produire encore d'autres faits, tels que ces bois flottés dont le détroit de Davis est rempli, mélèzes, trembles et autres essences tropicales. Or, nous savons que le gulf-stream empêcherait ces bois d'entrer dans le détroit; si donc ils en sortent, ils n'ont pu y pénétrer que par le détroit de Behring.

— Je suis convaincu, docteur, et j'avoue qu'il serait difficile avec vous de demeurer incrédule.

— Ma foi, dit Johnson, voilà qui vient à propos pour éclairer la discussion. J'aperçois au large une pièce de bois d'une jolie dimension; si le commandant veut le permettre, nous allons pêcher ce tronc d'arbre, le hisser à bord, et lui demander le nom de son pays.

— C'est cela, fit le docteur ! l'exemple après la règle. »

Shandon donna les ordres nécessaires ; le brick se dirigea vers la pièce de bois signalée, et, bientôt après, l'équipage la hissait sur le pont, non sans peine.

C'était un tronc d'acajou, rongé par les vers jusqu'à son centre, circonstance sans laquelle il n'eût pas pu flotter.

« Voilà qui est triomphant, s'écria le docteur avec enthousiasme, car, puisque les courants de l'Atlantique n'ont pu le porter dans le détroit de Davis, puisqu'il n'a pu être chassé dans le bassin polaire par les fleuves de l'Amérique septentrionale, attendu que cet arbre-là croît sous l'Équateur, il est évident qu'il arrive en droite ligne de Behring. Et tenez, messieurs, voyez ces vers de mer qui l'ont rongé ; ils appartiennent aux espèces des pays chauds.

— Il est certain, reprit Hall, que cela donne tort aux détracteurs du fameux passage.

— Mais cela les tue tout bonnement, répondit le docteur. Tenez, je vais vous faire l'itinéraire de ce bois d'acajou : il a été charrié vers l'océan Pacifique par quelque rivière de l'isthme de Panama ou du Guatemala ; de là, le courant l'a traîné le long des côtes d'Amérique jusqu'au détroit de Behring, et, bon gré, mal gré, il a dû entrer dans les mers polaires ; il n'est ni tellement vieux ni tellement imbibé qu'on ne puisse assigner une date récente à son départ ; il aura heureusement franchi les obstacles de cette longue suite de détroits qui aboutit à la mer de Baffin, et, vivement saisi par le courant boréal, il est venu par le détroit de Davis se faire prendre à bord du *Forward* pour la plus grande joie du docteur Clawbonny, qui demande au commandant la permission d'en garder un échantillon.

— Faites donc, reprit Shandon ; mais permettez-moi à mon tour de vous apprendre que vous ne serez pas le seul possesseur d'une épave pareille. Le gouverneur danois de l'île de Disko...

— Sur la côte du Groënland, continua le docteur, possède une table d'acajou faite avec un tronc pêché dans les mêmes circonstances ; je le sais, mon cher Shandon ; eh bien, je ne lui envie pas sa table, car, si ce n'était l'embarras, j'aurais là de quoi me faire toute une chambre à coucher. »

Pendant la nuit du mercredi au jeudi, le vent souffla avec une extrême violence ; le *drift vocd* [1] se montra plus fréquemment ; l'approche de la côte offrait des dangers à une époque où les montagnes de glace sont fort nombreuses ; le commandant fit donc diminuer de voiles, et *le Forward* courut seulement sous sa misaine et sa trinquette.

Le thermomètre descendit au-dessous du point de congélation. Shandon fit distribuer à l'équipage des vêtements convenables, une jaquette et un pantalon

1. Bois flotté.

de laine, une chemise de flanelle, des bas de wadmel, comme en portent les paysans norvégiens. Chaque homme fut également muni d'une paire de bottes de mer parfaitement imperméables.

Quant à Captain, il se contentait de sa fourrure naturelle; il paraissait peu sensible aux changements de température; il devait avoir passé par plus d'une épreuve de ce genre, et, d'ailleurs, un danois n'avait pas le droit de se montrer difficile. On ne le voyait guère, et il se tenait presque toujours caché dans les parties les plus sombres du bâtiment.

Vers le soir, à travers une éclaircie de brouillard, la côte du Groënland se laissa entrevoir par 37° 2' 7" de longitude; le docteur, armé de sa lunette, put un instant distinguer une suite de pics sillonnés par de larges glaciers; mais le brouillard se referma rapidement sur cette vision, comme le rideau d'un théâtre qui tombe au moment le plus intéressant de la pièce.

Le Forward se trouva, le 20 avril au matin, en vue d'un ice-berg haut de cent-cinquante pieds, échoué en cet endroit de temps immémorial; les dégels n'ont pas prise sur lui, et respectent ses formes étranges. Snow l'a vu; James Ross, en 1829, en prit un dessin exact, et en 1851, le lieutenant français Bellot, à bord du *Prince Albert,* le remarqua parfaitement. Naturellement le docteur voulut conserver l'image de cette montagne célèbre, et il en fit une esquisse très-réussie.

Il n'est pas surprenant que de semblables masses soient échouées, et par conséquent s'attachent invinciblement au sol; pour un pied hors de l'eau, elles en ont à peu près deux au-dessous, ce qui donnerait à celle-ci quatre-vingts brasses environ de profondeur [1].

Enfin, par une température qui ne fut à midi que de 12° (— 11° centig.), sous un ciel de neige et de brouillards, on aperçut le cap Farewel. *Le Forward* arrivait au jour fixé; le capitaine inconnu, s'il lui plaisait de venir relever sa position par ce temps diabolique, n'aurait pas à se plaindre.

« Voilà donc, se dit le docteur, ce cap célèbre, ce cap si bien nommé [2]! Beaucoup l'ont franchi comme nous, qui ne devaient jamais le revoir! Est-ce donc un adieu éternel dit à ses amis d'Europe? Vous avez passé là, Frobisher, Knight, Barlow, Vaugham, Scroggs, Barentz, Hudson, Blosseville, Franklin, Crozier, Bellot, pour ne jamais revenir au foyer domestique, et ce cap a bien été pour vous le cap des Adieux! »

Ce fut vers l'an 970 que des navigateurs partis de l'Islande [3] découvrirent le Groënland. Sébastien Cabot, en 1498, s'éleva jusqu'au 56° degré de latitude; Gaspard et Michel Cotréal, de 1500 à 1502, parvinrent au 60°, et Martin Frobisher, en 1576, arriva jusqu'à la baie qui porte son nom.

1. Quatre cents pieds.
2. Farewel signifie adieu.
3. Ile des glaces.

A Jean Davis appartient l'honneur d'avoir découvert le détroit en 1585, et, deux ans plus tard, dans un troisième voyage, ce hardi navigateur, ce grand pêcheur de baleines, atteignit le soixante-treizième parallèle, à vingt-sept degrés du pôle.

Barentz en 1596, Weymouth en 1602, James Hall en 1605 et 1607, Hudson, dont le nom fut attribué à cette vaste baie qui échancre si profondément les terres d'Amérique, James Poole en 1611, s'avancèrent plus ou moins dans le détroit, à la recherche de ce passage du nord-ouest, dont la découverte eût singulièrement abrégé les voies de communication entre les deux mondes.

Baffin, en 1616, trouva dans la mer de ce nom le détroit de Lancastre; il fut suivi en 1619 par James Munk, et en 1719 par Knight, Barlows, Waugham et Scrows, dont on n'a jamais eu de nouvelles.

En 1776, le lieutenant Pickersgill, envoyé à la rencontre du capitaine Cook, qui tentait de remonter par le détroit de Behring, pointa jusqu'au 68e degré; l'année suivante, Young s'éleva dans le même but jusqu'à l'île des Femmes

Vint alors James Ross qui fit en 1818 le tour des côtes de la mer de Baffin, et corrigea les erreurs hydrographiques de ses devanciers.

Enfin en 1819 et 1820, le célèbre Parry s'élance dans le détroit de Lancastre, parvient à travers d'innombrables difficultés jusqu'à l'île Melville, et gagne la prime de cinq mille livres [1] promise par acte du parlement aux matelots anglais qui couperaient le cent-oixante dixième méridien par une latitude plus élevée que le soixante-dix-septième parallèle.

En 1826, Beechey touche à l'île Chamisso, James Ross hiverne, de 1829 à 1833, dans le détroit du Prince Régent, et fait, entre autres travaux importants, la découverte du pôle magnétique.

Pendant ce temps, Franklin, par la voie de terre, reconnaissait les côtes septentrionales de l'Amérique, de la rivière Mackensie à la pointe Turnagain ; le capitaine Back marchait sur ses traces de 1823 à 1835, et ces explorations étaient complétées en 1839 par MM. Dease, Simpson et le docteur Rae.

Enfin, sir John Franklin, jaloux de découvrir le passage du nord-ouest, quitta l'Angleterre en 1845 sur *l'Erebus* et *le Terror*; il pénétra dans la mer de Baffin, et depuis son passage à l'île Disko, on n'eut plus aucune nouvelle de son expédition.

Cette disparition détermina les nombreuses recherches qui ont amené la découverte du passage, et la reconnaissance de ces continents polaires si profondément déchiquetés; les plus intrépides marins de l'Angleterre, de la France, des États-Unis, s'élancèrent vers ces terribles parages, et, grâce à leurs efforts, la carte si tourmentée, si difficile de ce pays, put figurer enfin

---

1. 125,000 francs.

aux archives de la Société royale géographique de Londres.

La curieuse histoire de ces contrées se présentait ainsi à l'imagination du docteur, tandis qu'appuyé sur la lisse, il suivait du regard le long sillage du brick. Les noms de ces hardis navigateurs se pressaient dans son souvenir, et il croyait entrevoir sous les arceaux glacés de la banquise les pâles fantômes de ceux qui ne revinrent pas.

CHAPITRE VII.

L'ENTRÉE DU DÉTROIT DE DAVIS.

Pendant cette journée, *le Forward* se fraya un chemin facile parmi les glaces à demi brisées ; le vent était bon, mais la température très-basse ; les courants d'air, en se promenant sur les ice-fields [1], rapportaient leurs froides pénétrations.

La nuit exigea la plus sévère attention ; les montagnes flottantes se resserraient dans cette passe étroite ; on en comptait souvent une centaine à l'horizon ; elles se dé-

1. Champs de glace.

tachaient des côtes élevées, sous la dent des **vagues** rongeantes et l'influence de la saison d'avril, pour aller se fondre ou s'abîmer dans les profondeurs de l'Océan. On rencontrait aussi de longs trains de bois dont il fallait éviter le choc; aussi le crow's-nest[1] fut mis en place au sommet du mât de misaine; il consistait en un tonneau à fond mobile, dans lequel l'ice-master, en partie abrité contre le vent, surveillait la mer, signalait les glaces en vue, et même, au besoin, commandait la manœuvre.

Les nuits étaient courtes; le soleil avait reparu depuis le 31 janvier par suite de la réfraction, et tendait à se maintenir de plus en plus au-dessus de l'horizon. Mais la neige arrêtait la vue, et, si elle n'amenait pas l'obscurité, rendait cette navigation pénible.

Le 21 avril, le cap Désolation apparut au milieu des brumes; la manœuvre fatiguait l'équipage; depuis l'entrée du brick au milieu des glaces, les matelots n'avaient pas eu un instant de repos; il fallut bientôt recourir à la vapeur pour se frayer un chemin au milieu de ces blocs amoncelés.

Le docteur et maître Jonhson causaient ensemble sur l'arrière, pendant que Shandon prenait quelques heures de sommeil dans sa cabine. Clawbonny recherchait la conversation du vieux marin, auquel ses nombreux voyages avaient fait une éducation intéressante et sen-

---

1. Littéralement *nid de pie.*

sée. Le docteur le prenait en grande amitié, et le maître d'équipage ne demeurait pas en reste avec lui.

« Voyez-vous, monsieur Clawbonny, disait Johnson, ce pays-ci n'est pas comme tous les autres; on l'a nommé la Terre-Verte [1], mais il n'y a pas beaucoup de semaines dans l'année où il justifie son nom!

— Qui sait, mon brave Johnson, répondit le docteur, si, au dixième siècle, cette terre n'avait pas le droit d'être appelée ainsi? Plus d'une révolution de ce genre s'est produite dans notre globe, et je vous étonnerais beaucoup en vous disant que, suivant les chroniqueurs islandais, deux cents villages florissaient sur ce continent, il y a huit ou neuf cents ans!

— Vous m'étonneriez tellement, monsieur Clawbonny, que je ne pourrais pas vous croire, car c'est un triste pays.

— Bon! si triste qu'il soit, il offre encore une retraite suffisante à des habitants, et même à des Européens civilisés.

— Sans doute! A Disko, à Uppernawik, nous rencontrerons des hommes qui consentent à vivre sous de pareils climats; mais j'ai toujours pensé qu'ils y demeuraient par force, non par goût.

— Je le crois volontiers; cependant l'homme s'habitue à tout, et ces Groënlandais ne me paraissent pas être aussi à plaindre que les ouvriers de nos grandes

---

1. Green Land.

villes; ils peuvent être malheureux, mais, à coup sûr, ils ne sont point misérables ; encore, je dis malheureux, et ce mot ne rend pas ma pensée ; en effet, s'ils n'ont pas le bien-être des pays tempérés, ces gens-là, faits à ce rude climat, y trouvent évidemment des jouissances qu'il ne nous est pas donné de concevoir !

— Il faut le penser, monsieur Clawbonny, puisque le ciel est juste ; mais bien des voyages m'ont amené sur ces côtes, et mon cœur s'est toujours serré à la vue de ces tristes solitudes ; on aurait dû, par exemple, égayer les caps, les promontoires, les baies par des noms plus engageants, car le cap des Adieux et le cap Désolation ne sont pas faits pour attirer les navigateurs !

— J'ai fait également cette remarque, répondit le docteur ; mais ces noms ont un intérêt géographique qu'il ne faut pas méconnaître ; ils décrivent les aventures de ceux qui les ont donnés ; auprès des noms des Davis, des Baffin, des Hudson, des Ross, des Parry, des Franklin, des Bellot, si je rencontre le cap Désolation, je trouve bientôt la baie de la Mercy ; le cap Providence fait pendant au port Anxiety, la baie Repulse[1] me ramène au cap Éden, et, quittant la pointe Turnagain[2], je vais me reposer dans la baie du Refuge ; j'ai là, sous les yeux, cette incessante succession de périls, d'échecs,

---

1. Baie qu'on ne peut atteindre.
2. Cap du retour forcé.

d'obstacles, de succès, de désespoirs, de réussites, mêlés aux grands noms de mon pays, et, comme une série de médailles antiques, cette nomenclature me retrace toute l'histoire de ces mers.

— Justement raisonné, monsieur Clawbonny, et puissions-nous, dans notre voyage, rencontrer plus de baies du Succès que de caps du Désespoir !

— Je le souhaite, Johnson ; mais, dites-moi, l'équipage est-il un peu revenu de ses terreurs ?

— Un peu, monsieur ; et cependant, pour tout dire, depuis notre entrée dans le détroit, on recommence à se préoccuper du capitaine fantastique ; plus d'un s'attendait à le voir apparaître à l'extrémité du Groënland ; et jusqu'ici, rien. Voyons, monsieur Clawbonny, entre nous, est-ce que cela ne vous étonne pas un peu ?

— Si fait, Johnson.

— Croyez-vous à l'existence de ce capitaine ?

— Sans doute.

— Mais quelles raisons ont pu le pousser à agir de la sorte ?

— S'il faut dire toute ma pensée, Johnson, je crois que cet homme aura voulu entraîner l'équipage assez loin pour qu'il n'y eût plus à revenir. Or, s'il avait paru à son bord au moment du départ, chacun voulant connaître la destination du navire, il aurait pu être embarrassé.

— Et pourquoi cela ?

— Ma foi, s'il veut tenter quelque entreprise surhumaine, s'il veut pénétrer là où tant d'autres n'ont pu parvenir, croyez-vous qu'il eût recruté son équipage? Tandis qu'une fois en route, on peut aller si loin, que marcher en avant devienne ensuite une nécessité.

— C'est possible, monsieur Clawbonny; j'ai connu plus d'un intrépide aventurier dont le nom seul épouvantait, et qui n'eût trouvé personne pour l'accompagner dans ses périlleuses expéditions...

— Sauf moi, fit le docteur.

— Et moi après vous, répondit Johnson, et pour vous suivre! Je dis donc que notre capitaine est sans doute du nombre de ces aventuriers-là. Enfin, nous verrons bien; je suppose que du côté d'Uppernawik ou de la baie Melville, ce brave inconnu viendra s'installer tranquillement à bord, et nous apprendra jusqu'où sa fantaisie compte entraîner le navire.

— Je le crois comme vous, Johnson; mais la difficulté sera de s'élever jusqu'à cette baie Melville! voyez comme les glaces nous entourent de toutes parts! c'est à peine si elles laissent passage au *Forward*. Tenez, examinez cette plaine immense!

— Dans notre langage de baleiniers, monsieur Clawbonny, nous appelons cela un ice-field, c'est-à-dire une surface continue de glace dont on n'aperçoit pas les limites.

— Et de ce côté, ce champ brisé, ces longues pièces plus ou moins réunies par leurs bords?

— Ceci est un pack; s'il a une forme circulaire, nous l'appelons palch, et stream, quand cette forme est allongée.

— Et là, ces glaces flottantes?

— Ce sont des drift-ice; avec un peu plus de hauteur, ce seraient des ice-bergs ou montagnes; leur contact est dangereux aux navires, et il faut les éviter avec soin. Tenez, voici là-bas, sur cet ice-field, une protubérance produite par la pression des glaces; nous appelons cela un hummock; si cette protubérance était submergée à sa base, nous la nommerions un calf; il a bien fallu donner des noms à tout cela pour s'y reconnaître.

— Ah! c'est véritablement un spectacle curieux, s'écria le docteur en contemplant ces merveilles des mers boréales, et l'imagination est vivement frappée par ces tableaux divers!

— Sans doute, répondit Johnson; les glaçons prennent parfois des formes fantastiques, et nos hommes ne sont pas embarrassés pour les expliquer à leur façon.

— Tenez, Johnson, admirez cet ensemble de blocs de glace! ne dirait-on pas une ville étrange, une ville d'Orient avec ses minarets et ses mosquées sous la pâle lumière de la lune? Voici plus loin une longue suite d'arceaux gothiques qui nous rappellent la chapelle d'Henry VII ou le palais du Parlement [1].

— Vraiment, monsieur Clawbonny, il y en a pour

1. Édifices de Londres.

tous les goûts; mais ce sont des villes ou des églises dangereuses à habiter, et il ne faut pas les ranger de trop près. Il y a de ces minarets-là qui chancellent sur leur base, et dont le moindre écraserait un navire comme le Forward.

— Et l'on a osé s'aventurer dans ces mers, reprit le docteur, sans avoir la vapeur à ses ordres ! Comment croire qu'un navire à voile ait pu se diriger au milieu de ces écueils mouvants?

— On l'a fait cependant, monsieur Clawbonny ; lorsque le vent devenait contraire, et cela m'est arrivé plus d'une fois, à moi qui vous parle, on s'ancrait patiemment à l'un de ces blocs; on dérivait plus ou moins avec lui; mais enfin on attendait l'heure favorable pour se remettre en route; il est vrai de dire qu'à cette manière de voyager on mettait des mois, là où, avec un peu de bonheur, nous ne mettrons que quelques jours.

— Il me semble, dit le docteur, que la température tend encore à s'abaisser.

— Ce serait fâcheux, répondit Johnson, car il faut du dégel pour que ces masses se divisent et aillent se perdre dans l'Atlantique; elles sont d'ailleurs plus nombreuses dans le détroit de Davis, parce que les terres se rapprochent sensiblement entre le cap Walsingham et Holsteinborg; mais au delà du soixante-septième degré, nous trouverons pendant la saison de mai et de juin des mers plus navigables.

— Oui ; mais il faut passer d'abord.

— Il faut passer, Monsieur Clawbonny ; en juin et juillet, nous eussions trouvé le passage libre, comme il arrive aux baleiniers ; mais les ordres étaient précis ; on devait se trouver ici en avril. Aussi je me trompe fort, ou notre capitaine est un gaillard solidement trempé, qui a une idée ; il n'est parti de si bonne heure que pour aller loin. Enfin qui vivra, verra. »

Le docteur avait eu raison de constater un abaissement dans la température ; le thermomètre à midi n'indiquait plus que six degrés (— 14° centig.), et il régnait une brise du nord-ouest qui, tout en éclaircissant le ciel, aidait le courant à précipiter les glaces flottantes sur le chemin du *Forward*. Toutes n'obéissaient pas d'ailleurs à la même impulsion ; il n'était pas rare d'en rencontrer, et des plus hautes, qui, prises à leur base par un courant sous-marin, dérivaient dans un sens opposé.

On comprend alors les difficultés de cette navigation ; les ingénieurs n'avaient pas un instant de repos ; la manœuvre de la vapeur se faisait sur le pont même, au moyen de leviers qui l'ouvraient, l'arrêtaient, la renversaient instantanément, suivant l'ordre de l'officier de quart. Tantôt il fallait se hâter de prendre par une ouverture de champs de glace, tantôt lutter de vitesse avec un iceberg qui menaçait de fermer la seule issue praticable ; ou bien quelque bloc, se renversant à l'improviste, obligeait le brick à reculer subitement pour ne pas être écrasé. Cet amas de glaces entraînées, amoncelées, amalgamées par le grand courant du nord, se pressait dans la passe, et si la gelée venait à les saisir, elles pouvaient opposer au *Forward* une infranchissable barrière.

Les oiseaux se trouvaient en quantités innombrables dans ces parages ; les pétrels et les contre-maîtres voltigeaient çà et là, avec des cris assourdissants ; on comptait aussi un grand nombre de mouettes à tête grosse, à cou court, à bec comprimé, qui déployaient leurs longues ailes, et bravaient en se jouant les neiges fouettées par l'ouragan. Cet entrain de la gent ailée ranimait le paysage.

De nombreuses pièces de bois allaient à la dérive, se heurtant avec bruit ; quelques cachalots à têtes énormes et renflées s'approchèrent du navire ; mais il ne fut pas question de leur donner la chasse, bien que l'envie n'en manquât pas à Simpson le harponneur. Vers le soir, on vit également plusieurs phoques, qui, le nez au-dessus de l'eau, nageaient entre les grands blocs.

Le 22, la température s'abaissait encore ; le *Forward* forçait de vapeur pour gagner les passes favorables ; le vent s'était décidément fixé dans le nord-ouest ; les voiles furent serrées.

Pendant cette journée du dimanche, les matelots eurent peu à manœuvrer. Après la lecture de l'office divin, qui fut faite par Shandon, l'équipage se livra à la chasse des guilleminots, dont il prit un grand nombre. Ces oiseaux, convenablement préparés suivant la méthode clawbonnyenne, fournirent un agréable surcroît de provisions à la table des officiers et de l'équipage.

A trois heures du soir, *le Forward* avait le Kin de Sael est-quart-nord-est, et la montagne de Sukkertop sud-est-quart-d'est-demi-est; la mer était fort houleuse; de temps en temps, un vaste brouillard tombait inopinément du ciel gris. Cependant, à midi, une observation exacte put être faite. Le navire se trouvait par 65° 20′ de latitude et 54° 22′ de longitude. Il fallait gagner encore deux degrés pour rencontrer une navigation meilleure sur une mer plus libre.

Pendant les trois jours suivants, les 24, 25 et 26 avril, ce fut une lutte continuelle avec les glaces; la manœuvre de la machine devint très-fatigante; à chaque minute, la vapeur était subitement interrompue ou renversée, et s'échappait en sifflant par les soupapes.

Dans la brume épaisse, l'approche des ice-bergs se reconnaissait seulement à de sourdes détonations produites par les avalanches; le navire virait alors immédiatement; on risquait de se heurter à des masses de glace d'eau douce, remarquables par la transparence de leur cristal, et qui ont la dureté du roc. Richard Shandon ne manqua pas de compléter sa provision d'eau en embarquant chaque jour plusieurs tonnes de cette glace.

Le docteur ne pouvait s'habituer aux illusions d'optique que la réfraction produisait dans ces parages; en effet tel ice-berg lui apparaissait comme une petite masse blanche fort rapprochée, qui se trouvait à dix ou douze milles du brick; il tâchait d'accoutumer ses regards à ce singulier phénomène, afin de pouvoir rapidement corriger plus tard l'erreur de ses yeux.

Enfin, soit par le halage du navire le long des champs de glace, soit par l'écartement des blocs les plus menaçants à l'aide de longues perches, l'équipage fut bientôt rompu de fatigues, et cependant, le vendredi 27 avril, *le Forward* était encore retenu sur la limite infranchissable du cercle polaire.

CHAPITRE VIII.

PROPOS DE L'ÉQUIPAGE.

Cependant *le Forward* parvint, en se glissant adroitement dans les passes, à gagner quelques minutes au nord; mais, au lieu d'éviter l'ennemi, il faudrait bientôt l'attaquer; les ice-fields de plusieurs milles d'étendue se rapprochaient, et comme ces masses en mouvement représentent souvent une pression de plus de dix millions de tonnes, on devait se garer avec soin de leurs étreintes. Des scies à glace furent donc installées à l'extérieur du navire, de manière à pouvoir être mises immédiatement en usage.

Une partie de l'équipage acceptait philosophiquement ces durs travaux, mais l'autre se plaignait, si elle ne refusait pas encore d'obéir. Tout en procédant à l'installation des instruments, Garry, Bolton, Pen, Gripper, échangeaient leurs différentes manières de voir.

« Par le diable, disait gaiement Bolton, je ne sais pourquoi il me vient à la pensée que dans Water-Street, il y a une jolie taverne où l'on ne s'accote pas trop mal entre un verre de gin et une bouteille de porter. Tu vois cela d'ici, Gripper?

— A te dire vrai, riposta le matelot interpellé, qui faisait généralement profession de mauvaise humeur, je t'assure que je ne vois pas cela d'ici.

— C'est une manière de parler, Gripper; il est évident que dans ces villes de neige, qui font l'admiration de monsieur Clawbonny, il n'y a pas le plus mince cabaret où un brave matelot puisse s'humecter d'une ou deux demi-pintes de brandy.

— Pour cela, tu peux en être certain, Bolton; et tu ferais bien d'ajouter qu'il n'y a même pas ici de quoi se rafraîchir proprement. Une drôle d'idée, de priver de tout spiritueux les gens qui voyagent dans les mers du nord!

— Bon! répondit Garry; as-tu donc oublié, Gripper, ce que t'a dit le docteur? Il faut être sobre de toute boisson excitante, si l'on veut braver le scorbut, se bien porter et aller loin.

— Mais je ne demande pas à aller loin, Garry; et je trouve que c'est déjà beau d'être venu jusqu'ici, et de s'obstiner à passer là où le diable ne veut pas qu'on passe.

— Eh bien, on ne passera pas! répliqua Pen. Quand je pense que j'ai déjà oublié le goût du gin!

— Mais, fit Bolton, rappelle-toi ce que t'a dit le docteur.

— Oh! répliqua Pen avec sa grosse voix brutale, pour le dire, on le dit. Reste à savoir si, sous prétexte de santé, on ne s'amuse pas à faire l'économie du liquide.

— Ce diable de Pen a peut-être raison, répondit Gripper.

— Allons donc! riposta Bolton, il a le nez trop rouge pour cela; et s'il perd un peu de sa couleur à naviguer sous un pareil régime, Pen n'aura pas trop à se plaindre.

— Qu'est-ce que mon nez t'a fait? répondit brusquement le matelot attaqué à son endroit sensible. Mon nez n'a pas besoin de tes conseils; il ne te les demande pas; mêle-toi donc de ce qui regarde le tien!

— Allons! ne te fâche pas. Pen, je ne te croyais pas le nez si susceptible. Hé! je ne déteste pas plus qu'un autre un bon verre de wisky, surtout par une température pareille ; mais si, au bout du compte, cela fait plus de mal que de bien, je m'en passe volontiers.

— Tu t'en passes, dit le chauffeur Waren qui prit part à la conversation ; eh bien, tout le monde ne s'en passe peut-être pas à bord !

— Que veux-tu dire, Waren ? reprit Garry en le regardant fixement.

— Je veux dire que, pour une raison ou pour une autre, il y a des liqueurs à bord, et j'imagine qu'on ne s'en prive pas beaucoup à l'arrière.

— Et qu'en sais-tu ? » demanda Garry.

Waren ne sut trop que répondre ; il parlait pour parler, comme on dit.

« Tu vois bien, Garry, reprit Bolton, que Waren n'en sait rien.

— Eh bien, dit Pen, nous demanderons une ration de gin au commandant ; nous l'avons bien gagnée, et nous verrons ce qu'il répondra.

— Je vous engage à n'en rien faire, répondit Garry.

— Et pourquoi ? s'écrièrent Pen et Gripper.

— Parce que le commandant vous refusera. Vous saviez quel était le régime du bord, quand vous vous êtes embarqués ; il fallait y réfléchir à ce moment-là.

— D'ailleurs, répondit Bolton qui prenait volontiers le parti de Garry dont le caractère lui plaisait, Richard

Shandon n'est pas le maître à bord ; il obéit tout comme nous autres.

— Et à qui donc? demanda Pen.

— Au capitaine.

— Ah! toujours ce capitaine de malheur! s'écria Pen. Et ne voyez-vous pas qu'il n'y a pas plus de capitaine que de taverne sur ces bancs de glace? C'est une façon de nous refuser poliment ce que nous avons le droit d'exiger.

— Mais si, il y a un capitaine, reprit Bolton; et je parierais deux mois de ma paye que nous le verrons avant peu.

— C'est bon, fit Pen; en voilà un à qui je voudrais bien dire deux mots en face !

— Qui parle du capitaine? » dit en ce moment un nouvel interlocuteur.

C'était le matelot Clifton, passablement superstitieux et envieux à la fois.

« Est-ce que l'on sait quelque chose de nouveau sur le capitaine? demanda-t-il.

— Non, lui fut-il répondu d'une seule voix.

— Eh bien, je m'attends à le trouver installé un beau matin dans sa cabine, sans que personne ne sache ni comment, ni par où il sera arrivé.

— Allons donc! répondit Bolton; tu te figures, Clifton, que ce gaillard-là est un farfadet, un lutin comme il en court dans les hautes terres d'Écosse !

— Ris tant que tu voudras, Bolton; cela ne changera

pas mon opinion. Tous les jours, en passant devant la cabine, je jette un regard par le trou de la serrure, et l'un de ces matins je viendrai vous raconter à qui ce capitaine ressemble, et comment il est fait.

— Eh, par le diable, fit Pen, il sera bâti comme tout le monde, ton capitaine ! Et si c'est un gaillard qui veut nous mener où cela ne nous plaît pas, on lui dira son fait.

— Bon, fit Bolton, voilà Pen qui ne le connaît même pas, et qui veut déjà lui chercher dispute !

— Qui ne le connaît pas, répliqua Clifton de l'air d'un homme qui en sait long ; c'est à savoir, s'il ne le connaît pas !

— Que diable veux-tu dire? demanda Gripper.

— Je m'entends.

— Mais nous ne t'entendons pas !

— Eh bien, est-ce que Pen n'a pas eu déjà des désagréments avec lui ?

— Avec le capitaine?

— Oui, le dog-captain; car c'est exactement la même chose. »

Les matelots se regardèrent sans trop oser répondre.

« Homme ou chien, fit Pen entre ses dents, je vous affirme que cet animal-là aura son compte un de ces jours.

— Voyons, Clifton, demanda sérieusement Bolton, prétends-tu, comme l'a dit Johnson en se moquant, que ce chien-là est le vrai capitaine?

— Certes, répondit Clifton avec conviction ; et si vous étiez des observateurs comme moi, vous auriez remarqué les allures étranges de cet animal.

— Lesquelles ? voyons, parle !

— Est-ce que vous n'avez pas vu la façon dont il se promène sur la dunette avec un air d'autorité, regardant la voilure du navire, comme s'il était de quart ?

— C'est vrai, fit Gripper ; et même un soir je l'ai positivement surpris les pattes appuyées sur la roue du gouvernail.

— Pas possible ! fit Bolton.

— Et maintenant, reprit Clifton, est-ce que, la nuit, il ne quitte pas le bord pour aller se promener seul sur les champs de glace, sans se soucier ni des ours ni du froid ?

— C'est toujours vrai, fit Bolton.

— Est-ce que vous voyez cet animal-là, comme un honnête chien, rechercher la compagnie des hommes, rôder du côté de la cuisine, et couver des yeux maître Strong quand il apporte quelque bon morceau au commandant ? Est-ce que vous ne l'entendez pas, la nuit, quand il s'en va à deux ou trois milles du navire, hurler de façon à vous donner froid dans le dos, ce qui n'est pourtant pas facile à ressentir par une pareille température ? Enfin, est-ce que vous avez jamais vu ce chien-là se nourrir ? Il ne prend rien de personne ; sa pâtée est toujours intacte, et, à moins qu'une main ne le nourrisse secrètement à bord, j'ai le droit de dire que cet animal vit sans manger. Or, si celui-là n'est pas fantastique, je ne suis qu'une bête.

— Ma foi, répondit Bell le charpentier, qui avait entendu toute l'argumentation de Clifton, ma foi, cela pourrait bien être ! »

Cependant les autres matelots se taisaient.

« Eh bien, moi, reprit Clifton, je vous dis que si vous faites les incrédules, il y a à bord des gens plus savants que vous qui ne paraissent pas si rassurés.

— Veux-tu parler du commandant? demanda Bolton.

— Oui, du commandant et du docteur.

— Et tu prétends qu'ils sont de ton avis?

— Je les ai entendus discuter la chose, et j'affirme qu'ils n'y comprenaient rien; ils faisaient mille suppositions qui ne les avançaient guère.

— Et ils parlaient du chien comme tu le fais, Clifton? demanda le charpentier.

— S'ils ne parlaient pas du chien, répondit Clifton mis au pied du mur, ils parlaient du capitaine, ce qui est la même chose, et ils avouaient que tout cela n'est pas naturel.

— Eh bien, mes amis, reprit Bell, voulez-vous avoir mon opinion?

— Parlez ! parlez ! fit-on de toutes parts.

— C'est qu'il n'y a pas et qu'il n'y aura pas d'autre capitaine que Richard Shandon.

— Et la lettre? fit Clifton.

— La lettre existe réellement, répondit Bell; il est

parfaitement exact qu'un inconnu a armé *le Forward* pour un voyage dans les glaces; mais le navire une fois parti, personne ne viendra plus à bord.

— Enfin, demanda Bolton, où ira-t-il, le navire?

— Je n'en sais rien; à un moment donné, Richard Shandon recevra le complément de ses instructions.

— Mais par qui?

— Par qui?

— Oui, comment? dit Bolton qui devenait pressant.

— Allons, Bell, une réponse, dirent les autres matelots.

— Par qui? comment? Eh! je n'en sais rien, répliqua le charpentier, embarrassé à son tour.

— Eh, par le captain-dog! s'écria Clifton. Il a déjà écrit une première fois, il peut bien écrire une seconde. Oh! si je savais seulement la moitié de ce que sait cet animal-là, je ne serais pas embarrassé d'être premier lord de l'Amirauté.

— Ainsi, reprit Bolton pour conclure, tu t'en tiens à ton dire, que ce chien-là est le capitaine?

— Oui, comme je l'ai dit.

— Eh bien, dit Pen d'une voix sourde, si cet animal-là ne veut pas crever dans la peau d'un chien, il n'a qu'à se dépêcher de devenir un homme; car, foi de Pen, je lui ferai son affaire.

— Et pourquoi cela? demanda Garry.

— Parce que cela me plaît, répondit brutalement Pen; et je n'ai de compte à rendre à personne.

« — Assez causé, les enfants, cria maître Johnson en intervenant au moment où la conversation semblait devoir mal tourner; à l'ouvrage, et que ces scies soient installées plus vite que cela! Il faut franchir la banquise!

— Bon! un vendredi! répondit Clifton en haussant les épaules. Vous verrez qu'on ne passe pas si facilement le cercle polaire! »

Quoi qu'il en soit, les efforts de l'équipage furent à peu près impuissants pendant cette journée. *Le Forward*, lancé à toute vapeur contre les ice-fields, ne parvint pas à les séparer; on fut obligé de s'ancrer pendant la nuit.

Le samedi, la température s'abaissa encore sous l'influence d'un vent de l'est; le temps se mit au clair, et le regard put s'étendre au loin sur ces plaines blanches que la réflexion des rayons solaires rendait éblouissantes. A sept heures du matin, le thermomètre accusait huit degrés au-dessus de zéro (— 22° centig.).

Le docteur était tenté de rester tranquillement dans sa cabine à relire des voyages arctiques; mais il se demanda, suivant son habitude, ce qu'il lui serait le plus désagréable à faire en ce moment. Il se répondit que monter sur le pont par cette température, et aider les hommes dans la manœuvre, n'avait rien de très-réjouissant. Donc, fidèle à sa règle de conduite, il quitta sa cabine si bien chauffée et vint contribuer au halage du navire. Il avait bonne figure avec les lunettes vertes au moyen desquelles il préservait ses yeux contre la morsure des rayons réfléchis, et dans ses observations futures il eut toujours soin de se servir de snow-spectacles[1] pour éviter les ophthalmies très-fréquentes sous cette latitude élevée.

Vers le soir, *le Forward* avait gagné plusieurs milles dans le nord, grâce à l'activité des hommes et à l'habileté de Shandon, adroit à profiter de toutes les circonstances favorables ; à minuit, il dépassait le soixante-sixième parallèle, et la sonde ayant rapporté vingt-trois brasses de profondeur, Shandon reconnut qu'il se trouvait sur le bas-fond où toucha *le Victory*, vaisseau de Sa Majesté. La terre s'approchait à trente milles dans l'est.

Mais alors la masse des glaces, immobile jusqu'alors, se divisa et se mit en mouvement ; les ice-bergs semblaient surgir de tous les points de l'horizon ; le brick se trouvait engagé dans une série d'écueils mouvants dont la force d'écrasement est irrésistible ; la manœuvre devint assez difficile pour que Garry, le meilleur timonier, prît la barre ; les montagnes tendaient à se refermer derrière le brick ; il fut donc nécessaire de traverser cette flotte de glaces, et la prudence autant que le devoir commandait de se porter en avant. Les difficultés s'accroissaient de l'impossibilité où se trouvait Shandon de constater la direction du navire au milieu de ces

---

1. Lunettes à neige.

points changeants, qui se déplaçaient et n'offraient aucune perspective stable.

Les hommes de l'équipage furent divisés en deux bordées de tribord et de babord; chacun d'eux, armé d'une longue perche garnie d'une pointe de fer, repoussait les glaçons trop menaçants. Bientôt *le Forward* entra dans une passe si étroite, entre deux blocs élevés, que l'extrémité de ses vergues froissa ces murailles aussi dures que le roc; peu à peu il s'engagea dans une vallée sinueuse remplie du tourbillon des neiges, tandis que les glaces flottantes se heurtaient et se brisaient avec de sinistres craquements.

Mais il fut bientôt constant que cette gorge était sans issue; un énorme bloc, engagé dans ce chenal, dérivait rapidement sur *le Forward;* il parut impossible de l'éviter, impossible également de revenir en arrière sur un chemin déjà obstrué.

Shandon, Johnson, debout à l'avant du brick, considéraient leur position. Shandon, de la main droite, indiquait au timonier la direction à suivre, et de la main gauche il transmettait à James Wall, posté près de l'ingénieur, ses ordres pour manœuvrer la machine.

« Comment cela va-t-il finir? demanda le docteur à Johnson.

— Comme il plaira à Dieu, » répondit le maître d'équipage.

Le bloc de glace, haut de cent pieds, ne se trouvait

plus qu'à une encâblure du *Forward,* et menaçait de le broyer sous lui.

« Malheur et malédiction ! s'écria Pen avec un effroyable juron.

— Silence ! » s'écria une voix qu'il fut impossible de distinguer au milieu de l'ouragan.

Le bloc parut se précipiter sur le brick, et il y eut un indéfinissable moment d'angoisses ; les hommes, abandonnant leurs perches, refluèrent sur l'arrière en dépit des ordres de Shandon.

Soudain un bruit effroyable se fit entendre ; une véritable trombe d'eau tomba sur le pont du navire, que soulevait une vague énorme. L'équipage jeta un cri de terreur, tandis que Garry, ferme à sa barre, maintint *le Forward* en bonne voie, malgré son effrayante embardée.

Et lorsque les regards épouvantés se portèrent vers la montagne de glace, celle-ci avait disparu ; la passe était libre, et au delà, un long canal, éclairé par les rayons obliques du soleil, permettait au brick de poursuivre sa route.

« Eh bien, monsieur Clawbonny, dit Johnson, m'expliquerez-vous ce phénomène ?

— Il est bien simple, mon ami, répondit le docteur, et il se reproduit souvent ; lorsque ces masses flottantes se détachent les unes des autres à l'époque du dégel, elles voguent isolées et dans un équilibre parfait ; mais peu à peu, elles arrivent vers le sud, où l'eau est relativement plus chaude ; leur base, ébranlée par le choc des autres glaçons, commence à fondre, à se miner ; il vient donc un moment où le centre de gravité de ces masses se trouve déplacé, et alors elles se culbutent. Seulement, si cet ice-berg se fût retourné deux minutes plus tard, il se précipitait sur le brick et l'écrasait dans sa chute. »

CHAPITRE IX.

UNE NOUVELLE LETTRE.

Le cercle polaire était enfin franchi; *le Forward* passait le 30 avril, à midi, par le travers d'Holsteinborg; des montagnes pittoresques s'élevèrent dans l'horizon de l'est. La mer paraissait pour ainsi dire libre de glaces, ou plutôt ces glaces pouvaient être facilement évitées. Le vent sauta dans le sud-est, et le brick, sous sa misaine, sa brigantine, ses huniers et ses perroquets, remonta la mer de Baffin.

Cette journée fut particulièrement calme, et l'équipage put prendre un peu de repos; de nombreux oiseaux nageaient et voltigeaient autour du navire ; le docteur remarqua, entre autres, des alca-alla, presque semblables à la sarcelle, avec le cou, les ailes et le dos noirs et la poitrine blanche ; ils plongeaient avec vivacité, et leur immersion se prolongeait souvent au delà de quarante secondes.

Cette journée n'eût été marquée par aucun incident nouveau, si le fait suivant, quelque extraordinaire qu'il paraisse, ne se fût pas produit à bord.

Le matin, à six heures, en rentrant dans sa cabine après son quart, Richard Shandon trouva sur sa table une lettre avec cette suscription :

« Au commandant Richard Shandon,
à bord du *Forward*.

« Mer de Baffin. »

Shandon ne put en croire ses yeux ; mais avant de prendre connaissance de cette étrange correspondance, il fit appeler le docteur, James Wall, le maître d'équipage, et il leur montra cette lettre.

« Cela devient particulier, fit Johnson.

— C'est charmant ! pensa le docteur.

— Enfin, s'écria Shandon, nous connaîtrons donc ce secret... »

D'une main rapide, il déchira l'enveloppe, et lut ce qui suit :

« Commandant,

« Le capitaine du *Forward* est content du sang-froid, de l'habileté et du courage que vos hommes, vos officiers et vous, vous avez montré dans les dernières circonstances; il vous prie d'en témoigner sa reconnaissance à l'équipage.

« Veuillez vous diriger droit au nord vers la baie Melville, et de là vous tenterez de pénétrer dans le détroit de Smith.

« Le capitaine du *Forward*,

« K.-Z.

« Ce lundi, 30 avril, par le travers du cap Walsingham. »

« Et c'est tout ? s'écria le docteur.

— C'est tout, » répondit Shandon.

La lettre lui tomba des mains.

« Eh bien, dit Wall, ce capitaine chimérique ne parle même plus de venir à bord; j'en conclus qu'il n'y viendra jamais.

— Mais cette lettre, fit Johnson, comment est-elle arrivée ? »

Shandon se taisait.

« Monsieur Wall a raison, répondit le docteur, qui, ayant ramassé la lettre, la retournait dans tous les sens; le capitaine ne viendra pas à bord, par une excellente raison...

— Et laquelle ? demanda vivement Shandon.

— C'est qu'il y est déjà, répondit simplement le docteur.

— Déjà! s'écria Shandon; que voulez-vous dire?

— Comment expliquer sans cela l'arrivée de cette lettre? »

Johnson hochait la tête en signe d'approbation.

« Ce n'est pas possible! fit Shandon avec énergie. Je connais tous les hommes de l'équipage; il faudrait donc supposer qu'il se trouvât parmi eux depuis le départ du navire? Ce n'est pas possible, vous dis-je! Depuis plus de deux ans, il n'en est pas un que je n'aie vu cent fois à Liverpool; votre supposition, docteur, est inadmissible!

— Alors, qu'admettez-vous, Shandon?

— Tout, excepté cela. J'admets que ce capitaine, ou un homme à lui, que sais-je? a pu profiter de l'obscurité, du brouillard, de tout ce que vous voudrez, pour se glisser à bord; nous ne sommes pas éloignés de la terre; il y a des kaïaks d'Esquimaux qui passent inaperçus entre les glaçons; on peut donc être venu jusqu'au navire, avoir remis cette lettre... le brouillard a été assez intense pour favoriser ce plan...

— Et pour empêcher de voir le brick, répondit le docteur; si nous n'avons pas vu, nous, un intrus se glisser à bord, comment, lui, aurait-il pu découvrir le *Forward* au milieu du brouillard?

— C'est évident, fit Johnson.

— J'en reviens donc à mon hypothèse, dit le docteur. Qu'en pensez-vous, Shandon?

— Tout ce que vous voudrez, répondit Shandon

avec feu, excepté la supposition que cet homme soit à mon bord.

— Peut-être, ajouta Wall, se trouve-t-il dans l'équipage un homme à lui, qui a reçu ses instructions.

— Peut-être, fit le docteur.

— Mais qui? demanda Shandon. Je connais tous mes hommes, vous dis-je, et depuis longtemps.

— En tout cas, reprit Johnson, si ce capitaine se présente, homme ou diable, on le recevra; mais il y a un autre enseignement, ou plutôt un autre renseignement à tirer de cette lettre.

— Et lequel? demanda Shandon.

— C'est que nous devons nous diriger non-seulement vers la baie Melville, mais encore dans le détroit de Smith.

— Vous avez raison, répondit le docteur.

— Le détroit de Smith, répliqua machinalement Richard Shandon.

— Il est donc évident, reprit Johnson, que la destination du *Forward* n'est pas de rechercher le passage du nord-ouest, puisque nous laisserons sur notre gauche la seule entrée qui y conduise, c'est-à-dire le détroit de Lancastre. Voilà qui nous présage une navigation difficile dans des mers inconnues.

— Oui, le détroit de Smith, répondit Shandon; c'est la route que l'Américain Kane a suivie en 1853, et au prix de quels dangers! Longtemps on l'a cru perdu sous ces latitudes effrayantes! Enfin, puisqu'il faut y aller, on ira! mais jusqu'où? Est-ce au pôle?

— Et pourquoi pas? » s'écria le docteur.

La supposition de cette tentative insensée fit hausser les épaules au maître d'équipage.

« Enfin, reprit James Wall, pour en revenir au capitaine, s'il existe, je ne vois guère, sur la côte du Groënland, que les établissements de Disko ou d'Uppernawik où il puisse nous attendre; dans quelques jours, nous saurons donc à quoi nous en tenir.

— Mais, demanda le docteur à Shandon, n'allez-vous pas faire connaître cette lettre à l'équipage?

— Avec la permission du commandant, répondit Johnson, je n'en ferais rien.

— Et pourquoi cela? demanda Shandon.

— Parce que tout cet extraordinaire, ce fantastique, est de nature à décourager nos hommes; ils sont déjà fort inquiets sur le sort d'une expédition qui se présente ainsi. Or, si on les pousse dans le surnaturel, cela peut produire de fâcheux effets, et au moment critique nous ne pourrions plus compter sur eux. Qu'en dites-vous, commandant?

— Et vous, docteur, qu'en pensez-vous? demanda Shandon.

— Maître Johnson, répondit le docteur, me paraît sagement raisonner.

— Et vous, James?

— Sauf meilleur avis, répondit Wall, je me range à l'opinion de ces messieurs. »

Shandon se prit à réfléchir pendant quelques instants; il relut attentivement la lettre.

« Messieurs, dit-il, votre opinion est certainement fort bonne; mais je ne puis l'adopter.

— Et pourquoi cela, Shandon? demanda le docteur.

— Parce que les instructions de cette lettre sont formelles; elles commandent de porter à la connaissance de l'équipage les félicitations du capitaine; or, jusqu'ici, j'ai toujours obéi aveuglément à ses ordres, de quelque façon qu'ils me fussent transmis, et je ne puis...

— Cependant..., reprit Johnson qui redoutait justement l'effet de semblables communications sur l'esprit des matelots.

— Mon brave Johnson, repartit Shandon, je comprends votre insistance vos raisons sont excellentes, mais lisez :

« Il vous prie d'en témoigner sa reconnaissance à l'équipage. »

— Agissez donc en conséquence, reprit Johnson, qui était d'ailleurs un strict observateur de la discipline. Faut-il rassembler l'équipage sur le pont?

— Faites, » répondit Shandon.

La nouvelle d'une communication du capitaine se répandit immédiatement à bord. Les matelots arrivèrent sans retard à leur poste de revue, et le commandant lut à haute voix la lettre mystérieuse.

Un morne silence accueillit cette lecture; l'équipage se sépara en proie à mille suppositions; Clifton eut de quoi se livrer à toutes les divagations de son imagination superstitieuse; la part qu'il attribua dans cet événement à Captain-dog fut considérable, et il ne manqua plus de le saluer, quand par hasard il le rencontrait sur son passage.

« Quand je vous disais, répétait-il aux matelots, que cet animal savait écrire! »

On ne répliqua rien à cette observation, et lui-même, Bell, le charpentier, eût été fort empêché d'y répondre.

Cependant, il fut constant pour chacun qu'à défaut du capitaine son ombre ou son esprit veillait à bord; les plus sages se gardèrent désormais d'échanger entre eux leurs suppositions.

Le 1er mai, à midi, l'observation donna 68° pour la latitude, et 56° 32' pour la longitude. La température s'était relevée, et le thermomètre marquait vingt-cinq degrés au-dessus de zéro (— 4° cent.)

Le docteur put s'amuser à suivre les ébats d'une ourse blanche et de ses deux oursons sur le bord d'un pack qui prolongeait la terre. Accompagné de Wall et de Simpson, il essaya de lui donner la chasse dans le canot; mais l'animal, d'humeur peu belliqueuse, entraîna rapidement sa progéniture avec lui, et le docteur dut renoncer à le poursuivre.

Le cap Chidley fut doublé pendant la nuit sous l'influence d'un vent favorable, et bientôt les hautes montagnes de Disko se dressèrent à l'horizon; la baie de Godavhn, résidence du gouverneur général des établissements danois, fut laissée sur la droite. Shandon ne jugea pas à propos de s'arrêter, et dépassa bientôt les pirogues d'Esquimaux qui cherchaient à l'atteindre.

L'île Disko porte également le nom d'île de la Baleine; c'est de ce point que le 12 juillet 1845 sir John Franklin écrivit pour la dernière fois à l'amirauté, et c'est à cette île aussi que, le 27 août 1859, le capitaine Mac Clintock toucha à son retour, rapportant les preuves trop certaines de la perte de cette expédition.

La coïncidence de ces deux faits devait être remarquée par le docteur; ce triste rapprochement était fécond en souvenirs, mais bientôt les hauteurs de Disko disparurent à ses yeux.

Il y avait alors de nombreux ice-bergs sur les côtes, de ceux que les plus forts dégels ne parviennent pas à détacher; cette suite continue de crêtes se prêtait aux formes étranges et inattendues.

Le lendemain, vers les trois heures, on releva au nord-est Sanderson-Hope; la terre fut laissée à une distance de quinze milles sur tribord; les montagnes paraissaient teintes d'un bistre rougeâtre. Pendant la soirée, plusieurs baleines de l'espèce des *finners,* qui ont des nageoires sur le dos, vinrent se jouer au milieu des trains de glace, rejetant l'air et l'eau par leurs évents.

Ce fut pendant la nuit du 3 au 4 mai que le docteur put voir pour la première fois le soleil raser le bord de l'horizon sans y plonger son disque lumineux; depuis le 31 janvier, ses orbes s'allongeaient chaque jour, et il régnait maintenant une clarté continuelle.

Pour des spectateurs inhabitués, cette persistance du jour est sans cesse un sujet d'étonnement, et même de fatigue; on ne saurait croire à quel point l'obscurité de la nuit est nécessaire à la santé des yeux; le docteur éprouvait une douleur véritable pour se faire à cette lumière continue, rendue plus mordante encore par la réflexion des rayons sur les plaines de glace.

Le 5 mai, *le Forward* dépassa le soixante-deuxième parallèle. Deux mois plus tard, il eût rencontré de nombreux baleiniers se livrant à la pêche sous ces latitudes élevées; mais le détroit n'était pas encore assez libre pour permettre à ces bâtiments de pénétrer dans la mer de Baffin.

Le lendemain, le brick, après avoir dépassé l'île des Femmes, arriva en vue d'Uppernawik, l'établissement le plus septentrional que possède le Danemark sur ces côtes.

CHAPITRE X.

PÉRILLEUSE NAVIGATION.

Shandon, le docteur Clawbonny, Johnson, Foker et Strong, le cuisinier, descendirent dans la baleinière et se rendirent au rivage.

Le gouverneur, sa femme et ses cinq enfants, tous de race esquimau, vinrent poliment au-devant des visiteurs. Le docteur, en sa qualité de philologue, possédait un peu de danois qui suffit à établir des relations fort amicales ; d'ailleurs, Foker, interprète de l'expédition en même temps qu'ice-master, savait une vingtaine de mots de la langue groënlandaise, et avec vingt mots on va loin, si l'on n'est pas ambitieux.

Le gouverneur est né à l'île Disko, et n'a jamais quitté son pays natal ; il fit les honneurs de sa ville, qui se compose de trois maisons de bois, pour lui et le ministre luthérien, d'une école, et de magasins dont les navires naufragés se chargent de faire l'approvisionnement. Le reste consiste en huttes de neige dans lesquelles les Esquimaux entrent en rampant par une ouverture unique.

Une grande partie de la population s'était portée au-devant du *Forward*, et plus d'un naturel s'avança jusqu'au milieu de la baie dans son kaïak, long de quinze pieds, et large de deux au plus.

Le docteur savait que le mot *esquimau* signifie *mangeur de poissons crus ;* mais il savait aussi que ce nom est considéré comme une injure dans le pays ; aussi ne se fit-il pas faute de traiter les habitants de Groënlandais.

Et, cependant, à leurs vêtements huileux de peaux de phoques, à leurs bottes de même nature, à tout cet ensemble graisseux et infect qui ne permet pas de distinguer les hommes des femmes, il était facile de reconnaître de quelle nourriture ces gens-là faisaient usage; d'ailleurs, comme chez tous les peuples ichthyophages, la lèpre les rongeait en partie, mais ils ne s'en portaient pas plus mal pour cela.

Le ministre luthérien et sa femme, avec lesquels le docteur se promettait de causer **plus spécialement**, se trouvaient en tournée du côté de Proven, au sud d'Uppernawik; il fut donc réduit à s'entretenir avec le gouverneur. Ce premier magistrat ne paraissait pas fort lettré; un peu moins, c'était un âne; un peu plus, il savait lire.

Cependant le docteur l'interrogea sur le commerce, les habitudes, les mœurs des Esquimaux, et il apprit, dans la langue des gestes, que les phoques valaient environ quarante livres[1] rendus à Copenhague; une peau d'ours se payait quarante dollars danois, une peau de renard bleu, quatre, et de renard blanc, deux ou trois dollars.

Le docteur voulut aussi, dans le but de compléter son instruction personnelle, visiter une hutte d'Esquimaux; on ne se figure pas de quoi est capable un savant qui veut savoir; heureusement l'ouverture de ces cahutes était trop étroite, et l'enragé ne put y passer. Il l'échappa belle, car rien de plus repoussant que cet entassement de choses mortes ou vivantes, viande de

---

1. 1,000 francs.

phoque ou chair d'Esquimaux, poissons pourris et vêtements infects, qui meublent une cabane groënlandaise ; pas une fenêtre pour renouveler cet air irrespirable ; un trou seulement au sommet de la hutte, qui donne passage à la fumée, mais ne permet pas à la puanteur de sortir.

Foker donna ces détails au docteur, et ce digne savant n'en maudit pas moins sa corpulence. Il eût voulu juger par lui-même de ces émanations *sui generis*.

« Je suis sûr, dit-il, que l'on s'y fait à la longue. »

A la longue peint d'un seul mot le digne Clawbonny.

Pendant les études ethnographiques de ce dernier, Shandon s'occupait, suivant ses instructions, de se procurer des moyens de transport sur les glaces ; il dut payer quatre livres un traîneau et six chiens, et encore les naturels firent des difficultés pour s'en dessaisir.

Shandon eût également voulu engager Hans Christian, l'habile conducteur de chiens, qui fit partie de l'expédition du capitaine Mac Clintock ; mais ce Hans se trouvait alors dans le Groënland méridional.

Vint alors la grande question à l'ordre du jour ; se trouvait-il à Uppernawik un Européen attendant le passage du *Forward*? Le gouverneur avait-il connaissance de ce fait, qu'un étranger, vraisemblablement un Anglais, se fût fixé dans ces parages? A quelle époque remontaient ses dernières relations avec des navires baleiniers ou autres?

A ces questions, le gouverneur répondit que pas un

étranger n'avait débarqué sur cette partie de la côte depuis plus de dix mois.

Shandon se fit donner le nom des baleiniers arrivé en dernier lieu ; il n'en reconnut aucun. C'était désespérant.

« Vous m'avouerez, docteur, que c'est à n'y rien comprendre, dit-il à son compagnon. Rien au cap Farewel! Rien à l'île Disko! Rien à Uppernawik!

— Répétez-moi encore dans quelques jours : Rien à la baie de Melville, mon cher Shandon, et je vous saluerai comme l'unique capitaine du *Forward*. »

La baleinière revint au brick vers le soir, en ramenant les visiteurs ; Strong, en fait d'aliments nouveaux, s'était procuré plusieurs douzaines d'œufs d'eider-ducks[1], deux fois gros comme des œufs de poule et d'une couleur verdâtre. C'était peu, mais enfin très-rafraîchissant pour un équipage soumis au régime de la viande salée.

Le vent devint favorable le lendemain, et cependant Shandon n'ordonna pas l'appareillage ; il voulut attendre encore un jour, et, par acquit de conscience, laisser le temps à tout être quelconque appartenant à la race humaine de rejoindre *le Forward;* il fit même tirer, d'heure en heure, la pièce de 16 qui tonnait avec fracas au milieu des ice-bergs ; mais il ne réussit qu'à épouvanter des nuées de molly-mokes[2] et de

1. Canard, édredon.
2. Oiseaux des mers boréales.

rotches[1]. Pendant la nuit, plusieurs fusées furent lancées dans l'air. Mais en vain. Il fallut se décider à partir.

Le 8 mai, à six heures du matin, le *Forward,* sous ses huniers, sa misaine et son grand perroquet, perdait de vue l'établissement d'Uppernawik et ces perches hideuses auxquelles pendent, le long du rivage, des intestins de phoques et des panses de daims.

Le vent soufflait du sud-est, et la température remonta à trente-deux degrés (0 centig.). Le soleil perçait le brouillard, et les glaces se desserraient un peu sous son action dissolvante.

Cependant la réflexion de ces rayons blancs produisit un effet fâcheux sur la vue de plusieurs hommes de l'équipage. Wolsten, l'armurier, Gripper, Clifton et Bell furent atteints de *snow-blindness,* sorte de maladie des yeux très-commune au printemps, et qui détermine chez les Esquimaux de nombreux cas de cécité. Le docteur conseilla aux malades en particulier, et à tous ses compagnons en général, de se couvrir la figure d'un voile de gaze verte, et il fut le premier lui-même à suivre sa propre ordonnance.

Les chiens achetés par Shandon à Uppernawik étaient d'une nature assez sauvage ; cependant ils s'acclimatèrent à bord, et Captain ne prit pas trop mal avec ses nouveaux camarades ; il semblait connaître leurs habitudes. Clifton ne fut pas le dernier à faire cette re-

1. Sortes de perdrix de rochers.

marque, que Captain devait avoir eu déjà des rapports avec ses congénères du Groënland. Ceux-ci, toujours affamés et réduits à une nourriture incomplète à terre, ne pensaient qu'à se refaire avec le régime du bord.

Le 9 mai, *le Forward* rasa à quelques encâblures la plus occidentale des îles Baffin. Le docteur remarqua plusieurs roches de la baie entre les îles et la terre, de celles que l'on nomme crimson cliffs ; elles étaient recouvertes d'une neige rouge comme du beau carmin, à laquelle le docteur Kane donne un origine purement végétale ; Clawbonny eût voulu considérer de plus près ce singulier phénomène, mais la glace ne permit pas de s'approcher de la côte ; quoique la température tendît à s'élever, il était facile de voir que les ice-bergs et les ice-streams s'accumulaient vers le nord de la mer de Baffin.

Depuis Uppernawik, la terre offrait un aspect différent, et d'immenses glaciers se profilaient à l'horizon sur un ciel grisâtre. Le 10, *le Forward* laissait sur la droite la baie de Hingston près du soixante-quatorzième degré de latitude ; le canal de Lancastre s'ouvrait dans la mer à plusieurs centaines de milles dans l'ouest.

Mais alors cette immense étendue d'eau disparaissait sous de vastes champs, sur lesquels s'élevaient des hummoks réguliers comme la cristallisation d'une même substance. Shandon fit allumer ses fourneaux, et jusqu'au 11 mai *le Forward* serpenta dans les pertuis sinueux, traçant avec sa noire fumée sur le ciel la route qu'il suivait sur la mer.

Mais de nouveaux obstacles ne tardèrent pas à se présenter ; les passes se fermaient par suite de l'incessant déplacement des masses flottantes ; l'eau menaçait à chaque instant de manquer devant la proue du *Forward*, et s'il venait à être *nipped* [1], il lui serait difficile de s'en tirer. Chacun le savait, chacun y pensait.

Aussi, à bord de ce navire sans but, sans destination connue, qui cherchait follement à s'élever vers le nord, quelques symptômes d'hésitation se manifestèrent ; parmi ces gens habitués à une existence de dangers, beaucoup, oubliant les avantages offerts, regrettaient de s'être aventurés si loin. Il régnait déjà dans les esprits une certaine démoralisation, accrue encore par les frayeurs de Clifton, et les propos de deux ou trois meneurs, tels que Pen, Gripper, Waren et Wolsten.

Aux inquiétudes morales de l'équipage se joignaient alors des fatigues accablantes, car, le 12 mai, le brick se trouvait enfermé de toutes parts ; sa vapeur était impuissante. Il fallut s'ouvrir un chemin à travers les champs de glace. La manœuvre des scies était fort pénible dans ces *floes* [2] qui mesuraient jusqu'à six et sept pieds d'épaisseur ; lorsque deux entailles parallèles divisaient la glace sur une longueur d'une cen-

1. Pincé.
2. Glaçons.

taine de pieds, il fallait casser la partie intérieure à coups de hache et d'anspect; alors on élongeait des ancres fixées dans un trou fait au moyen d'une grosse tarière; puis la manœuvre du cabestan commençait, et on halait le navire à bras; la plus grande difficuté consistait à faire rentrer sous les *floes* les morceaux brisés, afin de livrer passage au bâtiment, et l'on devait les repousser au moyen de *pôles,* longues perches munies d'une pointe en fer.

Enfin, manœuvre de la scie, manœuvre du halage, manœuvre du cabestan, manœuvre des *pôles,* manœuvres incessantes, obligées, périlleuses, au milieu du brouillard ou des neiges épaisses, température relativement basse, souffrances ophthalmiques, inquiétudes morales, tout contribuait à affaiblir l'équipage du *Forward* et à réagir sur son imagination.

Lorsque les matelots ont affaire à un homme énergique, audacieux, convaincu, qui sait ce qu'il veut, où il va, à quel but il tend, la confiance les soutient en dépit d'eux-mêmes; ils sont unis de cœur avec leur chef, forts de sa propre force, et tranquilles de sa propre tranquillité. Mais à bord du brick, on sentait que le commandant n'était pas rassuré, qu'il hésitait devant ce but et cette destination inconnus. Malgré l'énergie de son caractère, sa défaillance se traduisait à son insu par des changements d'ordres, des manœuvres incomplètes, des réflexions intempestives, mille détails qui ne pouvaient échapper à son équipage.

Et puis, Shandon n'était pas le capitaine de navire, le maître après Dieu ; raison suffisante pour qu'on en arrivât à discuter ses ordres : or, de la discussion au refus d'obéir, le pas est rapidement franchi.

Les mécontents rallièrent bientôt à leurs idées le premier ingénieur, qui jusqu'ici restait esclave du devoir.

Le 16 mai, six jours après l'arrivée du *Forward* à la banquise, Shandon n'avait pas gagné deux milles dans le nord. On était menacé d'être pris par les glaces jusqu'à la saison prochaine. Cela devenait fort grave.

Vers les huit heures du soir, Shandon et le docteur, accompagnés du matelot Garry, allèrent à la découverte au milieu des plaines immenses ; ils eurent soin de ne pas trop s'éloigner du navire, car il devenait difficile de se créer des points de repère dans ces solitudes blanches, dont les aspects changeaient incessamment. La réfraction produisait d'étranges effets ; le docteur en demeurait étonné ; là où il croyait n'avoir qu'un saut d'un pied à faire, c'était cinq ou six pieds à franchir ; ou bien le contraire arrivait, et dans les deux cas le résultat était une chute, sinon dangereuse, du moins fort pénible, sur ces éclats de glace durs et acérés comme du verre.

Shandon et ses deux compagnons allaient à la recherche de passes praticables ; à trois milles du navire, ils parvinrent non sans peine à gravir un ice-berg qui pouvait mesurer trois cents pieds de hauteur. De là, leur vue s'étendit sur cet amas désolé, semblable aux ruines d'une ville gigantesque, avec ses obélisques abattus, ses clochers renversés, ses palais culbutés tout d'une pièce. Un véritable chaos. Le soleil traînait péniblement ses orbes autour d'un horizon hérissé, et jetait de longs rayons obliques d'une lumière sans chaleur, comme si des substances athermanes se fussent placées entre lui et ce pays dévasté.

La mer paraissait entièrement prise jusqu'aux limites les plus reculées du regard.

« Comment passerons-nous ? dit le docteur.

— Je l'ignore, répondit Shandon, mais nous passerons, dût-on employer la poudre à faire sauter ces montagnes; je ne me laisserai certainement pas saisir par les glaces jusqu'au printemps prochain.

— Comme cela cependant arriva au *Fox,* à peu près dans ces parages. Bah! fit le docteur, nous passerons... avec un peu de philosophie. Vous verrez, cela vaut toutes les machines du monde !

— Il faut avouer, répondit Shandon, que cette année ne se présente pas sous une apparence favorable.

— Cela n'est pas contestable, Shandon, et je remarque que la mer de Baffin tend à se retrouver dans l'état où elle était avant 1817.

— Est-ce que vous pensez, docteur, que ce qui est maintenant n'a pas toujours été ?

— Non, mon cher Shandon; il y a de temps en temps de vastes débâcles que les savants n'expliquent guère;

ainsi, jusqu'en 1817, cette mer demeurait constamment obstruée, lorsqu'un immense cataclysme eut lieu, et rejeta dans l'Océan ces ice-bergs, dont la plus grande partie vint s'échouer sur le banc de Terre-Neuve. A partir de ce moment, la baie de Baffin fut à peu près libre, et devint le rendez-vous de nombreux baleiniers.

— Ainsi, demanda Shandon, depuis cette époque les voyages au nord furent plus faciles?

— Incomparablement; mais on remarque que depuis quelques années la baie tend à se reprendre encore, et menace de se fermer, pour longtemps peut-être, aux investigations des navigateurs. Raison de plus, donc, pour pousser aussi avant qu'il nous sera possible. Et cependant nous avons un peu l'air de gens qui s'avancent dans des galeries inconnues, dont les portes se referment sans cesse derrière eux.

— Me conseilleriez-vous de reculer! demanda Shandon en essayant de lire au plus profond des yeux du docteur.

— Moi! je n'ai jamais su mettre un pied derrière l'autre, et, dût-on ne jamais revenir, je dis qu'il faut marcher. Seulement, je tiens à établir que si nous faisons des imprudences, nous savons parfaitement à quoi nous nous exposons.

— Et vous, Garry, qu'en pensez-vous? demanda Shandon au matelot.

— Moi, commandant, j'irais tout droit; je pense

comme monsieur Clawbonny ; d'ailleurs, vous ferez ce qu'il vous plaira ; commandez, nous obéirons.

— Tous ne parlent pas comme vous, Garry, reprit Shandon ; tous ne sont pas d'humeur à obéir ! Et s'ils refusent d'exécuter mes ordres?

— Je vous ai donné mon avis, commandant, répondit Garry d'un air froid, parce que vous me l'avez demandé; mais vous n'êtes pas obligé de le suivre. »

Shandon ne répondit pas ; il examina attentivement l'horizon, et redescendit avec ses deux compagnons sur les champs de glace.

CHAPITRE XI.

LE POUCE-DU-DIABLE.

Pendant l'absence du commandant, les hommes avaient exécuté divers travaux, de façon à permettre au navire d'éviter la pression des ice-fields. Pen, Clifton, Bolton, Gripper, Simson, s'occupaient de cette manœuvre pénible ; le chauffeur et les deux mécaniciens durent même venir en aide à leurs camarades, car, du moment que le service de la machine n'exigeait plus leur présence, ils redevenaient matelots, et comme tels, ils pouvaient être employés à tous les services du bord.

Mais cela ne se faisait pas sans grande irritation.

« Je déclare en avoir assez, dit Pen, et si dans trois jours la débâcle n'est pas arrivée, je jure Dieu que je me croise les bras !

— Te croiser les bras, répondit Plower ; il vaut mieux les employer à revenir en arrière ! Est-ce que tu crois que nous sommes d'humeur à hiverner ici jusqu'à l'année prochaine ?

— En vérité, ce serait un triste hiver, repartit Plover, car le navire est exposé de toutes parts !

— Et qui sait, dit Brunton, si même au printemps prochain la mer sera plus libre qu'elle ne l'est aujourd'hui ?

— Il ne s'agit pas de printemps prochain, répliqua Pen ; nous sommes au jeudi ; si dimanche, au matin, la route n'est pas libre, nous revenons dans le sud.

— Bien parlé ! dit Clifton.

— Ça vous va-t-il ? demanda Pen.

— Ça nous va, répondirent ses camarades.

— Et c'est juste, reprit Waren ; car si nous devons travailler de la sorte et haler le navire à force de bras, je suis d'avis de le ramener en arrière.

— Nous verrons cela dimanche, fit Wolsten.

— Qu'on m'en donne l'ordre, reprit Brunton, et mes fourneaux seront bientôt allumés.

— Eh, reprit Clifton, nous les allumerons bien nous-mêmes.

— Si quelque officier, répondit Pen, veut se donner le plaisir d'hiverner ici, libre à lui; on l'y laissera tranquillement; il ne sera pas embarrassé de se construire une hutte de neige pour y vivre en véritable Esquimau.

— Pas de ça, Pen, répliqua vivement Brunton; nous n'avons personne à abandonner; entendez-vous bien, vous autres? Je crois, d'ailleurs, que le commandant ne sera pas difficile à décider; il m'a l'air fort inquiet déjà, et en lui proposant doucement la chose...

— A savoir, reprit Plover; Richard Shandon est un homme dur et entêté quelquefois; il faudrait le tâter adroitement.

— Quand je pense, reprit Bolton avec un soupir de convoitise, que dans un mois nous pouvons être de retour à Liverpool! Nous aurons rapidement franchi la ligne des glaces dans le sud! la passe du détroit de Davis sera ouverte au commencement de juin, et nous n'aurons plus qu'à nous laisser dériver dans l'Atlantique.

— Sans compter, répondit le prudent Clifton, qu'en ramenant le commandant avec nous, en agissant sous sa responsabilité, nos parts et nos gratifications nous seront acquises; or, si nous revenions seuls, nous ne serions pas certains de l'affaire.

— Bien raisonné, dit Plover; ce diable de Clifton s'exprime comme un comptable! Tâchons de ne rien avoir à débrouiller avec ces messieurs de l'Amirauté, c'est plus sûr, et n'abandonnons personne.

— Mais si les officiers refusent de nous suivre ? » reprit Pen, qui voulait pousser ses camarades à bout.

On fut assez embarrassé pour répondre à une question posée aussi directement.

« Nous verrons cela, quand le moment en sera venu, répliqua Bolton; il nous suffira d'ailleurs de gagner Richard Shandon à notre cause, et j'imagine que cela ne sera pas difficile.

— Il y a pourtant quelqu'un que je laisserai ici, fit Pen avec d'énormes jurons, quand il devrait me manger un bras !

— Ah ! ce chien, dit Plover.

— Oui, ce chien ! et je lui ferai son affaire avant peu !

— D'autant mieux, répliqua Clifton, revenant à sa thèse favorite, que ce chien-là est la cause de tous nos malheurs.

— C'est lui qui nous a jeté un sort, dit Plover.

— C'est lui qui nous a entraînés dans la banquise, répondit Gripper.

— C'est lui qui a ramassé sur notre route, réplique Walsten, plus de glaces qu'on n'en vit jamais à pareille époque !

— Il m'a donné ces maux d'yeux, dit Brunton.

— Il a supprimé le gin et le brandy, répliqua Pen.

— Il est cause de tout ! s'écria l'assemblée en se montant l'imagination.

— Sans compter, répliqua Clifton, qu'il est le capitaine.

— Eh bien, capitaine de malheur, s'écria Pen, dont la fureur sans raison s'accroissait avec ses propres paroles, tu as voulu venir ici, et tu y resteras !

— Mais comment le prendre ? fit Plover.

— Eh ! l'occasion est bonne, répondit Clifton ; le commandant n'est pas à bord ; le lieutenant dort dans sa cabine ; le brouillard est assez épais pour que Johnson ne puisse nous apercevoir...

— Mais le chien ? s'écria Pen.

— Captain dort en ce moment près de la soute au charbon, répondit Clifton, et si quelqu'un veut...

— Je m'en charge, répondit Pen avec fureur.

— Prends garde, Pen ; il a des dents à briser une barre de fer !

— S'il bouge, je l'éventre, » répliqua Pen, en prenant son couteau d'une main.

Et il s'élança dans l'entre-pont, suivi de Waren, qui voulut l'aider dans son entreprise.

Bientôt ils revinrent tous les deux, portant l'animal dans leurs bras, le museau et les pattes fortement attachés ; ils l'avaient surpris pendant son sommeil, et le malheureux chien ne pouvait parvenir à leur échapper.

« Hurrah pour Pen ! s'écria Plover.

— Et maintenant, qu'en vas-tu faire ? demanda Clifton.

— Le noyer, et s'il en revient jamais... » répliqua Pen avec un affreux sourire de satisfaction.

Il y avait à deux cents pas du navire un trou de phoques, sorte de crevasse circulaire faite avec les dents de cet amphibie, et toujours creusée de l'intérieur à l'extérieur ; c'est par là que le phoque vient respirer à la surface de la glace ; mais il doit prendre soin d'empêcher celle-ci de se refermer à l'orifice, car la disposition de sa mâchoire ne lui permet pas de refaire ce trou de l'extérieur à l'intérieur, et au moment du danger, il ne pourrait échapper à ses ennemis.

Pen et Waren se dirigèrent vers cette crevasse, et là, malgré ses efforts énergiques, le chien fut impitoyablement précipité dans la mer; un énorme glaçon repoussé ensuite sur cette ouverture ferma toute issue à l'animal, ainsi muré dans sa prison liquide.

« Bon voyage, capitaine ! » s'écria le brutal matelot.

Peu d'instants après, Pen et Waren rentraient à bord. Johnson n'avait rien vu de cette exécution; le brouillard s'épaississait autour du navire, et la neige commençait à tomber avec violence.

Une heure après, Richard Shandon, le docteur et Garry regagnaient *le Forward*.

Shandon avait remarqué dans la direction du nord-est une passe dont il résolut de profiter. Il donna ses ordres en conséquence; l'équipage obéit avec une certaine activité; il voulait faire comprendre à Shandon l'impossibilité d'aller plus avant, et d'ailleurs il lui restait encore trois jours d'obéissance.

Pendant une partie de la nuit et du jour suivant, les

manœuvres des scies et de halage furent menées avec ardeur; *le Forward* gagna près de deux milles dans le nord. Le 18, il se trouvait en vue de terre, à cinq ou six encâblures d'un pic singulier, auquel sa forme étrange a fait donner le nom de Pouce-du-Diable.

A cette même place, *le Prince-Albert* en 1851, *l'Advance* avec Kane en 1835, furent obstinément pris par les glaces pendant plusieurs semaines.

La forme bizarre du Pouce-du-Diable, les environs déserts et désolés, de vastes cirques d'ice-bergs dont quelques-uns dépassaient trois cents pieds de hauteur, les craquements des glaçons que l'écho reproduisait d'une façon sinistre, tout rendait effroyablement triste la position du *Forward*. Shandon comprit qu'il fallait le tirer de là et le conduire plus loin; vingt-quatre heures après, suivant son estime, il avait pu s'écarter de cette côte funeste de deux milles environ. Mais ce n'était pas assez. Shandon se sentait envahir par la crainte, et la situation fausse où il se trouvait paralysait son énergie; pour obéir à ses instructions et se porter en avant, il avait jeté son navire dans une situation excessivement périlleuse; le halage mettait les hommes sur les dents; il fallait plus de trois heures pour creuser un canal de vingt pieds de long dans une glace qui avait communément de quatre à cinq pieds d'épaisseur; la santé de l'équipage menaçait déjà de s'altérer. Shandon s'étonnait du silence de ses hommes et de leur dévouement inaccoutumé; mais il craignait que ce calme ne précédât quelque orage prochain.

On peut donc juger de la pénible surprise, du désappointement, du désespoir même qui s'empara de son esprit, quand il s'aperçut que, par suite d'un mouvement insensible de l'ice-field, *le Forward* reperdait pendant la nuit du 18 au 19 tout ce qu'il avait gagné au prix de tant de fatigues; le samedi matin, il se retrouvait en face du Pouce-du-Diable, toujours menaçant, et dans une situation plus critique encore; les ice-bergs se multipliaient et passaient comme des fantômes dans le brouillard.

Shandon fut complétement démoralisé; il faut dire que l'effroi passa dans le cœur de cet homme intrépide et dans celui de son équipage. Shandon avait entendu parler de la disparition du chien; mais il n'osa pas punir les coupables; il eût craint de provoquer une révolte.

Le temps fut horrible pendant cette journée; la neige, soulevée en épais tourbillons, enveloppait le brick d'un voile impénétrable; parfois, sous l'action de l'ouragan, le brouillard se déchirait, et l'œil effrayé apercevait du côté de la terre ce Pouce-du-Diable dressé comme un spectre.

Le Forward ancré sur un immense glaçon, il n'y avait plus rien à faire, rien à tenter; l'obscurité s'accroissait, et l'homme de la barre n'eût pas aperçu James Wall qui faisait son quart à l'avant.

Shandon se retira dans sa cabine en proie à d'incessantes inquiétudes; le docteur mettait en ordre ses notes de voyage; des hommes de l'équipage, moitié restait sur le pont, et moitié dans la salle commune.

A un moment où l'ouragan redoubla de violence, le Pouce-du-Diable sembla se dresser démesurément au milieu du brouillard déchiré.

« Grand Dieu! s'écria Simpson en reculant avec effroi.

— Qu'est-ce donc? » dit Foker.

Aussitôt les exclamations s'élevèrent de toutes parts.

« Il va nous écraser!

— Nous sommes perdus!

— Monsieur Wall! monsieur Wall!

— C'est fait de nous!

— Commandant! commandant! »

Ces cris étaient simultanément proférés par les hommes de quart.

Wall se précipita vers le gaillard d'arrière; Shandon, suivi du docteur, s'élança sur le pont, et regarda.

Au milieu du brouillard entr'ouvert, le Pouce-du-Diable paraissait s'être subitement rapproché du brick; il semblait avoir grandi d'une façon fantastique; à son sommet se dressait un second cône renversé et pivotant sur sa pointe; il menaçait d'écraser le navire de sa masse énorme; il oscillait, prêt à s'abattre. C'était un spectacle effrayant. Chacun recula instinctivement, et plusieurs matelots, se jetant sur la glace, abandonnèrent le navire.

« Que personne ne bouge! s'écria le commandant d'une voix sévère ; chacun à son poste!

— Eh, mes amis, ne craignez rien, dit le docteur; il n'y a pas de danger! Voyez, commandant, voyez, monsieur Wall, c'est un effet de mirage, et pas autre chose!

— Vous avez raison, monsieur Clawbonny, répliqua maître Johnson ; ces ignorants se sont laissé intimider par une ombre. »

Après les paroles du docteur, la plupart des matelots s'étaient rapprochés, et de la crainte passaient à l'admiration de ce merveilleux phénomène, qui ne tarda pas à s'effacer.

« Ils appellent cela du mirage, dit Clifton ; eh bien, le diable est pour quelque chose là dedans, vous pouvez m'en croire !

— C'est sûr, » lui répondit Gripper.

Mais le brouillard, en s'entr'ouvrant, avait montré aux yeux du commandant une passe immense et libre qu'il ne soupçonnait pas ; elle tendait à l'écarter de la côte ; il résolut de profiter sans délai de cette chance favorable ; les hommes furent disposés de chaque côté du chenal ; des aussières leurs furent tendues, et ils commencèrent à remorquer le navire dans la direction du nord.

Pendant de longues heures cette manœuvre fut exécutée avec ardeur, quoique en silence ; Shandon avait fait rallumer les fourneaux pour profiter de ce chenal si merveilleusement découvert.

7.

« C'est un hasard providentiel, dit-il à Johnson, et si nous pouvons gagner seulement quelques milles, peut-être serons-nous à bout de nos peines! Monsieur Brunton, activez le feu; dès que la pression sera suffisante, vous me ferez prévenir. En attendant, que nos hommes redoublent de courage; ce sera autant de gagné. Ils ont hâte de s'éloigner du Pouce-du-Diable! eh bien! nous profiterons de leurs bonnes dispositions. »

Tout d'un coup, la marche du brick fut brusquement suspendue.

« Qu'y-a-t-il, demanda Shandon? Wall, est-ce que nous avons cassé nos remorques?

— Mais non, commandant, répondit Wall, en se penchant au-dessus du bastingage! hé! voilà les hommes qui rebroussent chemin; ils grimpent sur le navire; ils ont l'air en proie à une étrange frayeur!

— Qu'est-ce donc? s'écria Shandon, en se précipitant à l'avant du brick.

— A bord! à bord! » s'écriaient les matelots avec l'accent de la plus vive terreur.

Shandon regarda dans la direction du nord, et frissonna malgré lui.

Un animal étrange, aux mouvements effrayants, dont la langue fumante sortait d'une gueule énorme, bondissait à une encâblure de navire; il paraissait avoir plus de vingt pieds de haut; ses poils se hérissaient; il poursuivait les matelots, se mettant en arrêt sur eux, tandis que sa queue formidable, longue de dix pieds, balayait la neige et la soulevait en épais tourbillons. La vue d'un pareil monstre glaça d'effroi les plus intrépides.

« C'est un ours énorme, disait l'un.
— C'est la bête du Gévaudan !
— C'est le lion de l'Apocalypse ! »

Shandon courut dans sa cabine prendre un fusil toujours chargé ; le docteur sauta sur ses armes, et se tint prêt à faire feu sur cet animal qui par ses dimensions rappelait les quadrupèdes antédiluviens.

Il approchait, en faisant des bonds immenses ; Shandon et le docteur firent feu en même temps, et soudain, la détonation de leur armes, ébranlant les couches de l'atmosphère, produisit un effet inattendu.

Le docteur regarda avec attention, et ne put s'empêcher d'éclater de rire.

« La réfraction ! dit-il.
— La réfraction ! » s'écria Shandon.

Mais une exclamation terrible de l'équipage les interrompit.

« Le chien ! fit Clifton.
— Le dog-captain ! répétèrent ses camarades.
— Lui ! s'écria Pen, toujours lui ! »

En effet, c'était lui qui, brisant ses liens, avait pu revenir à la surface du champ par une autre crevasse. En ce moment la réfraction, par un phénomène commun sous ces latitudes, lui donnait des dimensions formidables, que l'ébranlement de l'air avait dissipées; mais l'effet fâcheux n'en était pas moins produit sur l'esprit des matelots, peu disposés à admettre l'explication du fait par des raisons purement physiques. L'aventure du Pouce-du-Diable, la réapparition du chien dans ces circonstances fantastiques, achevèrent d'égarer leur moral, et les murmures éclatèrent de toutes parts.

CHAPITRE XII.

LE CAPITAINE HATTERAS.

Le Forward avançait rapidement sous vapeur entre les ice-fields et les montagnes de glace. Johnson tenait lui-même la barre. Shandon examinait l'horizon avec son *snow-spectacle;* mais sa joie fut de courte durée, car il reconnut bientôt que la passe aboutissait à un cirque de montagnes.

Cependant, aux difficultés de revenir sur ses pas il préféra les chances de poursuivre sa marche en avant.

Le chien suivait le brick en courant sur la plaine, mais il se tenait à une distance assez grande. Seulement, s'il restait en arrière, on entendait un sifflement singulier qui le rappelait aussitôt.

La première fois que ce sifflement se produisit, les matelots regardèrent autour d'eux; ils étaient seuls sur le pont, réunis en conciliabule; pas un étranger, pas un inconnu; et cependant ce sifflement se fit encore entendre à plusieurs reprises.

Clifton s'en alarma le premier.

« Entendez-vous? dit-il, et voyez-vous comme cet animal bondit quand il s'entend siffler?

— C'est à ne pas y croire, répondit Gripper.

— C'est fini! s'écria Pen; je ne vais pas plus loin.

— Pen a raison, répliqua Brunton; c'est tenter Dieu.

— Tenter le diable, répondit Clifton. J'aime mieux perdre toute ma part de bénéfice que de faire un pas de plus.

— Nous n'en reviendrons pas, » fit Bolton avec abattement.

L'équipage en était arrivé au plus haut point de démoralisation.

« Pas un pas de plus! s'écria Wolsten; est-ce votre avis?

— Oui, oui! répondirent les matelots.

— Eh bien, dit Bolton, allons trouver le commandant; je me charge de lui parler. »

Les matelots, en groupe serré, se dirigèrent vers la dunette.

Le *Forward* pénétrait alors dans un vaste cirque qui pouvait mesurer huit cents pieds de diamètre; il était complétement fermé, à l'exception d'une seule issue, par laquelle arrivait le navire.

Shandon comprit qu'il venait s'emprisonner lui-même. Mais que faire? Comment revenir sur ses pas? Il sentit toute sa responsabilité; sa main se crispait sur sa lunette.

Le docteur regardait en se croisant les bras, et sans mot dire; il contemplait les murailles de glace, dont l'altitude moyenne pouvait dépasser trois cents pieds. Un dôme de brouillard demeurait suspendu au-dessus de ce gouffre.

Ce fut en ce moment que Bolton adressa la parole au commandant :

« Commandant, lui dit-il d'une voix émue, nous ne pouvons pas aller plus loin.

— Vous dites? répondit Shandon, à qui le sentiment de son autorité méconnue fit monter la colère au visage.

— Nous disons, commandant, reprit Bolton, que nous avons assez fait pour ce capitaine invisible, et nous sommes décidés à ne pas aller plus avant.

— Vous êtes décidés?... s'écria Shandon. Vous parlez ainsi, Bolton! prenez garde!

— Vos menaces n'y feront rien, répondit brutalement Pen; nous n'irons pas plus loin! »

Shandon s'avançait vers ses matelots révoltés,

lorsque le maître d'équipage vint lui dire à voix basse :

« Commandant, si nous voulons sortir d'ici, nous n'avons pas une minute à perdre. Voilà un ice-berg qui s'avance dans la passe ; il peut boucher toute issue, et nous retenir prisonniers. »

Shandon revint examiner la situation.

« Vous me rendrez compte de votre conduite plus tard, vous autres, dit-il en s'adressant aux mutins. En attendant, vire de bord ! »

Les marins se précipitèrent à leur poste. *Le Forward* évolua rapidement ; les fourneaux furent chargés de charbon ; il fallait gagner de vitesse sur la montagne flottante. C'était une lutte entre le brick et l'ice-berg ; le premier courait vers le sud pour passer, le second dérivait vers le nord, prêt à fermer tout passage.

« Chauffez ! chauffez ! s'écria Shandon, à toute vapeur ! Brunton, m'entendez-vous ? »

Le Forward glissait comme un oiseau au milieu des glaçons épars que sa proue tranchait vivement ; sous l'action de l'hélice, la coque du navire frémissait, et le manomètre indiquait une tension prodigieuse de la vapeur ; celle-ci sifflait avec un bruit assourdissant.

« Chargez les soupapes ! » s'écria Shandon.

Et l'ingénieur obéit, au risque de faire sauter le bâtiment.

Mais ces efforts désespérés devaient être vains ; l'ice-berg, saisi par un courant sous-marin, marchait rapidement vers la passe; le brick s'en trouvait encore éloigné de trois encâblures, quand la montagne, entrant comme un coin dans l'intervalle libre, adhéra fortement à ses voisines et ferma toute issue.

« Nous sommes perdus! s'écria Shandon, qui ne put retenir cette imprudente parole.

— Perdus! répéta l'équipage.

— Sauve qui peut! dirent les uns.

— A la mer les embarcations! dirent les autres.

— A la cambuse! s'écrièrent Pen et quelques-uns de sa bande, et s'il faut nous noyer, noyons-nous dans le gin! »

Le désordre arriva à son comble parmi ces hommes qui rompaient tout frein. Shandon se sentit débordé; il voulut commander; il balbutia, il hésita; sa pensée ne put se faire jour à travers ses paroles. Le docteur se promenait avec agitation. Johnson se croisait les bras stoïquement et se taisait.

Tout d'un coup une voix forte, énergique, impérieuse, se fit entendre et prononça ces paroles:

« Tout le monde à son poste! pare à virer! »

Johnson tressaillit, et, sans s'en rendre compte, il fit rapidement tourner la roue du gouvernail.

Il était temps; le brick, lancé à toute vitesse, allait se briser sur les murs de sa prison.

Mais tandis que Johnson obéissait instinctivement, Shandon, Clawbonny, l'équipage, tous, jusqu'au chauffeur Waren qui abandonna ses foyers, jusqu'au noir

Strong qui laissa ses fourneaux, tous se trouvèrent réunis sur le pont, et tous virent sortir de cette cabine, dont il avait seul la clef, un homme...

Cet homme, c'était le matelot Garry.

« Monsieur ! s'écria Shandon en pâlissant. Garry... vous... de quel droit commandez-vous ici ?...

— Duk, » fit Garry en reproduisant ce sifflement qui avait tant surpris l'équipage.

Le chien, à l'appel de son vrai nom, sauta d'un bond sur la dunette, et vint se coucher tranquillement aux pieds de son maître.

L'équipage ne disait mot. Cette clef que devait posséder seul le capitaine du *Foreward,* ce chien envoyé par lui et qui venait pour ainsi dire constater son identité, cet accent de commandement auquel il était impossible de se méprendre, tout cela agit fortement sur l'esprit des matelots, et suffit à établir l'autorité de Garry.

D'ailleurs, Garry n'était plus reconnaissable ; il avait abattu les larges favoris qui encadraient son visage, et sa figure ressortait plus impassible encore, plus énergique, plus impérieuse ; revêtu des habits de son rang déposés dans sa cabine, il apparaissait avec les insignes du commandement.

Aussi, avec cette mobilité naturelle, l'équipage du *Foreward,* emporté malgré lui-même, s'écria d'une seule voix :

« Hurrah ! hurrah ! hurrah pour le capitaine !

« Shandon, dit celui-ci à son second, faites ranger l'équipage; je vais le passer en revue. »

Shandon obéit, et donna ses ordres d'une voix altérée. Le capitaine s'avança au-devant de ses officiers et de ses matelots, disant à chacun ce qu'il convenait de lui dire, et le traitant selon sa conduite passée.

Quand il eut fini son inspection, il remonta sur la dunette, et d'une voix calme, il prononça les paroles suivantes :

« Officiers et matelots, je suis un Anglais, comme vous, et ma devise est celle de l'amiral Nelson :

« L'Angleterre attend que chacun fasse son devoir [1].

« Comme Anglais, je ne veux pas, nous ne voulons pas que de plus hardis aillent là où nous n'aurions pas été. Comme Anglais, je ne souffrirai pas, nous ne souffrirons pas que d'autres aient la gloire de s'élever plus au nord. Si jamais pied humain doit fouler la terre du pôle, il faut que ce soit le pied d'un Anglais ! Voici le pavillon de notre pays. J'ai armé ce navire, j'ai consacré ma fortune à cette entreprise, j'y consacrerai ma vie et la vôtre, mais ce pavillon flottera sur le pôle boréal du monde. Ayez confiance. Une somme de mille livres sterling [2] vous sera acquise par chaque degré que nous gagnerons dans le nord à partir de ce jour. Or, nous sommes par le soixante-douzième, et il y en a quatre-

---

1. « England expects every one to make his duty. »
2. 25,000 francs.

vingt-dix. Comptez. Mon nom d'ailleurs vous répondra de moi. Il signifie énergie et patriotisme. Je suis le capitaine Hatteras !

— Le capitaine Hatteras! » s'écria Shandon.

Et ce nom, bien connu du marin anglais, courut sourdement parmi l'équipage.

« Maintenant, reprit Hatteras, que le brick soit ancré sur les glaçons; que les fourneaux s'éteignent, et que chacun retourne à ses travaux habituels. Shandon, j'ai à vous entretenir des affaires du bord. Vous me rejoindrez dans ma cabine, avec le docteur, Wall et le maître d'équipage. Johnson, faites rompre les rangs. »

Hatteras, calme et froid, quitta tranquillement la dunette, pendant que Shandon faisait assurer le brick sur ses ancres.

Qu'était donc cet Hatteras, et pourquoi son nom faisait-il une si terrible impression sur l'équipage?

John Hatteras, le fils unique d'un brasseur de Londres, mort six fois millionnaire en 1852, embrassa, jeune encore, la carrière maritime, malgré la brillante fortune qui l'attendait. Non qu'il fût poussé à cela par la vocation du commerce, mais l'instinct des découvertes géographiques le tenait au cœur; il rêva toujours de poser le pied là où personne ne l'eût posé encore.

A vingt ans déjà, il possédait la constitution vigoureuse des hommes maigres et sanguins : une figure énergique, à lignes géométriquement arrêtées, un front élevé et perpendiculaire au plan des yeux, ceux-ci beaux, mais froids, des lèvres minces dessinant une bouche avare de paroles, une taille moyenne, des membres solidement articulés et mus par des muscles de fer, formaient l'ensemble d'un homme doué d'un tempérament à toute épreuve. A le voir, on le sentait audacieux, à l'entendre, froidement passionné ; c'était un caractère à ne jamais reculer, et prêt à jouer la vie des autres avec autant de conviction que la sienne. Il fallait donc y regarder à deux fois avant de le suivre dans ses entreprises.

John Hatteras portait haut la fierté anglaise, et ce fut lui qui fit un jour à un Français cette orgueilleuse réponse :

Le Français disait devant lui avec ce qu'il supposait être de la politesse, et même de l'amabilité :

« Si je n'étais Français, je voudrais être Anglais.

— Si je n'étais Anglais, moi, répondit Hatteras, je voudrais être Anglais ! »

On peut juger l'homme par la réponse.

Il eût voulu par-dessus tout réserver à ses compatriotes le monopole des découvertes géographiques ; mais, à son grand désespoir, ceux-ci avaient peu fait, pendant les siècles précédents, dans la voie des découvertes.

L'Amérique était due au Génois Christophe Colomb, les Indes au Portugais Vasco de Gama, la Chine au Portugais Fernand d'Andrada, la Terre de feu au Portugais Magellan, le Canada au Français Jacques Cartier, les îles de la Sonde, le Labrador, le Brésil, le cap de Bonne-Espérance, les Açores, Madère, Terre-Neuve, la Guinée, le Congo, le Mexique, le cap Blanc, le Groënland, l'Islande, la mer du Sud, la Californie, le Japon, le Cambodje, le Pérou, le Kamtchatka, les Philippines, le Spitzberg, le cap Horn, le détroit de Behring, la Tasmanie, la Nouvelle-Zélande, la Nouvelle-Bretagne, la Nouvelle-Hollande, la Louisiade, l'île de Jean-Mayen, à des Islandais, à des Scandinaves, à des Français, à des Russes, à des Portugais, à des Danois, à des Espagnols, à des Génois, à des Hollandais, mais pas un Anglais ne figurait parmi eux, et c'était un désespoir pour Hatteras de voir les siens exclus de cette glorieuse phalange des navigateurs qui firent les grandes découvertes des XVe et XVIe siècles.

Hatteras se consolait un peu en se reportant aux temps modernes; les Anglais prenaient leur revanche avec Sturt, Donall Stuart, Burcke, Wills, King, Gray, en Australie, avec Palliser en Amérique, avec Haouran en Syrie, avec Cyril Graham, Wadington, Cummingham dans l'Inde, avec Barth, Burton, Speke, Grant, Livingston en Afrique.

Mais cela ne suffisait pas; pour Hatteras, ces hardis voyageurs étaient plutôt des *perfectionneurs* que des *inventeurs*; il fallait donc trouver mieux, et John eût inventé un pays pour avoir l'honneur de le découvrir.

Or, il avait remarqué que si les Anglais ne formaient

pas majorité parmi les découvreurs anciens, que s'il fallait remonter à Cook pour obtenir la Nouvelle-Calédonie en 1774, et les îles Sandwich où il périt en 1778, il existait néanmoins un coin du globe sur lequel ils semblaient avoir réuni tous leurs efforts.

C'étaient précisément les terres et les mers boréales du nord de l'Amérique.

En effet, le tableau des découvertes polaires se présente ainsi :

La Nouvelle-Zemble, découverte par	Willoughby en	1553.
L'île de Weigatz —	Barrough —	1556.
La côte ouest du Groënland —	Davis —	1585.
Le détroit de Davis —	Davis —	1587.
Le Spitzberg —	Willoughby —	1596.
La baie d'Hudson —	Hudson —	1610.
La baie de Baffin —	Baffin —	1616.

Pendant ces dernières années, Hearne, Mackensie, John Ross, Parry, Franklin, Richardson, Beechey, James Ross, Back, Dease, Sompson, Rae, Inglefield, Belcher, Austin, Kellet, Moore, Mac Clure, Kennedy, Mac Clintock, fouillèrent sans interruption ces terres inconnues.

On avait bien délimité les côtes septentrionales de l'Amérique, à peu près découvert le passage du nord-ouest, mais ce n'était pas assez; il y avait mieux à faire, et ce mieux, John Hatteras l'avait deux fois tenté en armant deux navires à ses frais; il voulait arriver au pôle même, et couronner ainsi la série des découvertes anglaises par une tentative du plus grand éclat.

Parvenir au pôle, c'était le but de sa vie.

Après d'assez beaux voyages dans les mers du sud, Hatteras essaya pour la première fois en 1846 de s'élever au nord par la mer de Baffin; mais il ne put dépasser le soixante-quatorzième degré de latitude; il montait le sloop *l'Halifax;* son équipage eut à souffrir des tourments atroces, et John Hatteras poussa si loin son aventureuse audace, que désormais les marins furent peu tentés de recommencer de semblables expéditions sous un pareil chef.

Cependant, en 1850, Hatteras parvint à enrôler sur la goëlette *le Farewel* une vingtaine d'hommes déterminés, mais déterminés surtout par le haut prix offert à leur audace. Ce fut dans cette occasion que le docteur Clawbonny entra en correspondance avec John Hatteras, qu'il ne connaissait pas, et demanda à faire partie de l'expédition; mais la place de médecin était prise, et ce fut heureux pour le docteur.

Le Farewel, en suivant la route prise par *le Neptune,* d'Aberdeen, en 1817, s'éleva au nord du Spitzberg jusqu'au soixante-seizième degré de latitude. Là, il fallut hiverner; mais les souffrances furent telles et le froid si intense, que pas un homme de l'équipage ne revit l'Angleterre, à l'exception du seul Hatteras, rapatrié par un baleinier danois, après une marche de plus de deux cents milles à travers les glaces.

La sensation produite par ce retour d'un seul homme fut immense; qui oserait désormais suivre Hatteras dans ses audacieuses tentatives? Cependant il ne désespéra pas de recommencer. Son père, le brasseur, mourut, et il devint possesseur d'une fortune de nabab.

Sur ces entrefaites, un fait géographique se produisit, qui porta le coup le plus sensible à John Hatteras.

Un brick, *l'Advance*, monté par dix-sept hommes, armé par le négociant Grinnel, commandé par le docteur Kane, et envoyé à la recherche de sir John Franklin, s'éleva, en 1853, par la mer de Baffin et le détroit de Smith, jusqu'au delà du 82e degré de latitude boréale, plus près du pôle qu'aucun de ses devanciers.

Or, ce navire était Américain, ce Grinnel était Américain, ce Kane était Américain !

On comprendra facilement que le dédain de l'Anglais pour le Yankee se changea en haine dans le cœur d'Hatteras; il résolut de dépasser à tout prix son audacieux concurrent, et d'arriver au pôle même.

Depuis deux ans, il vivait incognito à Liverpool. Il passait pour un matelot. Il reconnut dans Richard Shandon l'homme dont il avait besoin; il lui fit ses propositions par lettre anonyme, ainsi qu'au docteur Clawbonny. *Le Forward* fut construit, armé, équipé. Hatteras se garda bien de faire connaître son nom; il n'eût pas trouvé un seul homme pour l'accompagner. Il résolut de ne prendre le commandement du brick que dans des conjonctures impérieuses, et lorsque son équipage serait engagé assez avant pour ne pas reculer ; il avait en réserve, comme on l'a vu, des offres d'argent à faire à ses hommes, telles que pas un ne refuserait de le suivre jusqu'au bout du monde.

Et c'était bien au bout du monde, en effet, qu'il voulait aller.

Or, les circonstances étant devenues critiques, John Hatteras n'hésita plus à se déclarer.

Son chien, son fidèle Duk, le compagnon de ses traversées, fut le premier à le reconnaître, et heureusement pour les braves, malheureusement pour les timides, il fut bien et dûment établi que le capitaine du *Forward* était John Hatteras.

CHAPITRE XIII.

LES PROJETS D'HATTERAS.

L'apparition de ce hardi personnage fut diversement appréciée par l'équipage ; les uns se rallièrent complétement à lui, par amour de l'argent ou par audace ; d'autres prirent leur parti de l'aventure, qui se réservèrent le droit de protester plus tard ; d'ailleurs, résister à un pareil homme paraissait difficile actuellement. Chacun revint donc à son poste. Le 20 mai était un dimanche, et fut jour de repos pour l'équipage.

Un conseil d'officiers se tint chez le capitaine ; il se composa d'Hatteras, de Shandon, de Wall, de Johnson et du docteur.

« Messieurs, dit le capitaine de cette voix à la fois douce et impérieuse qui le caractérisait, vous connaissez mon projet d'aller jusqu'au pôle ; je désire connaître votre opinion sur cette entreprise. Qu'en pensez-vous, Shandon ?

— Je n'ai pas à penser, capitaine, repondit froidement Shandon, mais à obéir. »

Hatteras ne s'étonna pas de la réponse.

« Richard Shandon, reprit-il non moins froidement, je vous prie de vous expliquer sur nos chances de succès.

— Eh bien, capitaine, répondit Shandon, les faits répondent pour moi ; les tentatives de ce genre ont échoué jusqu'ici ; je souhaite que nous soyons plus heureux.

— Nous le serons. Et vous, messieurs, qu'en pensez-vous ?

— Pour mon compte, répliqua le docteur, je crois votre dessein praticable, capitaine ; et comme il est évident que des navigateurs arriveront un jour ou l'autre à ce pôle boréal, je ne vois pas pourquoi ce ne serait pas nous.

— Et il y a des raisons pour que ce soient nous, répondit Hatteras, car nos mesures sont prises en conséquence, et nous profiterons de l'expérience de nos devanciers. Et à ce propos, Shandon, recevez mes remercîments pour les soins que vous avez apportés à l'équipement du navire ; il y a bien quelques mauvaises têtes dans l'équipage, que je saurai mettre à la raison ; mais, en somme, je n'ai que des éloges à vous donner. »

Shandon s'inclina froidement. Sa position à bord du *Forward,* qu'il croyait commander, était fausse. Hatteras le comprit, et n'insista pas davantage.

« Quant à vous, messieurs, reprit-il en s'adressant à Wall et à Johnson, je ne pouvais m'assurer le concours d'officiers plus distingués par leur courage et leur expérience.

— Ma foi, capitaine, je suis votre homme, répondit Johnson, et bien que votre entreprise me semble un peu hardie, vous pouvez compter sur moi jusqu'au bout.

— Et sur moi de même, dit James Wall.

— Quant à vous, docteur, je sais ce que vous valez...

— Eh bien, vous en savez plus que moi, répondit vivement le docteur.

— Maintenant, messieurs, reprit Hatteras, il est bon que vous appreniez sur quels faits incontestables s'appuie ma prétention d'arriver au pôle. En 1817, le *Neptune,* d'Aberdeen, s'éleva au nord du Spitzberg jusqu'au quatre-vingt-deuxième degré. En 1826, le célèbre Parry, après son troisième voyage dans les mers polaires, partit également de la pointe du Spitzberg, et avec des traîneaux-barques monta à cent cinquante milles vers le nord. En 1852, le capitaine Inglefield pénétra, dans l'entrée de Smith, jusque par soixante-dix-huit degrés trente-cinq minutes de latitude. Tous ces navires étaient anglais, et commandés par des Anglais, nos compatriotes. »

Ici Hatteras fit une pause.

« Je dois ajouter, reprit-il d'un air contraint, et comme si les paroles ne pouvaient quitter ses lèvres, je dois ajouter qu'en 1854 l'Américain Kane, commandant le brick *l'Advance*, s'éleva plus haut encore, et que son lieutenant Morton, s'étant avancé à travers les champs de glace, fit flotter le pavillon des États-Unis au delà du quatre-vingt-deuxième degré. Ceci dit, je n'y reviendrai plus. Or, ce qu'il faut savoir, c'est que les capitaines du *Neptune*, de *l'Entreprise*, de *l'Isabelle*, de *l'Advance* constatèrent qu'à partir de ces hautes latitudes il existait un bassin polaire entièrement libre de glaces.

— Libre de glaces! s'écria Shandon, en interrompant le capitaine; c'est impossible!

— Vous remarquerez, Shandon, reprit tranquillement Hatteras, dont l'œil brilla un instant, que je vous cite des faits et des noms à l'appui. J'ajouterai que pendant la station du commandant Penny, en 1851, au bord du canal de Wellington, son lieutenant Stewart se trouva également en présence d'une mer libre, et que cette particularité fut confirmée pendant l'hivernage de sir Edward Belcher, en 1853, à la baie de Northumberland par soixante-seize degrés et cinquante-deux minutes de latitude, et quatre-vingt-dix-neuf degrés et vingt minutes de longitude; les rapports sont indiscutables, et il faudrait être de mauvaise foi pour ne pas les admettre.

— Cependant, capitaine, reprit Shandon, ces faits sont si contradictoires...

— Erreur, Shandon, erreur! s'écria le docteur Clawbonny; ces faits ne contredisent aucune assertion de la science; le capitaine me permettra de vous le dire.

— Allez, docteur! répondit Hatteras.

— Eh bien, écoutez ceci, Shandon; il résulte très-évidemment des faits géographiques et de l'étude des lignes isothermes que le point le plus froid du globe n'est pas au pôle même; semblable au point magnétique de la terre, il s'écarte du pôle de plusieurs degrés. Ainsi les calculs de Brewster, de Bergham et de quelques physiciens démontrent qu'il y a dans notre hémisphère deux pôles de froid : l'un serait situé en Asie par soixante-dix-neuf degrés trente minutes de latitude nord, et par cent vingt degrés de longitude est; l'autre se trouverait en Amérique par soixante dix-huit degrés de latitude nord et par quatre-vingt dix-sept degrés de longitude ouest. Ce dernier est celui qui nous occupe, et vous voyez, Shandon, qu'il se rencontre à plus de douze degrés au-dessous du pôle. Eh bien,

8.

je vous le demande, pourquoi à ce point la mer ne serait-elle pas aussi dégagée de glaces qu'elle peut l'être en été par le soixante-sixième parallèle, c'est-à-dire au sud de la baie de Baffin?

— Voilà qui est bien dit, répondit Johnson ; monsieur Clawbonny parle de ces choses comme un homme du métier.

— Cela paraît possible, reprit James Wall.

— Chimères et suppositions! hypothèses pures! répliqua Shandon avec entêtement.

— Eh bien, Shandon, reprit Hatteras, considérons les deux cas : ou la mer est libre de glaces, ou elle ne l'est pas, et dans ces deux suppositions rien ne peut nous empêcher de gagner le pôle. Si elle est libre, *le Forward* nous y conduira sans peine ; si elle est glacée, nous tenterons l'aventure sur nos traîneaux. Vous m'accorderez que cela n'est pas impraticable ; une fois parvenus avec notre brick jusqu'au quatre-vingt-troisième degré, nous n'aurons pas plus de six cents milles [1] à faire pour atteindre le pôle.

— Et que sont six cents milles, dit vivement le docteur, quand il est constant qu'un Cosaque, Alexis Markoff, a parcouru sur la mer Glaciale, le long de la côte septentrionale de l'empire russe, avec des traîneaux tirés par des chiens, un espace de huit cents milles en vingt-quatre jours?

---

1. 278 lieues.

— Vous l'entendez, Shandon, répondit Hatteras, et dites-moi si des Anglais peuvent faire moins qu'un Cosaque ?

— Non, certes ! s'écria le bouillant docteur.

— Non, certes ! répéta le maître d'équipage.

— Eh bien, Shandon ? demanda le capitaine.

— Capitaine, répondit froidement Shandon, je ne puis que vous répéter mes premières paroles : j'obéirai.

— Bien. Maintenant, reprit Hatteras, songeons à notre situation actuelle ; nous sommes pris par les glaces, et il me paraît impossible de nous élever cette année dans le détroit de Smith. Voici donc ce qu'il convient de faire. »

Hatteras déplia sur la table l'une de ces excellentes cartes publiées, en 1859, par ordre de l'Amirauté.

« Veuillez me suivre, je vous prie. Si le détroit de Smith nous est fermé, il n'en est pas de même du détroit de Lancastre, sur la côte ouest de la mer de Baffin ; selon moi, nous devons remonter ce détroit jusqu'à celui de Barrow, et de là jusqu'à l'île Beechey ; la route a été cent fois parcourue par des navires à voiles ; nous ne serons donc pas embarrassés avec un brick à hélice. Une fois à l'île Beechey, nous suivrons le canal Wellington aussi avant que possible, vers le nord, jusqu'au débouché de ce chenal qui fait communiquer le canal Wellington avec le canal de la Reine, à l'endroit même où fut aperçue la mer libre. Or, nous ne sommes qu'au 20 mai ; dans un mois, si les circonstances nous favorisent, nous aurons atteint ce point, et de là nous nous élancerons vers le pôle. Qu'en pensez-vous, messieurs ?

— C'est évidemment, répondit Johnson, la seule route à prendre.

— Eh bien, nous la prendrons, et dès demain. Que ce dimanche soit consacré au repos ; vous veillerez, Shandon, à ce que les lectures de la Bible soient régulièrement faites ; ces pratiques religieuses ont une influence salutaire sur l'esprit des hommes, et un marin surtout doit mettre sa confiance en Dieu.

— C'est bien, capitaine, répondit Shandon, qui sortit avec le lieutenant et le maître d'équipage.

— Docteur, fit John Hatteras en montrant Shandon, voilà un homme froissé que l'orgueil a perdu ; je ne peux plus compter sur lui. »

Le lendemain, le capitaine fit mettre de grand matin la pirogue à la mer ; il alla reconnaître les ice-bergs du bassin, dont la largeur n'excédait pas deux cents yards[1]. Il remarqua même que par suite d'une lente pression des glaces, ce bassin menaçait de se rétrécir ; il devenait donc urgent d'y pratiquer une brèche, afin que le navire ne fût pas écrasé dans cet étau de montagnes ; aux moyens employés par John Hatteras, on vit bien que c'était un homme énergique.

Il fit d'abord tailler des degrés dans la muraille

---

1. 182 mètres.

glacée, et il parvint au sommet d'un ice-berg ; il reconnut de là qu'il lui serait facile de se frayer un chemin vers le sud-ouest ; d'après ses ordres, on creusa un fourneau de mine presque au centre de la montagne ; ce travail, rapidement mené, fut terminé dans la journée du lundi.

Hatteras ne pouvait compter sur ses blasting-cylinders de huit à dix livres de poudre, dont l'action eût été nulle sur des masses pareilles ; ils n'étaient bons qu'à briser les champs de glace ; il fit donc déposer dans le fourneau mille livres de poudre, dont la direction expansive fut soigneusement calculée. Cette mine, munie d'une longue mèche entourée de gutta-percha, vint aboutir au dehors. La galerie, conduisant au fourneau, fut remplie avec de la neige et des quartiers de glaçons, auxquels le froid de la nuit suivante devait donner la dureté du granit. En effet, la température, sous l'influence du vent d'est, descendit à douze degrés (— 11° cent.).

Le lendemain, à sept heures, le *Forward* se tenait sous vapeur, prêt à profiter de la moindre issue. Johnson fut chargé d'aller mettre le feu à la mine ; la mèche avait été calculée de manière à brûler une demi-heure avant de communiquer le feu aux poudres. Johnson eut donc le temps suffisant de regagner le bord ; en effet, dix minutes après avoir exécuté les ordres d'Hatteras, il revenait à son poste.

L'équipage se tenait sur le pont, par un temps sec et

assez clair ; la neige avait cessé de tomber ; Hatteras, debout sur la dunette avec Shandon et le docteur, comptait les minutes sur son chronomètre.

A huit heures trente-cinq minutes, une explosion sourde se fit entendre, et beaucoup moins éclatante qu'on ne l'eût supposée. Le profil des montagnes fut brusquement modifié, comme dans un tremblement de terre ; une fumée épaisse et blanche fusa vers le ciel à une hauteur considérable, et de longues crevasses zébrèrent les flancs de l'ice-berg, dont la partie supérieure, projetée au loin, retombait en débris autour du *Forward*.

Mais la passe n'était pas encore libre ; d'énormes quartiers de glace, arc-boutés sur les montagnes adjacentes, demeuraient suspendus en l'air, et l'on pouvait craindre que l'enceinte ne se refermât par leur chute.

Hatteras jugea la situation d'un coup d'œil.

« Wolsten ! » s'écria-t-il.

L'armurier accourut.

« Capitaine ! fit-il.

— Chargez la pièce de l'avant à triple charge, dit Hatteras, et bourrez aussi fortement que possible.

— Nous allons donc attaquer cette montagne à boulets de canon ? dit le docteur.

— Non, répondit Hatteras. C'est inutile. Pas de boulet, Wolsten, mais une triple charge de poudre. Faites vite. »

Quelques instants après, la pièce était chargée.

« Que veut-il faire sans boulet ? dit Shandon entre ses dents.

— On le verra bien, répondit le docteur.

— Nous sommes parés, capitaine, s'écria Wolsten.

— Bien, répondit Hatteras. Brunton ! cria-t-il à l'ingénieur, attention ! Quelques tours en avant. »

Brunton ouvrit les tiroirs, et l'hélice se mit en mouvement ; le Forward s'approcha de la montagne minée.

« Visez bien à la passe, » cria le capitaine à l'armurier.

Celui-ci obéit ; lorsque le brick ne fut plus qu'à une demi-encâblure, Hatteras cria :

« Feu ! »

Une détonation formidable suivit son commandement, et les blocs ébranlés par la commotion atmosphérique furent précipités soudain dans la mer. Cette agitation des couches d'air avait suffi.

« A toute vapeur ! Brunton, s'écria Hatteras. Droit dans la passe, Johnson. »

Johnson tenait la barre ; le brick, poussé par son hélice, qui se vissait dans les flots écumants, s'élança au milieu du passage libre alors. Il était temps. Le Forward franchissait à peine cette ouverture, que sa prison se refermait derrière lui.

Le moment fut palpitant, et il n'y avait à bord qu'un cœur ferme et tranquille : celui du capitaine. Aussi l'équipage, émerveillé de la manœuvre, ne put retenir le cri de :

« Hourrah pour John Hatteras ! »

CHAPITRE XIV.

EXPÉDITIONS A LA RECHERCHE DE FRANKLIN.

Le mercredi 23 mai, *le Forward* avait repris son aventureuse navigation, louvoyant adroitement au milieu des packs et des ice-bergs, grâce à sa vapeur, cette force obéissante qui manqua à tant de navigateurs des mers polaires; il semblait se jouer au milieu de ces écueils mouvants; on eût dit qu'il reconnaissait la main d'un maître expérimenté, et, comme un cheval sous un écuyer habile, il obéissait à la pensée de son capitaine.

La température remontait. Le thermomètre marqua à six heures du matin vingt-six degrés (—3° centig.), à six heures du soir vingt-neuf degrés (—2° centig.), et à minuit vingt-cinq degrés (—4° centig.); le vent soufflait légèrement du sud-est.

Le jeudi, vers les trois heures du matin, *le Forward* arriva en vue de la baie Possession, sur la côte d'Amérique, à l'entrée du détroit de Lancastre; bientôt le cap Burney fut entrevu. Quelques Esquimaux se dirigèrent vers le navire; mais Hatteras ne prit pas le loisir de les attendre.

Les pics de Byam-Martin qui dominent le cap Liverpool, laissés sur la gauche, se perdirent dans la brume du soir; celle-ci empêcha de relever le cap Hay, dont la pointe, très-basse d'ailleurs, se confond avec les glaces de la côte, circonstance qui rend souvent fort difficile la détermination hydrographique des mers polaires.

Les puffins, les canards, les mouettes blanches se montraient en très-grand nombre. La latitude par observation donna 74° 01′, et la longitude, d'après le chronomètre, 77° 15′.

Les deux montagnes de Catherine et d'Élisabeth élevaient au-dessus des nuages leur chaperon de neige.

Le vendredi, à dix heures, le cap Warender fut dépassé sur la côte droite du détroit, et sur la gauche, l'Admiratly-Inlét, baie encore peu explorée par des navigateurs qui avaient hâte de se porter dans l'ouest. La mer devint assez forte, et souvent les lames balayèrent le pont du brick en y projetant des morceaux de glace. Les terres de la côte nord offraient aux regards de curieuses apparences avec leurs hautes tables presque nivelées, qui répercutaient les rayons du soleil.

Hatteras eût voulu prolonger les terres septentrionales, afin de gagner au plus tôt l'île Beechey et l'entrée du canal Wellington; mais une banquise continue l'obligeait, à son grand déplaisir, de suivre les passes du sud.

Ce fut pour cette raison que, le 26 mai, au milieu d'un brouillard sillonné de neige, *le Forward* se trouva par le travers du cap York; une montagne d'une grande hauteur et presque à pic le fit reconnaître; le temps s'étant un peu levé, le soleil parut un instant vers midi, et permit de faire une assez bonne observation : 74° 4' de latitude, et 84° 23' de longitude. *Le Forward* se trouvait donc à l'extrémité du détroit de Lancastre.

Hatteras montrait sur ses cartes, au docteur, la route suivie et à suivre. Or, la position du brick était intéressante en ce moment.

« J'aurais voulu, dit-il, me trouver plus au nord, mais à l'impossible nul n'est tenu; voyez, voici notre situation exacte. »

Le capitaine pointa sa carte à peu de distance du cap York.

« Nous sommes au milieu de ce carrefour ouvert à tous les vents, et formé par les débouchés du détroit de Lancastre, du détroit de Barrow, du canal de Wellington, et du passage du Régent; c'est un point auquel ont nécessairement abouti tous les navigateurs de ces mers.

— Eh bien, répondit le docteur, cela devait être embarrassant pour eux; c'est un véritable carrefour, comme vous dites, auquel viennent se croiser quatre grandes routes, et je ne vois pas de poteaux indicateurs du vrai chemin ! Comment donc les Parry, les Ross, les Franklin, ont-ils fait?

— Ils n'ont pas fait, docteur, ils se sont laissé faire; ils n'avaient pas le choix, je vous assure; tantôt le détroit de Barrow se fermait pour l'un, qui, l'année suivante, s'ouvrait pour l'autre; tantôt le navire se sentait inévitablement entraîné vers le passage du Régent. Il est arrivé de tout cela, que, par la force des choses, on a fini par connaître ces mers si embrouillées.

— Quel singulier pays! fit le docteur, en considérant la carte; comme tout y est déchiqueté, déchiré, mis en morceaux, sans aucun ordre, sans aucune logique! Il semble que les terres voisines du pôle Nord ne soient ainsi morcelées que pour en rendre les approches plus difficiles, tandis que dans l'autre hémisphère elles se terminent par des pointes tranquilles et effilées comme le cap Horn, le cap de Bonne-Espérance et la péninsule Indienne! Est-ce la rapidité plus grande de l'Équateur qui a ainsi modifié les choses, tandis que les terres extrêmes, encore fluides aux premiers jours du monde, n'ont pu se condenser, s'agglomérer les unes aux autres, faute d'une rotation assez rapide?

— Cela doit être, car il y a une logique à tout ici-bas, et rien ne s'y est fait sans des motifs que Dieu permet quelquefois aux savants de découvrir; ainsi, docteur, usez de la permission.

— Je serai malheureusement discret, capitaine. Mais quel vent effroyable règne dans ce détroit? ajouta le docteur en s'encapuchonnant de son mieux.

— Oui, la brise du nord y fait rage surtout, et nous écarte de notre route.

— Elle devrait cependant repousser les glaces au sud et laisser le chemin libre.

— Elle le devrait, docteur, mais le vent ne fait pas

toujours ce qu'il doit. Voyez ! cette banquise paraît impénétrable. Enfin, nous essayerons d'arriver à l'île Griffith, puis de contourner l'île Cornwallis pour gagner le canal de la Reine, sans passer par le canal de Wellington. Et cependant, je veux absolument toucher à l'île Beechey, afin d'y refaire ma provision de charbon.

— Comment cela ? repondit le docteur étonné.

— Sans doute ; d'après l'ordre de l'Amirauté, de grandes provisions ont été déposées sur cette île, afin de pourvoir aux expéditions futures, et, quoi que le capitaine Mac Clintock ait pu prendre en août 1859, je vous assure qu'il en restera pour nous.

— Au fait, dit le docteur, ces parages ont été explorés pendant quinze ans, et, jusqu'au jour où la preuve certaine de la perte de Franklin a été acquise, l'Amirauté a toujours entretenu cinq ou six navires dans ces mers. Si je ne me trompe, même, l'île Griffith, que je vois là sur la carte, presque au milieu du carrefour, est devenue le rendez-vous général des navigateurs.

— Cela est vrai, docteur, et la malheureuse expédition de Franklin a eu pour résultat de nous faire connaître ces lointaines contrées.

— C'est juste, capitaine, car les expéditions ont été nombreuses depuis 1845. Ce ne fut qu'en 1848 que l'on s'inquiéta de la disparition de *l'Erebus* et du *Terror,* les deux navires de Franklin. On voit alors le vieil ami de l'amiral, le docteur Richardson, âgé de soixante-dix ans, courir au Canada et remonter la rivière Coppermine jusqu'à la mer Polaire ; de son côté, James Ross, commandant *l'Entreprise* et *l'Investigator*, appareille d'Uppernawik en 1848, et arrive au cap York où nous sommes en ce moment. Chaque jour, il jette à la mer un baril contenant des papiers destinés à faire connaître sa position ; pendant la brume, il tire le canon ; la nuit, il lance des fusées et brûle des feux de Bengale, ayant soin de se tenir toujours sous une petite voilure ; enfin il hiverne au port Léopold de 1848 à 1849 ; là, il s'empare d'une grande quantité de renards blancs, fait river à leur cou des colliers de cuivre sur lesquels était gravée l'indication de la situation des navires et des dépôts de vivres, et il les fait disperser dans toutes les directions ; puis au printemps, il commence à fouiller les côtes de North-Sommerset sur des traîneaux, au milieu de dangers et de privations qui rendirent presque tous ses hommes malades ou estropiés, élevant des cairns[1] dans lesquels il enfermait des cylindres de cuivre, avec les notes nécessaires pour rallier l'expédition perdue ; pendant son absence, le lieutenant Mac Clure explorait sans résultat les côtes septentrionales du détroit de Barrow. Il est à remarquer, capitaine, que James Ross avait sous ses ordres deux officiers destinés à devenir célèbres plus tard, Mac Clure qui franchit le passage du nord-ouest, Mac Clintock qui découvrit les restes de Franklin.

1. Petites pyramides de pierres.

— Deux bons et braves capitaines, aujourd'hui, deux braves Anglais; continuez, docteur, l'histoire de ces mers que vous possédez si bien ; il y a toujours à gagner aux récits de ces tentatives audacieuses.

— Eh bien, pour en terminer avec James Ross, j'ajouterai qu'il essaya de gagner l'île Melville plus à l'ouest; mais il faillit perdre ses navires, et, pris par les glaces, il fut ramené malgré lui jusque dans la mer de Baffin.

— Ramené, fit Hatteras en fronçant le sourcil, ramené malgré lui !

— Il n'avait rien découvert, reprit le docteur ; ce fut à partir de cette année 1850 que les navires anglais ne cessèrent de sillonner ces mers, et qu'une prime de vingt mille livres[1] fut promise à toute personne qui découvrirait les équipages de *l'Erebus* et du *Terror*. Déjà en 1848, les capitaines Kellet et Moore, commandant *l'Hérald* et *le Plover*, tentaient de pénétrer par le détroit de Behring. J'ajouterai que pendant les années 1850 et 1851, le capitaine Austin hiverna à l'île Cornwallis, le capitaine Penny explora sur *l'Assistance* et *la Résolue* le canal Wellington, le vieux John Ross, le héros du pôle magnétique, repartit sur son yacht *le Félix* à la recherche de son ami, le brick *le Prince-Albert* fit un premier voyage aux frais de Lady Franklin, et enfin

---

1. 500,000 francs.

que deux navires américains expédiés par Grinnel avec le capitaine Haven, entraînés hors du canal de Wellington, furent rejetés dans le détroit de Lancastre. Ce fut pendant cette année que Mac Clintok, alors lieutenant d'Austin, poussa jusqu'à l'île Melville et au cap Dundac, points extrêmes atteints par Parry en 1819, et que l'on trouva à l'île Beechey des traces de l'hivernage de Franklin en 1845.

— Oui, répondit Hatteras, trois de ses matelots y avaient été inhumés, trois hommes plus chanceux que les autres !

— De 1851 à 1852, continua le docteur, en approuvant du geste la remarque d'Hatteras, nous voyons *le Prince-Albert* entreprendre un second voyage avec le lieutenant français Bellot; il hiverne à Batty-Bay dans le détroit du Prince Régent, explore le sud-ouest de Sommerset, et en reconnaît la côte jusqu'au cap Walker. Pendant ce temps, *l'Entreprise* et *l'Investigator*, de retour en Angleterre, passaient sous le commandement de Collinson et de Mac Clure, et rejoignaient Kellet et Moore au détroit de Behring; tandis que Collinson revenait hiverner à Hong-Kong, Mac Clure marchait en avant, et, après trois hivernages, de 1850 à 1851, de 1851 à 1852, de 1852 à 1853, il découvrait le passage du nord-ouest, sans rien apprendre sur le sort de Franklin. De 1852 à 1853, une nouvelle expédition composée de trois bâtiments à voile, *l'Assistance, le Résolute le North-Star*, et de deux bateaux à vapeur, *le Pionnier* et *l'Intrépide,* mit à la voile sous le commandement de sir Edward Belcher, avec le capitaine Kellet pour second ; sir Edward visita le canal de Wellington, hiverna à la baie de Northumberland, et parcourut la côte, tandis que Kellet, poussant jusqu'à Bridport dans l'île de Melville, explorait sans succès cette partie des terres boréales. Mais alors le bruit se répandit en Angleterre que deux navires, abandonnés au milieu des glaces, avaient été aperçus non loin des côtes de la Nouvelle-Écosse. Aussitôt, lady Franklin arme le petit steamer à hélice *l'Isabelle,* et le capitaine Inglefied, après avoir remonté la baie de Baffin jusqu'à la pointe Victoria par le quatre-vingtième parallèle, revient à l'île Beechey sans plus de succès. Au commencement de 1855, l'américain Grinnel fait les frais d'une nouvelle expédition, et le docteur Kane, cherchant à pénétrer jusqu'au pôle...

— Mais il ne l'a pas fait, s'écria violemment Hatteras, et Dieu en soit loué ! Ce qu'il n'a pas fait, nous le ferons !

— Je le sais, capitaine, répondit le docteur, et si j'en parle, c'est que cette expédition se rattache forcément aux recherches de Franklin. D'ailleurs, elle n'eut aucun résultat. J'allais omettre de vous dire que l'Amirauté, considérant l'île Beechey comme le rendez-vous général des expéditions, chargea en 1853 le steamer *le Phénix,* capitaine Inglefied, d'y transporter des provisions ; ce marin s'y rendit avec le lieutenant Bellot, et perdit ce brave officier qui pour la seconde fois mettait son dévouement au service de l'Angleterre ; nous pouvons avoir des détails d'autant plus précis sur cette catastrophe, que Johnson, notre maître d'équipage, fut témoin de ce malheur.

— Le lieutenant Bellot était un brave Français, dit Hatteras, et sa mémoire est honorée en Angleterre.

— Alors, reprit le docteur, les navires de l'escadre Belcher commencent à revenir peu à peu ; pas tous, car sir Edward dut abandonner *l'Assistance* en 1854, ainsi que Mac Clure avait fait de *l'Investigator* en 1853. Sur ces entrefaites, le docteur Rae, par une lettre datée du 29 juillet 1854, et adressée de Repulse-Bay où il était parvenu par l'Amérique, fit connaître que les Esquimaux de la terre du roi Guillaume possédaient différents objets provenant de *l'Erebus* et du *Terror* ; pas de doute possible alors sur la destinée de l'expédition ; *le Phénix*, *le North-Star*, et le navire de Collinson revinrent en Angleterre ; il n'y eut plus de bâtiment anglais dans les mers arctiques. Mais si le gouvernement semblait avoir perdu tout espoir, lady Franklin espérait encore, et des débris de sa fortune elle équipa *le Fox*, commandé par Mac Clintock ; il partit en 1857, hiverna dans les parages où vous nous êtes apparu, capitaine, parvint à l'île Beechey, le 11 août 1858, hiverna une seconde fois au détroit de Bellot, reprit ses recherches en février 1859, le 6 mai, découvrit le document qui ne laissa plus de doute sur la destinée

9.

de *l'Erebus* et du *Terror*, et revint en Angleterre à la fin de la même année. Voilà tout ce qui s'est passé pendant quinze ans dans ces contrées funestes, et depuis le retour du *Fox,* pas un navire n'est revenu tenter la fortune au milieu de ces dangereuses mers !

— Eh bien, nous la tenterons ! » répondit Hatteras.

CHAPITRE XV.

LE FORWARD REJETÉ DANS LE SUD.

Le temps s'éclaircit vers le soir, et la terre se laissa distinguer clairement entre le cap Sepping et le cap Clarence, qui s'avance vers l'est, puis au sud, et est relié à la côte de l'ouest par une langue de terre assez basse. La mer était libre de glaces à l'entrée du détroit du Régent; mais, comme si elle eût voulu barrer la route du nord au *Forward*, elle formait une banquise impénétrable au delà du port Léopold.

Hatteras, très-contrarié sans en rien laisser paraître, dut recourir à ses pétards pour forcer l'entrée du port Léopold; il l'atteignit à midi, le dimanche, 27 mai; le brick fut solidement ancré sur de gros ice-bergs, qui avaient l'aplomb, la dureté et la solidité du roc.

Aussitôt le capitaine, suivi du docteur, de Johnson et de son chien Duk, s'élança sur la glace, et ne tarda pas à prendre terre. Duk gambadait de joie ; d'ailleurs depuis la reconnaissance du capitaine, il était devenu très-sociable et très-doux, gardant ses rancunes pour certains hommes de l'équipage, que son maître n'aimait pas plus que lui.

Le port se trouvait débloqué de ces glaces que les brises de l'est y entassent généralement ; les terres coupées à pic présentaient à leur sommet de gracieuses ondulations de neige. La maison et le fanal, construits par James Ross, se trouvaient encore dans un certain état de conservation ; mais les provisions paraissaient avoir été saccagées par les renards, et par les ours même, dont on distinguait des traces récentes ; la main des hommes ne devait pas être étrangère à cette dévastation, car quelques restes de huttes d'Esquimaux se voyaient sur le bord de la baie.

Les six tombes, renfermant six des marins de l'*Entreprise* et de l'*Investigator*, se reconnaissaient à un léger renflement de la terre ; elles avaient été respectées par toute la race nuisible, hommes ou animaux.

En mettant le pied pour la première fois sur les terres boréales, le docteur éprouva une émotion véritable ; on ne saurait se figurer les sentiments dont le cœur est assailli, à la vue de ces restes de maisons, de tentes, de huttes, de magasins, que la nature conserve si précieusement dans les pays froids.

« Voilà, dit-il à ses compagnons, cette résidence que James Ross lui-même nomma le Camp du Refuge. Si l'expédition de Franklin eût atteint cet endroit, elle était sauvée. Voici la machine qui fut abandonnée ici-même, et le poêle établi sur la plate-forme, auquel l'équipage du *Prince-Albert* se réchauffa en 1851; les choses sont restées dans le même état, et l'on pourrait croire que Kennedy, son capitaine, a quitté d'hier ce port hospitalier. Voici la chaloupe qui l'abrita pendant quelques jours, lui et les siens, car ce Kennedy, séparé de son navire, fut véritablement sauvé par le lieutenant Bellot qui brava la température d'octobre pour le rejoindre.

— Un brave et digne officier que j'ai connu, » dit Johnson.

Pendant que le docteur recherchait avec l'enthousiasme d'un antiquaire les vestiges des précédents hivernages, Hatteras s'occupait de rassembler les provisions et le combustible qui ne se trouvaient qu'en très-petite quantité. La journée du lendemain fut employée à les transporter à bord. Le docteur parcourait le pays, sans trop s'éloigner du navire, et dessinait les points de vue les plus remarquables. La température s'élevait peu à peu; la neige amoncelée commençait à fondre. Le docteur fit une collection assez complète des oiseaux du nord, tels que la mouette, le diver, les molly-nochtes, le canard édredon, qui ressemble aux canards ordinaires, avec la poitrine et le dos blancs, le ventre bleu, le dessus de la tête bleu, le reste du plumage blanc nuancé de quelques teintes vertes; plusieurs d'entre eux avaient déjà le ventre dépouillé de ce joli édredon dont le mâle et la femelle se servent pour ouater leur nid. Le docteur aperçut aussi de gros phoques respirant à la surface de la glace, mais il ne put en tirer un seul.

Dans ses excursions, il découvrit la pierre des marées où sont gravés les signes suivants,

[E I]
1849

qui indiquent le passage de l'*Entreprise* et de l'*Investigator*; il poussa jusqu'au cap Clarence, à l'endroit même ou John et James Ross en 1833 attendaient si impatiemment la débâcle des glaces. La terre était jonchée d'ossements et de crânes d'animaux, et l'on distinguait encore les traces d'habitation d'Esquimaux.

Le docteur avait eu l'idée d'élever un cairn au port Léopold, et d'y déposer une note indiquant le passage du *Forward* et le but de l'expédition. Mais Hatteras s'y opposa formellement; il ne voulait pas laisser derrière lui des traces dont quelque concurrent eût pu profiter. Malgré ses bonnes raisons, le docteur fut obligé de céder à la volonté du capitaine. Shandon ne fut pas le dernier à blâmer cet entêtement, car, en cas de catastrophe, aucun navire n'aurait pu s'élancer au secours du *Forward*.

Hatteras ne voulut pas se rendre à ces raisons. Son chargement étant terminé le lundi soir, il tenta encore une fois de s'élever au nord en forçant la banquise, mais après de dangereux efforts, il dut se résigner à redescendre le canal du Régent; il ne voulait à aucun prix demeurer au port Léopold, qui ouvert aujourd'hui pouvait être fermé demain par un déplacement inattendu des ice-fields, phénomène très-fréquent dans ces mers et dont les navigateurs doivent particulièrement se défier.

Si Hatteras ne laissait pas percer ses inquiétudes au dehors, au dedans il les ressentait avec une extrême violence; il voulait aller au nord et se trouvait forcé de marcher au sud! où arriverait-il ainsi? allait-il reculer jusqu'à Victoria-Harbour dans le golfe Boothia, où hiverna sir John Ross en 1833? trouverait-il le détroit de Bellot libre à cette époque, et, contournant North-Sommerset, pourrait-il remonter par le détroit de Peel? Ou bien, se verrait-il capturé pendant plusieurs hivers comme ses devanciers, et obligé d'épuiser ses forces et ses approvisionnements?

Ces craintes fermentaient dans sa tête; mais il fallait prendre un parti; il vira de bord, et s'enfonça vers le sud.

Le canal du prince Régent conserve une largeur à peu près uniforme depuis le port Léopold jusqu'à la baie

Adélaïde. *Le Forward* marchait rapidement au milieu des glaçons, plus favorisé que les navires précédents, dont la plupart mirent un grand mois à descendre ce canal, même dans une saison meilleure; il est vrai que ces navires, sauf *le Fox,* n'ayant pas la vapeur à leur disposition, subissaient les caprices d'un vent incertain et souvent contraire.

L'équipage se montrait généralement enchanté de quitter les régions boréales; il paraissait peu goûter ce projet d'atteindre le pôle; il s'effrayait volontiers des résolutions d'Hatteras, dont la réputation d'audace n'avait rien de rassurant. Hatteras cherchait à profiter de toutes les occasions d'aller en avant, quelles qu'en fussent les conséquences. Et cependant dans les mers boréales, avancer c'est bien, mais il faut encore conserver sa position, et ne pas se mettre en danger de la perdre.

Le Forward filait à toute vapeur; sa fumée noire allait se contourner en spirales sur les pointes éclatantes des ice-bergs; le temps variait sans cesse, passant d'un froid sec à des brouillards de neige avec une extrême rapidité. Le brick, d'un faible tirant d'eau, rangeait de près la côte de l'ouest; Hatteras ne voulait pas manquer l'entrée du détroit de Bellot, car le golfe de Boothia n'a d'autre sortie au sud que le détroit mal connu de *la Fury* et de *l'Hécla;* ce golfe devenait donc une impasse, si le détroit de Bellot était manqué ou devenait impraticable.

Le soir, *le Forward* fut en vue de la baie d'Elwin, que l'on reconnut à ses hautes roches perpendiculaires; le mardi matin, on aperçut la baie Batty, où, le 10 septempre 1851, *le Prince-Albert* s'ancra pour un long hivernage. Le docteur, sa lunette aux yeux, observait la côte avec intérêt. De ce point rayonnèrent les expéditions qui établirent la configuration géographique de North-Sommerset. Le temps était clair et permettait de distinguer les profondes ravines dont la baie est entourée.

Le docteur et maître Johnson, seuls peut-être, s'intéressaient à ces contrées désertes. Hatteras, toujours courbé sur ses cartes, causait peu; sa taciturnité s'accroissait avec la marche du brick vers le sud; il montait souvent sur la dunette, et là, les bras croisés, l'œil perdu dans l'espace, il demeurait souvent des heures entières à fixer l'horizon. Ses ordres, s'il en donnait, étaient brefs et rudes. Shandon gardait un silence froid, et peu à peu se retirant en lui-même, il n'eut plus avec Hatteras que les relations exigées par les besoins du service; James Wall restait dévoué à Shandon, et modelait sa conduite sur la sienne. Le reste de l'équipage attendait les événements, prêt à en profiter dans son propre intérêt. Il n'y avait plus à bord cette unité de pensées, cette communion d'idées si nécessaire pour l'accomplissement des grandes choses. Hatteras le savait bien.

On vit pendant la journée deux baleines filer rapidement vers le sud; on aperçut également un ours blanc qui fut salué de quelques coups de fusil sans succès apparent. Le capitaine connaissait le prix d'une heure dans ces circonstances, et ne permit pas de poursuivre l'animal.

Le mercredi matin, l'extrémité du canal du Régent fut dépassée; l'angle de la côte ouest était suivi d'une profonde courbure de la terre. En consultant sa carte, le docteur reconnut la pointe de Sommerset-House ou pointe Fury.

« Voilà, dit-il à son interlocuteur habituel, l'endroit même où se perdit le premier navire anglais envoyé dans ces mers en 1815, pendant le troisième voyage que Parry faisait au pôle; *la Fury* fut tellement maltraitée par les glaces à son second hivernage, que l'équipage dut l'abandonner et revenir en Angleterre sur sa conserve *l'Hécla*.

— Avantage évident d'avoir un second navire, répondit Johnson; c'est une précaution que les navigateurs polaires ne doivent pas négliger; mais le capitaine Hatteras n'était pas homme à s'embarrasser d'un compagnon !

— Est-ce que vous le trouvez imprudent, Johnson? demanda le docteur.

— Moi? je ne trouve rien, monsieur Clawbonny. Tenez, voyez sur la côte ces pieux qui soutiennent encore quelques lambeaux d'une tente à demi pourrie.

— Oui, Johnson; c'est là que Parry débarqua tous les approvisionnements de son navire, et, si ma mémoire est fidèle, le toit de la maison qu'il construisit était fait d'un hunier recouvert par les manœuvres courantes de *la Fury*.

— Cela a dû bien changer depuis 1825.

— Mais pas trop, Johnson. En 1829, John Ross trouva la santé et le salut de son équipage dans cette fragile demeure. En 1851, lorsque le prince Albert y envoya une expédition, cette maison subsistait encore ; le capitaine Kennedy la fit réparer, il y a neuf ans de cela. Il serait intéressant pour nous de la visiter, mais Hatteras n'est pas d'humeur à s'arrêter !

— Et il a sans doute raison, monsieur Clawbonny ; si le temps est l'argent en Angleterre, ici c'est le salut, et pour un jour de retard, une heure même, on s'expose à compromettre tout un voyage. Laissons-le donc agir à sa guise. »

Pendant la journée du jeudi 1ᵉʳ juin, la baie qui porte le nom de baie Creswell, fut coupée diagonalement par *le Forward*; depuis la pointe de la Fury, la côte s'élevait vers le nord en rochers perpendiculaires de trois cents pieds de hauteur ; au sud, elle tendait à s'abaisser ; quelques sommets neigeux présentaient aux regards des tables nettement coupées, tandis que les autres, affectant des formes bizarres, projetaient dans la brume leurs pyramides aiguës.

Le temps se radoucit pendant cette journée, mais au détriment de sa clarté ; on perdit la terre de vue ; le thermomètre remonta à trente-deux degrés (0 centig.).

quelques gelinottes voletaient çà et là, et des troupes d'oies sauvages pointaient vers le nord ; l'équipage dut se débarrasser d'une partie de ses vêtements ; on sentait l'influence de la saison d'été dans ces contrées arctiques.

Vers le soir, *le Forward* doubla le cap Garry à un quart de mille du rivage par un fond de dix à douze brasses, et dès lors il rangea la côte de près jusqu'à la baie Brentford. C'était sous cette latitude que devait se rencontrer le détroit de Bellot, détroit que sir John Ross ne soupçonna même pas dans son expédition de 1828 ; ses cartes indiquent une côte non interrompue, dont il a noté et nommé les moindres irrégularités avec le plus grand soin ; il faut donc admettre qu'à l'époque de son exploration l'entrée du détroit, complétement fermée par les glaces, ne pouvait en aucune façon se distinguer de la terre elle-même.

Ce détroit fut réellement découvert par le capitaine Kennedy dans une excursion faite en avril 1852 ; il lui donna le nom du lieutenant Bellot, « juste tribut, » dit-il, « aux importants services rendus à notre expédi« tion par l'officier français. »

CHAPITRE XVI.

LE PÔLE MAGNÉTIQUE.

Hatteras, en s'approchant de ce détroit, sentit redoubler ses inquiétudes; en effet, le sort de son voyage allait se décider; jusqu'ici il avait fait plus que ses prédécesseurs, dont le plus heureux, Mac Clintock, mit quinze mois à atteindre cette partie des mers polaires; mais c'était peu, et rien même, s'il ne parvenait à franchir le détroit de Bellot; ne pouvant revenir sur ses pas, il se voyait bloqué jusqu'à l'année suivante.

Aussi il ne voulut s'en rapporter qu'à lui-même du soin d'examiner la côte; il monta dans le nid de pie, et il y passa plusieurs heures de la matinée du samedi.

L'équipage se rendait parfaitement compte de la situation du navire; un profond silence régnait à bord; la machine ralentit ses mouvements; *le Forward* se tint aussi près de terre que possible; la côte était hérissée de ces glaces que les plus chauds étés ne parviennent pas à dissoudre; il fallait un œil habile pour démêler une entrée au milieu d'elles.

Hatteras comparait ses cartes et la terre. Le soleil s'étant montré un instant vers midi, il fit prendre par Shandon et Wall une observation assez exacte qui lui fut transmise à voix haute.

Il y eut là une demi-journée d'anxiété pour tous les esprits. Mais soudain, vers deux heures, ces paroles retentissantes tombèrent du haut du mât de misaine :

« Le cap à l'ouest, et forcez de vapeur. »

Le brick obéit instantanément ; il tourna sa proue vers le point indiqué ; la mer écuma sous les branches de l'hélice, et le *Forward* s'élança à toute vitesse entre deux ice-streams convulsionnés.

Le chemin était trouvé ; Hatteras redescendit sur la dunette, et l'ice-master remonta à son poste.

« Eh bien, capitaine, dit le docteur, nous sommes donc enfin entrés dans ce fameux détroit ?

— Oui, répondit Hatteras en baissant la voix ; mais ce n'est pas tout que d'y entrer, il faut encore en sortir. »

Et sur cette parole, il regagna sa cabine.

« Il a raison, se dit le docteur ; nous sommes là comme dans une souricière, sans grand espace pour manœuvrer, et s'il fallait hiverner dans ce détroit !... Bon ! nous ne serions pas les premiers à qui pareille aventure arriverait, et où d'autres se sont tirés d'embarras nous saurions bien nous tirer d'affaire ! »

Le docteur ne se trompait pas. C'est à cette place même, dans un petit port abrité nommé port Kennedy par Mac Clintock lui-même, que *le Fox* hiverna en 1858. En ce moment, on pouvait reconnaître les hautes chaînes granitiques et les falaises escarpées des deux rivages.

Le détroit de Bellot, d'un mille de large sur dix-sept milles de long, avec un courant de six à sept nœuds, est encaissé dans des montagnes dont l'altitude est estimée à seize cents pieds ; il sépare North-Sommerset de la terre Boothia ; les navires, on le comprend, n'y ont pas leurs coudées franches. *Le Forward* avançait avec précaution, mais il avançait ; les tempêtes sont fréquentes dans cet espace resserré, et le brick n'échappa pas à leur violence habituelle ; par ordre d'Hatteras, les vergues des perroquets et des huniers furent envoyées en bas, les mâts dépassés ; malgré tout, le navire fatigua énormément ; les coups de mer arrivaient par paquets dans les rafales de pluie ; la fumée s'enfuyait vers l'est avec une étonnante rapidité ; on marchait un peu à l'aventure au milieu des glaces en mouvement ; le baromètre tomba à vingt-neuf pouces ; il était difficile de se maintenir sur le pont ; aussi la plupart des hommes demeuraient dans le poste pour ne pas souffrir inutilement.

Hatteras, Johnson, Shandon restèrent sur la dunette, en dépit des tourbillons de neige et de pluie ; et il faut ajouter le docteur, qui, s'étant demandé ce qui lui serait le plus désagréable de faire en ce moment, monta immédiatement sur le pont ; on ne pouvait s'entendre, et à peine se voir ; aussi garda-t-il pour lui ses réflexions.

Hatteras essayait de percer le rideau de brume, car, d'après son estime, il devait se trouver à l'extrémité du détroit vers les six heures du soir ; alors toute issue parut fermée ; Hatteras fut donc forcé de s'arrêter et s'ancra solidement à un ice-berg ; mais il resta en pression toute la nuit.

Le temps fut épouvantable. *Le Forward* menaçait à chaque instant de rompre ses chaînes ; on pouvait craindre que la montagne, arrachée de sa base sous les violences du vent d'ouest, ne s'en allât à la dérive avec le brick. Les officiers furent constamment sur le qui-vive et dans des appréhensions extrêmes ; aux trombes de neige se joignait une véritable grêle ramassée par l'ouragan sur la surface dégelée des bancs de glace ; c'étaient autant de flèches aiguës qui hérissaient l'atmosphère.

La température s'éleva singulièrement pendant cette nuit terrible ; le thermomètre marqua cinquante-sept degrés (14° centig.), et le docteur, à son grand étonnement, crut surprendre dans le sud quelques éclairs suivis d'un tonnerre très-éloigné. Cela semblait corroborer le témoignage du baleinier Scoresby, qui observa un pareil phénomène au delà du soixante-cinquième parallèle. Le capitaine Parry fut également témoin de cette singularité météorologique en 1821.

Vers les cinq heures du matin, le temps changea avec une rapidité surprenante ; la température retourna subitement au point de congélation ; le vent passa au nord et se calma. On pouvait apercevoir l'ouverture occidentale du détroit, mais entièrement obstruée. Hatteras promenait un regard avide sur la côte, se demandant si le passage existait réellement.

Cependant le brick appareilla, et se glissa lentement entre les ice-streams, tandis que les glaces s'écrasaient avec bruit sur son bordage ; les packs à cette époque mesuraient encore six à sept pieds d'épaisseur ; il fallait éviter leur pression avec soin, car au cas où le navire y eût résisté, il aurait couru le risque d'être soulevé et jeté sur le flanc.

A midi, et pour la première fois, on put admirer un magnifique phénomène solaire, un halo avec deux parhélies ; le docteur l'observa et en prit les dimensions exactes ; l'arc extérieur n'était visible que sur une étendue de trente degrés de chaque côté du diamètre horizontal ; les deux images du soleil se distinguaient remarquablement ; les couleurs aperçues dans les arcs lumineux étaient du dedans au dehors, le rouge, le jaune, le vert, un bleuâtre très-faible, enfin de la lumière blanche sans limite extérieure assignable.

Le docteur se souvint de l'ingénieuse théorie de Thomas Young sur ces météores ; ce physicien suppose que certains nuages composés de prismes de glace sont suspendus dans l'atmosphère ; les rayons du soleil qui tombent sur ces prismes sont décomposés sous des angles de soixante et quatre-vingt-dix degrés. Les halos ne peuvent donc se former par des ciels sereins.

Le docteur trouvait cette explication fort ingénieuse.

Les marins, habitués aux mers boréales, considèrent généralement ce phénomène comme précurseur d'une neige abondante. Si cette observation se réalisait, la situation du *Forward* devenait fort difficile. Hatteras résolut donc de se porter en avant; pendant le reste de cette journée et la nuit suivante, il ne prit pas un instant de repos, lorgnant l'horizon, s'élançant dans les enfléchures, ne perdant pas une occasion de se rapprocher de l'issue du détroit.

Mais, au matin, il dut s'arrêter devant l'infranchissable banquise. Le docteur le rejoignit sur la dunette. Hatteras l'emmena tout à fait à l'arrière, et ils purent causer sans crainte d'être entendus.

« Nous sommes pris, dit Hatteras. Impossible d'aller plus loin.

— Impossible? fit le docteur.

— Impossible! Toute la poudre du *Forward* ne nous ferait pas gagner un quart de mille!

— Que faire alors? dit le docteur.

— Que sais-je? Maudite soit cette funeste année qui se présente sous des auspices aussi défavorables!

— Eh bien, capitaine, s'il faut hiverner, nous hivernerons! Autant vaut cet endroit qu'un autre!

— Sans doute, fit Hatteras à voix basse; mais il ne faudrait pas hiverner, surtout au mois de juin. L'hivernage est plein de dangers physiques et moraux. L'esprit d'un équipage se laisse vite abattre par ce long repos au milieu de véritables souffrances. Aussi, je comptais bien n'hiverner que sous une latitude plus rapprochée du pôle !

— Oui, mais la fatalité a voulu que la baie de Baffin fût fermée.

— Elle qui s'est trouvée ouverte pour un autre, s'écria Hatteras avec colère, pour cet Américain, ce...

— Voyons, Hatteras, dit le docteur, en l'interrompant à dessein ; nous ne sommes encore qu'au 5 juin ; ne nous désespérons pas ; un passage soudain peut s'ouvrir devant nous ; vous savez que la glace a une tendance à se séparer en plusieurs blocs, même dans les temps calmes, comme si une force répulsive agissait entre les différentes masses qui la composent ; nous pouvons donc d'une heure à l'autre trouver la mer libre.

— Eh bien, qu'elle se présente, et nous la franchirons ! Il est très-possible qu'au delà du détroit de Bellot nous ayons la facilité de remonter vers le nord par le détroit de Peel ou le canal de Mac-Clintock, et alors...

— Capitaine, vint dire en ce moment James Wall, nous risquons d'être démontés de notre gouvernail par les glaces.

— Eh bien, répondit Hatteras, risquons-le ; je ne consentirai pas à le faire enlever ; je veux être prêt à toute heure de jour ou de nuit. Veillez, monsieur Wall, à ce qu'on le protége autant que possible, en écartant les glaçons; mais qu'il reste en place, vous m'entendez.

— Cependant, ajouta Wall...

— Je n'ai pas d'observations à recevoir, monsieur, dit sévèrement Hatteras. Allez. »

Wall retourna vers son poste.

« Ah! fit Hatteras avec un mouvement de colère, je donnerais cinq ans de ma vie pour me trouver au nord! Je ne connais pas de passage plus dangereux; pour surcroît de difficulté, à cette distance rapprochée du pôle magnétique, le compas dort, l'aiguille devient paresseuse ou affolée, et change constamment de direction.

— J'avoue, répondit le docteur, que c'est une périlleuse navigation; mais enfin, ceux qui l'ont entreprise s'attendaient à ses dangers, et il n'y a rien là qui doive les surprendre.

— Ah! docteur! mon équipage est bien changé, et vous venez de le voir, les officiers en sont déjà aux observations. Les avantages pécuniaires offerts aux marins étaient de nature à décider leur engagement; mais ils ont leur mauvais côté, puisque après le départ ils font désirer plus vivement le retour! Docteur, je ne suis pas secondé dans mon entreprise, et si j'échoue, ce ne sera pas par la faute de tel ou tel matelot dont on peut avoir raison, mais par le mauvais vouloir de certains officiers... Ah! ils le payeront cher!

— Vous exagérez, Hatteras.

— Je n'exagère rien! Croyez-vous que l'équipage soit fâché des obstacles que je rencontre sur mon chemin? Au contraire! On espère qu'ils me feront abandonner mes projets! Aussi, ces gens ne murmurent pas, et tant que *le Forward* aura le cap au sud, il en sera de même. Les fous! ils s'imaginent qu'ils se rapprochent de l'Angleterre! Mais si je parviens à remonter au nord, vous verrez les choses changer! Je jure Dieu pourtant, que pas un être vivant ne me fera dévier de ma ligne de conduite! Un passage, une ouverture, de quoi glisser mon brick, quand je devrais y laisser le cuivre de son doublage, et j'aurai raison de tout. »

Les désirs du capitaine devaient être satisfaits dans une certaine proportion. Suivant les prévisions du docteur, il y eut un changement soudain pendant la soirée; sous une influence quelconque de vent, de courant ou de température, les ice-fields vinrent à se séparer; *le Forward* se lança hardiment, brisant de sa proue d'acier les glaçons flottants; il navigua toute la nuit, et le mardi, vers les six heures, il débouqua du détroit de Bellot.

Mais quelle fut la sourde irritation d'Hatteras en trouvant le chemin du nord obstinément barré! Il eut assez de force d'âme pour contenir son désespoir, et, comme si la seule route ouverte eût été la route préférée, il laissa *le Forward* redescendre le détroit de Franklin; ne pouvant remonter par le détroit de Peel, il résolut de contourner la terre du Prince de Galles, pour gagner le canal de Mac-Clintock. Mais il sentait bien que Shandon et Wall ne pouvaient s'y tromper, et savaient à quoi s'en tenir sur son espérance déçue.

La journée du 6 juin ne présenta aucun incident ; le ciel était neigeux, et les pronostics du halo s'accomplissaient.

Pendant trente-six heures, *le Forward* suivit les sinuosités de la côte de Boothia, sans parvenir à se rapprocher de la terre du Prince de Galles ; Hatteras forçait de vapeur, brûlant son charbon avec prodigalité ; il comptait toujours refaire son approvisionnement à l'île Beechey ; il arriva le jeudi à l'extrémité du détroit de Franklin, et trouva encore le chemin du nord infranchissable.

C'était à le désespérer ; il ne pouvait plus même revenir sur ses pas ; les glaces le poussaient en avant, et il voyait sa route se refermer incessamment derrière lui, comme s'il n'eût jamais existé de mer libre là où il venait de passer une heure auparavant.

Ainsi, non-seulement *le Forward* ne pouvait gagner au nord, mais il ne devait pas s'arrêter un instant, sous peine d'être pris, et il fuyait devant les glaces, comme un navire fuit devant l'orage.

Le vendredi, 8 juin, il arriva près de la côte de Boothia, à l'entrée du détroit de James Ross, qu'il fallait éviter à tout prix, car il n'a d'issue qu'à l'ouest, et aboutit directement aux terres d'Amérique.

Les observations, faites à midi sur ce point, donnèrent 70° 5′ 17″ pour la latitude, et 96° 46′ 45″ pour la longitude ; lorsque le docteur connut ces chiffres, il les rapporta à sa carte, et vit qu'il se trouvait enfin au pôle magnétique, à l'endroit même où James Ross, le neveu de sir John, vint déterminer cette curieuse situation.

La terre était basse près de la côte, et se relevait d'une soixantaine de pieds seulement en s'écartant de la mer de la distance d'un mille.

La chaudière du *Forward* ayant besoin d'être nettoyée, le capitaine fit ancrer son navire à un champ de glace, et permit au docteur d'aller à terre en compagnie du maître d'équipage. Pour lui, insensible à tout ce qui ne se rattachait pas à ses projets, il se renferma dans sa cabine, dévorant du regard la carte du pôle.

Le docteur et son compagnon parvinrent facilement à terre ; le premier portait un compas destiné à ses expériences ; il voulait contrôler les travaux de James Ross ; il découvrit aisément le monticule de pierres à chaux élevé par ce dernier ; il y courut ; une ouverture permettait d'apercevoir à l'intérieur la caisse d'étain dans laquelle James Ross déposa le procès-verbal de sa découverte. Pas un être vivant ne paraissait avoir visité depuis trente ans cette côte désolée.

En cet endroit, une aiguille aimantée, suspendue le plus délicatement possible, se plaçait aussitôt dans une position à peu près verticale sous l'influence magnétique ; le centre d'attraction se trouvait donc à une très-faible distance, sinon immédiatement au-dessous de l'aiguille.

Le docteur fit son expérience avec soin. Mais si James Ross, à cause de l'imperfection de ses instruments, ne put trouver pour son aiguille verticale qu'une inclinaison de 89° 59', c'est que le véritable point magnétique se trouvait réellement à une minute de cet endroit. Le docteur Clawbonny fut plus heureux, et à quelque distance de là il eut l'extrême satisfaction de voir son inclinaison de 90 degrés.

« Voilà donc exactement le pôle magnétique du monde! s'écria-t-il en frappant la terre du pied.

— C'est bien ici? demanda maître Johnson.

— Ici même, mon ami.

— Eh bien, alors, reprit le maître d'équipage, il faut abandonner toute supposition de montagne d'aimant ou de masse aimantée.

— Oui, mon brave Johnson, répondit le docteur en riant, ce sont les hypothèses de la crédulité! Comme vous le voyez, il n'y a pas la moindre montagne capable d'attirer les vaisseaux, de leur arracher leur fer, ancre par ancre, clou par clou! et vos souliers eux-mêmes sont aussi libres qu'en tout autre point du globe.

— Alors comment expliquer?...

— On ne l'explique pas, Johnson; nous ne sommes pas encore assez savants pour cela. Mais ce qui est certain, exact, mathématique, c'est que le pôle magnétique est ici même, à cette place!

— Ah ! monsieur Clawbonny, que le capitaine serait heureux de pouvoir en dire autant du pôle boréal !

— Il le dira, Johnson, il le dira.

— Dieu le veuille ! » répondit ce dernier.

Le docteur et son compagnon élevèrent un cairn sur l'endroit précis où l'expérience avait eu lieu, et le signal de revenir leur ayant été fait, ils retournèrent à bord à cinq heures du soir.

CHAPITRE XVII.

LA CATASTROPHE DE SIR JOHN FRANKLIN.

Le Forward parvint à couper directement le détroit de James Ross, mais ce ne fut pas sans peine ; il fallut employer la scie et les pétards ; l'équipage éprouva une fatigue extrême. La température était heureusement fort supportable, et supérieure de trente degrés à celle que trouva James Ross à pareille époque. Le thermomètre marquait trente-quatre degrés (— 2° centigr.).

Le samedi, on doubla le cap Félix, à l'extrémité nord de la terre du roi Guillaume, l'une des îles moyennes de ces mers boréales.

L'équipage éprouvait alors une impression forte et douloureuse ; il jetait des regards curieux, mais tristes, sur cette île dont il prolongeait la côte.

En effet, il se trouvait en présence de cette terre du roi Guillaume, théâtre du plus terrible drame des temps modernes! à quelques milles dans l'ouest s'étaient à jamais perdus *l'Erebus* et *le Terror*.

Les matelots du *Forward* connaissaient bien les tentatives faites pour retrouver l'amiral Franklin et le résultat obtenu, mais ils ignoraient les affligeants détails de cette catastrophe. Or, tandis que le docteur suivait sur sa carte la marche du navire, plusieurs d'entre eux, Bell, Bolton, Simpson, s'approchèrent de lui et se mêlèrent à sa conversation. Bientôt leurs camarades les suivirent, mus par une curiosité particulière ; pendant ce temps, le brick filait avec une vitesse extrême, et les baies, les caps, les pointes de la côte passaient devant le regard comme un panorama gigantesque.

Hatteras arpentait la dunette d'un pas rapide ; le docteur, établi sur le pont, se vit entouré de la plupart des hommes de l'équipage ; il comprit l'intérêt de cette situation, et la puissance d'un récit fait dans de pareilles circonstances ; il reprit donc en ces termes la conversation commencée avec Johnson :

« Vous savez, mes amis, quels furent les débuts de Franklin ; il fut mousse comme Cook et Nelson ; après avoir employé sa jeunesse à de grandes expéditions maritimes, il résolut en 1845 de s'élancer à la recherche du passage du nord-ouest ; il commandait *l'Erebus* et le *Terror*, deux navires éprouvés qui venaient de faire avec James Ross, en 1840, une campagne au pôle antarctique. *L'Erebus*, monté par Franklin, portait soixante-dix hommes d'équipage, tant officiers que matelots, avec Fitz-James pour capitaine, Gore, Le Vesconte, pour lieutenants, Des Voeux, Sargent, Couch, pour maîtres d'équipage, et Stanley pour chirurgien. *Le Terror* comptait soixante-huit hommes, capitaine Crozier, lieutenants, Little Hogdson et Irving, maîtres d'équipage, Horesby et Thomas, chirurgien, Peddie. Vous pouvez lire aux baies, aux caps, aux détroits, aux pointes, aux canaux, aux îles de ces parages, le nom de la plupart de ces infortunés dont pas un n'a revu son pays ! En tout cent trente-huit hommes ! Nous savons que les dernières lettres de Franklin sont adressées de l'île Disko et datées du 12 juillet 1845. « J'espère, disait-il, appareiller cette nuit pour le détroit de Lancastre. » Que s'est-il passé depuis son départ de la baie de Disko ? Les capitaines des baleiniers *le Prince de Galles* et *l'Entreprise* aperçurent une dernière fois les deux navires dans la baie Melville, et, depuis ce jour, on n'entendit plus parler d'eux. Cependant nous pouvons suivre Franklin dans sa marche vers l'ouest ; il s'engage par les détroits de Lancastre et de Barrow, arrive à l'île Beechey où il passe l'hiver de 1845 à 1846.

— Mais comment a-t-on connu ces détails ? demanda Bell, le charpentier.

— Par trois tombes qu'en 1850 l'expédition Austin découvrit sur l'île. Dans ces tombes étaient inhumés trois des matelots de Franklin; puis ensuite, à l'aide du document trouvé par le lieutenant Hobson du *Fox*, et qui porte la date du 25 avril 1848. Nous savons donc qu'après leur hivernage, *l'Erebus* et *le Terror* remontèrent le détroit de Wellington jusqu'au soixante-dix-septième parallèle; mais au lieu de continuer leur route au nord, route qui n'était sans doute pas praticable, ils revinrent vers le sud...

— Et ce fut leur perte! dit une voix grave. Le salut était au nord. »

Chacun se retourna. Hatteras, accoudé sur la balustrade de la dunette, venait de lancer à son équipage cette terrible observation.

« Sans doute, reprit le docteur, l'intention de Franklin était de rejoindre la côte américaine; mais les tempêtes l'assaillirent sur cette route funeste, et le 12 septembre 1846, les deux navires furent saisis par les glaces, à quelques milles d'ici, au nord-ouest du cap Félix; ils furent entraînés encore jusqu'au nord-nord-ouest de la pointe Victory; là-même, fit le docteur en désignant un point de la mer. Or, ajouta-t-il, les navires ne furent abandonnés que le 22 avril 1848. Que s'est-il donc passé pendant ces dix-neuf mois? qu'ont-ils fait, ces malheureux? Sans doute, ils ont exploré les terres environnantes, tenté tout pour leur salut, car l'amiral était un homme énergique! et, s'il n'a pas réussi...

— C'est que ses équipages l'ont trahi, » dit Hatteras d'une voix sourde.

Les matelots n'osèrent pas lever les yeux ; ces paroles pesaient sur eux.

« Bref, le fatal document nous l'apprend encore, sir John Franklin succombe à ses fatigues, le 11 juin 1847. Honneur à sa mémoire ! » dit le docteur en se découvrant.

Ses auditeurs l'imitèrent en silence.

« Que devinrent ces malheureux privés de leur chef, pendant dix mois ? ils demeurèrent à bord de leurs navires, et ne se décidèrent à les abandonner qu'en avril 1848 ; cent cinq hommes restaient encore sur cent trente-huit. Trente-trois étaient morts ! Alors les capitaines Crozier et Fitz-James élèvent un cairn à la pointe Victory, et ils y déposent leur dernier document. Voyez, mes amis, nous passons devant cette pointe ! Vous pouvez encore apercevoir les restes de ce cairn, placé pour ainsi dire au point extrême que John Ross atteignit en 1831 ! Voici le cap Jane Franklin ! voici la pointe Franklin ! voici la pointe Le Vesconte ! voici la baie de *l'Erebus,* où l'on trouva la chaloupe faite avec les débris de l'un des navires, et posée sur un traîneau ! Là furent découverts des cuillers d'argent, des munitions en abondance, du chocolat, du thé, des livres de religion ! Car les cent cinq survivants, sous la conduite du capitaine Crozier, se mirent en route pour Great-Fish-River ! Jusqu'où ont-ils pu parvenir ? ont-ils réussi

à gagner la baie d'Hudson? quelques-uns survivent-
ls? que sont-ils devenus depuis ce dernier départ?...

— Ce qu'ils sont devenus, je vais vous l'apprendre
dit John Hatteras d'une voix forte. Oui, ils ont tâché
d'arriver à la baie d'Hudson, et se sont fractionnés en
plusieurs troupes! Oui, ils ont pris la route du sud!
Oui, en 1854, une lettre du docteur Rae apprit qu'en
1850 les Esquimaux avaient rencontré sur cette terre
du roi Guillaume un détachement de quarante hommes,
chassant le veau marin, voyageant sur la glace, traînant
un bateau, maigris, hâves, exténués de fatigues et de
douleurs. Et plus tard, ils découvraient trente cadavres
sur le continent, et cinq sur une île voisine, les uns à
demi enterrés, les autres abandonnés sans sépulture,
ceux-ci sous un bateau renversé, ceux-là sous les débris d'une tente, ici un officier, son télescope à l'épaule
et son fusil chargé près de lui, plus loin des chaudières
avec les restes d'un repas horrible! A ces nouvelles,
l'Amirauté pria la Compagnie de la baie d'Hudson d'envoyer ses agents les plus habiles sur le théâtre de l'événement. Ils descendirent la rivière de Back jusqu'à son
embouchure. Ils visitèrent les îles de Montréal, Macono-
chie, pointe Ogle. Mais rien! Tous ces infortunés étaient
morts de misère, morts de souffrance, morts de faim,
en essayant de prolonger leur existence par les ressources épouvantables du cannibalisme! Voilà ce qu'ils
sont devenus le long de cette route du sud jonchée de

leurs cadavres mutilés ! Eh bien ! voulez-vous encore marcher sur leurs traces ? »

La voix vibrante, les gestes passionnés, la physionomie ardente d'Hatteras, produisirent un effet indescriptible. L'équipage, surexcité par l'émotion en présence de ces terres funestes, s'écria tout d'une voix :

« Au nord ! au nord !

— Eh bien ! au nord ! le salut et la gloire sont là ! au nord ! Le ciel se déclare pour nous ! le vent change ! la passe est libre ! pare à virer ! »

Les matelots se précipitèrent à leur poste de manœuvre ; les ice-streams se dégageaient peu à peu ; *le Forward* évolua rapidement et se dirigea en forçant de vapeur vers le canal de Mac-Clintock.

Hatteras avait eu raison de compter sur une mer plus libre ; il suivait en la remontant la route présumée de Franklin ; il longeait la côte orientale de la terre du Prince de Galles, suffisamment déterminée alors, tandis que la rive opposée est encore inconnue. Évidemment la débâcle des glaces vers le sud s'était faite par les pertuis de l'est, car ce détroit paraissait être entièrement dégagé ; aussi *le Forward* fut-il en mesure de regagner le temps perdu ; il força de vapeur, si bien que le 14 juin il dépassait la baie Osborne et les points extrêmes atteints dans les expéditions de 1851. Les glaces étaient encore nombreuses dans le détroit, mais la mer ne menaçait plus de manquer à la quille du *Forward*.

CHAPITRE XVIII.

LA ROUTE AU NORD.

L'équipage paraissait avoir repris ses habitudes de discipline et d'obéissance. Les manœuvres, rares et peu fatigantes, lui laissaient de nombreux loisirs. La température se maintenait au-dessus du point de congélation, et le dégel devait avoir raison des plus grands obstacles de cette navigation.

Duk, familier et sociable, avait noué des relations d'une amitié sincère avec le docteur Clawbonny. Ils étaient au mieux. Mais comme en amitié il y a toujours un ami sacrifié à l'autre, il faut avouer que le docteur n'était pas l'autre. Duk faisait de lui tout ce qu'il voulait. Le docteur obéissait comme un chien à son maître. Duk, d'ailleurs, se montrait aimable envers la plupart des matelots et des officiers du bord; seulement, par instinct sans doute, il fuyait la société de Shandon; il avait aussi conservé une dent, et quelle dent! contre Pen et Foker; sa haine pour eux se traduisait en grognements mal contenus à leur approche. Ceux-ci, d'ailleurs, n'osaient plus s'attaquer au chien du capitaine, « à son génie familier, » comme le disait Clifton.

En fin de compte, l'équipage avait repris confiance et se tenait bien.

« Il semble, dit un jour James Wall à Richard Shandon, que nos hommes aient pris au sérieux les discours du capitaine ; ils ont l'air de ne plus douter du succès.

— Ils ont tort, répondit Shandon ; s'ils réfléchissaient, s'ils examinaient la situation, ils comprendraient que nous marchons d'imprudence en imprudence.

— Cependant, reprit Wall, nous voici dans une mer plus libre ; nous revenons vers des routes déjà reconnues ; n'exagérez-vous pas, Shandon ?

— Je n'exagère rien, Wall ; la haine, la jalousie, si vous le voulez, que m'inspire Hatteras, ne m'aveuglent pas. Répondez-moi, avez-vous visité les soutes au charbon ?

— Non, répondit Wall.

— Eh bien ! descendez-y, et vous verrez avec quelle rapidité nos approvisionnements diminuent. Dans le principe, on aurait dû naviguer surtout à la voile, l'hélice étant réservée pour remonter les courants ou les vents contraires ; notre combustible ne devait être employé qu'avec la plus sévère économie ; car, qui peut dire en quel endroit de ces mers et pour combien d'années nous pouvons être retenus ? Mais Hatteras, poussé par cette frénésie d'aller en avant, de remonter jusqu'à ce pôle inaccessible, ne se préoccupe plus d'un pareil détail. Que le vent soit contraire ou non, il marche à toute vapeur, et, pour peu que cela continue, nous risquons d'être fort embarrassés, sinon perdus.

— Dites-vous vrai, Shandon? cela est grave alors!

— Oui, Wall, grave; non-seulement pour la machine qui, faute de combustible, ne nous serait d'aucune utilité dans une circonstance critique, mais grave aussi, au point de vue d'un hivernage auquel il faudra tôt ou tard arriver. Or, il faut un peu songer au froid dans un pays où le mercure se gèle fréquemment dans le thermomètre [1].

— Mais, si je ne me trompe, Shandon, le capitaine compte renouveler son approvisionnement à l'île Beechey; il doit y trouver du charbon en grande quantité.

— Va-t-on où l'on veut dans ces mers, Wall? peut-on compter trouver tel détroit libre de glace? Et s'il manque l'île Beechey, et s'il ne peut y parvenir, que deviendrons-nous?

— Vous avez raison, Shandon; Hatteras me paraît imprudent; mais pourquoi ne lui faites-vous pas quelques observations à ce sujet?

— Non, Wall, répondit Shandon avec une amertume mal déguisée; j'ai résolu de me taire; je n'ai plus la responsabilité du navire; j'attendrai les événements; on me commande, j'obéis, et je ne donne pas d'opinion.

— Permettez-moi de vous dire que vous avez tort,

1. Le mercure se gèle à 42° centigrades au-dessous de 0.

Shandon, puisqu'il s'agit d'un intérêt commun, et que ces imprudences du capitaine peuvent nous coûter fort cher à tous.

— Et si je lui parlais, Wall, m'écouterait-il ? »

Wall n'osa répondre affirmativement.

« Mais, ajouta-t-il, il écouterait peut-être les représentations de l'équipage.

— L'équipage, fit Shandon en haussant les épaules; mais, mon pauvre Wall, vous ne l'avez donc pas observé? il est animé de tout autre sentiment que celui de son salut! il sait qu'il s'avance vers le soixante-douzième parallèle, et qu'une somme de mille livres lui est acquise par chaque degré gagné au delà de cette latitude.

— Vous avez raison, Shandon, répondit Wall, et le capitaine a pris là le meilleur moyen de tenir ses hommes.

— Sans doute, répondit Shandon, pour le présent du moins.

— Que voulez-vous dire ?

— Je veux dire qu'en l'absence de dangers ou de fatigues, par une mer libre, cela ira tout seul; Hatteras les a pris par l'argent; mais ce que l'on fait pour l'argent, on le fait mal. Viennent donc les circonstances difficiles, les dangers, la misère, la maladie, le découragement, le froid, au-devant duquel nous nous précipitons en insensés, et vous verrez si ces gens-là se souviennent encore d'une prime à gagner!

— Alors, selon vous, Shandon, Hatteras ne réussira pas?

— Non, Wall, il ne réussira pas; dans une pareille entreprise, il faut entre les chefs une parfaite communauté d'idées, une sympathie qui n'existe pas. J'ajoute qu'Hatteras est un fou; son passé tout entier le prouve! Enfin, nous verrons! il peut arriver des circonstances telles, que l'on soit forcé de donner le commandement du navire à un capitaine moins aventureux...

— Cependant, dit Wall, en secouant la tête d'un air de doute, Hatteras aura toujours pour lui...

— Il aura, répliqua Shandon en interrompant l'officier, il aura le docteur Clawbonny, un savant qui ne pense qu'à savoir, Johnson, un marin esclave de la discipline, et qui ne prend pas la peine de raisonner, peut-être un ou deux hommes encore, comme Bell, le charpentier, quatre au plus, et nous sommes dix-huit à bord! Non, Wall, Hatteras n'a pas la confiance de l'équipage, il le sait bien, il l'amorce par l'argent; il a profité habilement de la catastrophe de Franklin pour opérer un revirement dans ces esprits mobiles; mais cela ne durera pas, vous dis-je; et s'il ne parvient pas à atterrir à l'île Beechey, il est perdu!

— Si l'équipage pouvait se douter...

— Je vous engage, répondit vivement Shandon, à ne pas lui communiquer ces observations; il les fera de lui-même. En ce moment, d'ailleurs, il est bon de continuer à suivre la route du nord. Mais qui sait si ce qu'Hatteras croit être une marche vers le pôle n'est pas un retour sur ses pas? Au bout du canal Mac-Clintock est la baie Melville, et là débouche cette suite de détroits qui ramènent à la baie de Baffin. Qu'Hatteras y prenne garde! le chemin de l'ouest est plus facile que le chemin du nord. »

On voit par ces paroles quelles étaient les dispositions de Shandon, et combien le capitaine avait droit de pressentir un traître en lui.

Shandon raisonnait juste d'ailleurs, quand il attribuait la satisfaction actuelle de l'équipage à cette perspective de dépasser bientôt le soixante-douzième pararallèle. Cet appétit d'argent s'empara des moins audacieux du bord. Clifton avait fait le compte de chacun avec une grande exactitude. En retranchant le capitaine et le docteur, qui ne pouvaient être admis à partager la prime, il restait seize hommes sur le *Forward*. La prime étant de mille livres, cela donnait une somme de soixante-deux livres et demie [1] par tête et par degré. Si jamais on parvenait au pôle, les dix-huit degrés à franchir réservaient à chacun une somme de onze cent vingt-cinq livres [2], c'est-à-dire une fortune. Cette fantaisie-là coûterait dix-huit mille livres [3] au capitaine; mais il était assez riche pour se payer une pareille promenade au pôle.

1. 1,562 fr. 50 c.
2. 23,125 fr.
3. 450,000 fr.

Ces calculs enflammèrent singulièrement l'avidité de l'équipage, comme on peut le croire, et plus d'un aspirait à dépasser cette latitude dorée, qui, quinze jours auparavant, se réjouissait de descendre vers le sud.

Le *Forward*, dans la journée du 16 juin, rangea le cap Aworth. Le mont Rawlinson dressait ses pics blancs vers le ciel; la neige et la brume le faisaient paraître colossal en exagérant sa distance; la température se maintenait à quelques degrés au-dessus de glace; des cascades et des cataractes improvisées se développaient sur les flancs de la montagne; les avalanches se précipitaient avec une détonation semblable aux décharges continues de la grosse artillerie. Les glaciers, étalés en longues nappes blanches, projetaient une immense réverbération dans l'espace. La nature boréale aux prises avec le dégel offrait aux yeux un splendide spectacle. Le brick rasait la côte de fort près; on apercevait sur quelques rocs abrités de rares bruyères dont les fleurs roses sortaient timidement entre les neiges, des lichens maigres d'une couleur rougeâtre, et les pousses d'une espèce de saule nain, qui rampaient sur le sol.

Enfin, le 19 juin, par ce fameux soixante-douzième degré de latitude, on doubla la pointe Minto, qui forme l'une des extrêmités de la baie Ommaney; le brick entra dans la baie Melville, surnommée la *mer d'Argent* par Bolton; ce joyeux marin se livra sur ce sujet à mille facéties dont le bon Clawbonny rit de grand cœur.

La navigation du *Forward*, malgré une forte brise du nord-est, fut assez facile pour que, le 23 juin, il dépassât le soixante-quatorzième degré de latitude. Il se trouvait au milieu du bassin de Melville, l'une des mers les plus considérables de ces régions. Cette mer fut traversée pour la première fois par le capitaine Parry dans sa grande expédition de 1819, et ce fut là que son équipage gagna la prime de cinq mille livres promise par acte du gouvernement.

Clifton se contenta de remarquer qu'il y avait deux degrés du soixante-douzième au soixante-quatorzième : cela faisait déjà cent vingt-cinq livres à son crédit. Mais on lui fit observer que la fortune dans ces parages était peu de chose, qu'on ne pouvait se dire riche qu'à la condition de boire sa richesse ; il semblait donc convenable d'attendre le moment où l'on roulerait sous la table d'une taverne de Liverpool, pour se réjouir et se frotter les mains.

CHAPITRE XIX.

UNE BALEINE EN VUE.

Le bassin de Melville, quoique aisément navigable, n'était pas dépourvu de glaces; on apercevait d'immenses ice-fields prolongés jusqu'aux limites de l'horizon; çà et là apparaissaient quelques ice-bergs, mais immobiles et comme ancrés au milieu des champs glacés. *Le Forward* suivait à toute vapeur de larges passes où ses évolutions devenaient faciles. Le vent changeait fréquemment, sautant avec brusquerie d'un point du compas à l'autre.

La variabilité du vent dans les mers arctiques est un fait remarquable, et souvent quelques minutes à peine séparent un calme plat d'une tempête désordonnée. C'est ce qu'Hatteras éprouva le 23 juin, au milieu même de l'immense baie.

Les vents les plus constants soufflent généralement de la banquise à la mer libre, et sont très-froids. Ce jour-là, le thermomètre descendit de quelques degrés; le vent sauta dans le sud, et d'immenses rafales passant au-dessus des champs de glace, vinrent se débarrasser de leur humidité sous la forme d'une neige épaisse. Hatteras fit immédiatement carguer les voiles dont il aidait l'hélice, mais pas si vite cependant que son petit perroquet ne fût emporté en un clin d'œil.

Hatteras commanda ses manœuvres avec le plus grand sang-froid, et ne quitta pas le pont pendant la tempête ; il fut obligé de fuir devant le temps et de remonter dans l'ouest. Le vent soulevait des vagues énormes au milieu desquelles se balançaient des glaçons de toutes formes arrachés aux ice-fields environnants ; le brick était secoué comme un jouet d'enfant, et les débris des packs se précipitaient sur sa coque ; par moment, il s'élevait perpendiculairement au sommet d'une montagne liquide ; sa proue d'acier, ramassant la lumière diffuse, étincelait comme une barre de métal en fusion ; puis il descendait dans un abîme, donnant de la tête au milieu des tourbillons de sa fumée, tandis que son hélice, hors de l'eau, tournait à vide avec un bruit sinistre et frappait l'air de ses branches émergées. La pluie, mêlée à la neige, tombait à torrent.

Le docteur ne pouvait manquer une occasion pareille de se faire tremper jusqu'aux os ; il demeura sur le pont, en proie à toute cette émouvante admiration qu'un savant sait extraire d'un tel spectacle. Son plus proche voisin n'aurait pu entendre sa voix ; il se taisait donc et regardait ; mais en regardant, il fut témoin d'un phénomène bizarre et particulier aux régions hyperboréennes.

La tempête était circonscrite dans un espace restreint et ne s'étendait pas à plus de trois ou quatre milles ; en effet, le vent qui passe sur les champs de glace perd beaucoup de sa force, et ne peut porter loin ses violences désastreuses ; le docteur apercevait de temps à autre, par quelque embellie, un ciel serein et une mer tranquille au delà des ice-fields ; il suffisait donc au *Forward* de se diriger à travers les passes pour retrouver une navigation paisible ; seulement, il courait risque d'être jeté sur ces bancs mobiles qui obéissaient au mouvement de la houle. Cependant, Hatteras parvint au bout de quelques heures à conduire son navire en mer calme, tandis que la violence de l'ouragan, faisant rage à l'horizon, venait expirer à quelques encâblures du *Forward*.

Le bassin de Melville ne présentait plus alors le même aspect ; sous l'influence des vagues et des vents, un grand nombre de montagnes, détachées des côtes, dérivaient vers le nord, se croisant et se heurtant dans toutes les directions. On pouvait en compter plusieurs centaines ; mais la baie est fort large, et le brick les évita facilement. Le spectacle était magnifique de ces masses flottantes, qui, douées de vitesses inégales, semblaient lutter entre elles sur ce vaste champ de course.

Le docteur en était à l'enthousiasme, quand Simpson, le harponneur, s'approcha et lui fit remarquer les teintes changeantes de la mer; ces teintes variaient du bleu intense jusqu'au vert olive; de longues bandes s'allongeaient du nord au sud avec des arêtes si vivement tranchées, que l'on pouvait suivre jusqu'à perte de vue leur ligne de démarcation. Parfois aussi, des nappes transparentes prolongeaient d'autres nappes entièrement opaques.

« Eh bien, monsieur Clawbonny, que pensez-vous de cette particularité? dit Simpson.

— Je pense, mon ami, répondit le docteur, ce que pensait le baleinier Scoresby sur la nature de ces eaux diversement colorées : c'est que les eaux bleues sont dépourvues de ces milliards d'animalcules et de méduses dont sont chargées les eaux vertes; il a fait diverses expériences à ce sujet, et je l'en crois volontiers.

— Oh! monsieur, il y a un autre enseignement à tirer de la coloration de la mer.

— Vraiment?

— Oui, monsieur Clawbonny, et, foi de harponneur, si *le Forward* était seulement un baleinier, je crois que nous aurions beau jeu.

— Cependant, répondit le docteur, je n'aperçois pas la moindre baleine.

— Bon! nous ne tarderons pas à en voir, je vous le promets. C'est une fameuse chance pour un pêcheur de rencontrer ces bandes vertes sous cette latitude.

— Et pourquoi? demanda le docteur, que ces remarques faites par des gens du métier intéressaient vivement.

— Parce que c'est dans ces eaux vertes, répondit Simpson, que l'on pêche les baleines en plus grande quantité.

— Et la raison, Simpson?

— C'est qu'elles y trouvent une nourriture plus abondante.

— Vous êtes certain de ce fait?

— Oh! je l'ai expérimenté cent fois, monsieur Clawbonny, dans la mer de Baffin; je ne vois pas pourquoi il n'en serait pas de même dans la baie Melville.

— Vous devez avoir raison, Simpson.

— Et tenez, répondit celui-ci en se penchant au-dessus du bastingage, regardez, monsieur Clawbonny.

— Tiens, répondit le docteur, on dirait le sillage d'un navire!

— Eh bien, répondit Simpson, c'est une substance graisseuse que la baleine laisse après elle. Croyez-moi, l'animal qui l'a produite ne doit pas être loin! »

En effet, l'atmosphère était imprégnée d'une forte odeur de fraichin. Le docteur se prit donc à considérer attentivement la surface de la mer, et la prédiction du harponneur ne tarda pas à se vérifier. La voix de Foker se fit entendre au haut du mât.

« Une baleine, cria-t-il, sous le vent à nous! »

Tous les regards se portèrent dans la direction indiquée; une trombe peu élevée qui jaillissait de la mer fut aperçue à un mille du brick.

« La voilà! la voilà! s'écria Simpson que son expérience ne pouvait tromper.

— Elle a disparu, répondit le docteur.

— On saurait bien la retrouver, si cela était nécessaire, » dit Simpson avec un accent de regret.

Mais à son grand étonnement, et bien que personne n'eût osé le demander, Hatteras donna l'ordre d'armer la baleinière; il n'était pas fâché de procurer cette distraction à son équipage, et même de recueillir quelques barils d'huile. Cette permission de chasse fut donc accueillie avec satisfaction.

Quatre matelots prirent place dans la baleinière; Johnson, à l'arrière, fut chargé de la diriger; Simpson se tint à l'avant, le harpon à la main. On ne put empêcher le docteur de se joindre à l'expédition. La mer était assez calme. La baleinière déborda rapidement, et, dix minutes après, elle se trouvait à un mille du brick.

La baleine, munie d'une nouvelle provision d'air, avait plongé de nouveau; mais elle revint bientôt à la surface et lança à une quinzaine de pieds ce mélange de vapeurs et de mucosités qui s'échappe de ses évents.

« Là! là! » fit Simpson, en indiquant un point à huit cents yards de la chaloupe.

Celle-ci se dirigea rapidement vers l'animal; et le brick, l'ayant aperçu de son côté, se rapprocha en se tenant sous petite vapeur.

L'énorme cétacé paraissait et reparaissait au gré des vagues, montrant son dos noirâtre, semblable à un écueil échoué en pleine mer; une baleine ne nage pas vite, lorsqu'elle n'est pas poursuivie, et celle-ci se laissait bercer indolemment.

La chaloupe s'approchait silencieusement en suivant ces eaux vertes dont l'opacité empêchait l'animal de voir son ennemi. C'est un spectacle toujours émouvant que celui d'une barque fragile s'attaquant à ces monstres; celui-ci pouvait mesurer cent trente pieds environ, et il n'est pas rare de rencontrer entre le soixante-douzième et le quatre-vingtième degré des baleines dont la taille dépasse cent quatre-vingts pieds; d'anciens écrivains ont même parlé d'animaux longs de plus de sept cents pieds; mais il faut les ranger dans les espèces dites *d'imagination*.

Bientôt la chaloupe se trouva près de la baleine. Simpson fit un signe de la main, les rames s'arrêtèrent, et, brandissant son harpon, l'adroit marin le lança avec force; cet engin, armé de javelines barbelées, s'enfonça dans l'épaisse couche de graisse. La baleine blessée rejeta sa queue en arrière et plongea. Aussitôt les quatre avirons furent relevés perpendiculairement; la corde, attachée au harpon et disposée à l'avant se déroula avec une rapidité extrême, et la chaloupe fut entraînée, pendant que Johnson la dirigeait adroitement.

La baleine dans sa course s'éloignait du brick et s'avançait vers les ice-bergs en mouvement; pendant une demi-heure, elle fila ainsi ; il fallait mouiller la corde du harpon pour qu'elle ne prît pas feu par le frottement. Lorsque la vitesse de l'animal parut se ralentir, la corde fut retirée peu à peu et soigneusement roulée sur elle-même ; la baleine reparut bientôt à la surface de la mer qu'elle battait de sa queue formidable ; de véritables trombes d'eau soulevées par elle retombaient en pluie violente sur la chaloupe. Celle-ci se rapprocha rapidement ; Simpson avait saisi un longue lance, et s'apprêtait à combattre l'animal corps à corps.

Mais celui-ci prit à toute vitesse par une passe que deux montagnes de glace laissaient entre elles. La poursuivre devenait alors extrêmement dangereux.

« Diable, fit Johnson.

— En avant ! en avant ! Ferme, mes amis, s'écriait Simpson possédé de la furie de la chasse ; la baleine est à nous !

— Mais nous ne pouvons la suivre dans les ice-bergs, répondit Johnson en maintenant la chaloupe.

— Si ! si ! criait Simpson.

— Non, non, firent quelques matelots.

— Oui, » s'écriaient les autres.

Pendant la discussion, la baleine s'était engagée entre deux montagnes flottantes que la houle et le vent tendaient à réunir.

La chaloupe remorquée menaçait d'être entraînée dans cette passe dangereuse, quand Johnson s'élançant à l'avant, une hache à la main, coupa la corde.

Il était temps; les deux montagnes se rejoignaient avec une irrésistible puissance, écrasant entre elles le malheureux animal.

« Perdu ! s'écria Simpson.

— Sauvés ! répondit Johnson.

— Ma foi, fit le docteur qui n'avait pas sourcillé, cela valait la peine d'être vu ! »

La force d'écrasement de ces montagnes est énorme. La baleine venait d'être victime d'un accident souvent répété dans ces mers. Scoresby raconte que dans le cours d'un seul été trente baleiniers ont ainsi péri dans la baie de Baffin; il vit un trois-mâts aplati en une minute entre deux immenses murailles de glace, qui, se rapprochant avec une effroyable rapidité, le firent disparaître corps et biens. Deux autres navires, sous ses yeux, furent percés de part en part, comme à coups de lance, par des glaçons aigus de plus de cent pieds de longueur, qui se rejoignirent à travers les bordages.

Quelques instants après, la chaloupe accostait le brick, et reprenait sur le pont sa place accoutumée.

« C'est une leçon, dit Shandon à haute voix, pour les imprudents qui s'aventurent dans les passes ! »

CHAPITRE XX.

L'ÎLE BEECHEY.

Le 25 juin, *le Forward* arrivait en vue du cap Dundas, à l'extrémité nord-ouest de la terre du Prince de Galles. Là, les difficultés s'accrurent au milieu des glaces plus nombreuses. La mer se rétrécit en cet endroit, et la ligne des îles Crozier, Young, Day, Lowther, Garret, rangées comme des forts au-devant d'une rade, obligent les ice-streams à s'accumuler dans le détroit. Ce que le brick en toute autre circonstance eût fait en une journée lui prit du 25 au 30 juin ; il s'arrêtait, revenait sur ses pas, attendait l'occasion favorable pour ne pas manquer l'île Beechey, dépensant beaucoup de charbon, se contentant de modérer son feu pendant ses haltes, mais sans jamais l'éteindre, afin d'être en pression à toute heure de jour et de nuit.

Hatteras connaissait aussi bien que Shandon l'état de son approvisionnement ; mais, certain de trouver du combustible à l'île Beechey, il ne voulait pas perdre une minute par mesure d'économie ; il était fort retardé par suite de son détour dans le sud ; et, s'il avait pris la précaution de quitter l'Angleterre dès le mois d'avril, il ne se trouvait pas plus avancé maintenant que les expéditions précédentes à pareille époque.

Le 30, on releva le cap Walker, à l'extrémité nord-est de la terre du Prince de Galles ; c'est le point extrême que Kennedy et Bellot aperçurent le 3 mai 1852, après une excursion à travers tout le North-Sommerset. Déjà en 1851, le capitaine Ommaney, de l'expédition Austin, avait eu le bonheur de pouvoir y ravitailler son détachement.

Ce cap, fort élevé, est remarquable par sa couleur d'un rouge brun ; de là, dans les temps clairs, la vue peut s'étendre jusqu'à l'entrée du canal Wellington. Vers le soir, on vit le cap Bellot séparé du cap Walker par la baie de Mac-Leon. Le cap Bellot fut ainsi nommé en présence du jeune officier français, que l'expédition anglaise salua d'un triple hurrah. En cet endroit, la côte est faite d'une pierre calcaire jaunâtre, d'apparence très-rugueuse ; elle est défendue par d'énormes glaçons que les vents du nord y entassent de la façon la plus imposante. Elle fut bientôt perdue de vue par *le Forward,* qui s'ouvrit au travers des glaces mal cimentées un chemin vers l'île Beechey, en traversant le détroit de Barrow.

Hatteras, résolu à marcher en ligne droite, pour ne pas être entraîné au delà de l'île, ne quitta guère son poste pendant les jours suivants; il montait fréquemment dans les barres de perroquet pour choisir les passes avantageuses. Tout ce que peuvent faire l'habileté, le sang-froid, l'audace, le génie même d'un marin, il le fit pendant cette traversée du détroit. La chance, il est vrai, ne le favorisait guère, car à cette époque il eût dû trouver la mer à peu près libre. Mais enfin, en ne ménageant ni sa vapeur, ni son équipage, ni lui-même, il parvint à son but.

Le 3 juillet, à onze heures du matin, l'ice-master signala une terre dans le nord; son observation faite, Hatteras reconnut l'île Beechey, ce rendez-vous général des navigateurs arctiques. Là touchèrent presque tous les navires qui s'aventuraient dans ces mers. Là Franklin établit son premier hivernage, avant de s'enfoncer dans le détroit de Wellington. Là Creswell, le lieutenant de Mac-Clure, après avoir franchi quatre cent soixante-dix milles sur les glaces, rejoignit *le Phénix* et revint en Angleterre. Le dernier navire qui mouilla à l'île Beechey avant *le Forward* fut *le Fox*; Mac-Clintock s'y ravitailla, le 11 août 1855, et y répara les habitations et les magasins; il n'y avait pas deux ans de cela; Hatteras était au courant de ces détails.

Le cœur du maître d'équipage battait fort à la vue

de cette île; lorsqu'il la visita, il était alors quartier-maître à bord du *Phénix;* Hatteras l'interrogea sur la disposition de la côte, sur les facilités du mouillage, sur l'atterrissement possible; le temps se faisait magnifique; la température se maintenait à cinquante-sept degrés (+ 14° centig.).

« Eh bien, Johnson, demanda le capitaine, vous y reconnaissez-vous?

— Oui, capitaine, c'est bien l'île Beechey! Seulement, il nous faudra laisser porter un peu au nord; la côte y est plus accostable.

— Mais les habitations, les magasins? dit Hatteras.

— Oh! vous ne pourrez les voir qu'après avoir pris terre; ils sont abrités derrière ces monticules que vous apercevez là-bas.

— Et vous y avez transporté des provisions considérables?

— Considérables, capitaine. Ce fut ici que l'Amirauté nous envoya en 1853, sous le commandement du capitaine Inglefield, avec le steamer *le Phénix* et un transport chargé de provisions, *le Breadalbane;* nous apportions de quoi ravitailler une expédition tout entière.

— Mais le commandant du *Fox* a largement puisé à ces provisions en 1855, dit Hatteras.

— Soyez tranquille, capitaine, répliqua Johnson, il en restera pour vous; le froid conserve merveilleusement, et nous trouverons tout cela frais et en bon état comme au premier jour.

— Les vivres ne me préoccupent pas, répondit Hatteras ; j'en ai pour plusieurs années ; ce qu'il me faut, c'est du charbon.

— Eh bien, capitaine, nous en avons laissé plus de mille tonneaux ; ainsi vous pouvez être tranquille.

— Approchons-nous, reprit Hatteras, qui, sa lunette a la main, ne cessait d'observer la côte.

— Vous voyez cette pointe, reprit Johnson ; quand nous l'aurons doublée, nous serons bien près de notre mouillage. Oui, c'est bien de cet endroit que nous sommes partis pour l'Angleterre avec le lieutenant Creswell et les douze malades de *l'Investigator*. Mais si nous avons eu le bonheur de rapatrier le lieutenant du capitaine Mac-Clure, l'officier Bellot, qui nous accompagnait sur *le Phénix*, n'a jamais revu son pays ! Ah ! c'est là un triste souvenir. Mais, capitaine, je pense que nous devons mouiller ici-même.

— Bien, » répondit Hatteras.

Et il donna ses ordres en conséquence. *Le Forward* se trouvait dans une petite baie naturellement abritée contre les vents du nord, de l'est et du sud, et à une encâblure de la côte environ.

« Monsieur Wall, dit Hatteras, vous ferez préparer la chaloupe, et vous l'enverrez avec six hommes pour transporter le charbon à bord.

— Oui, capitaine, répondit Wall.

— Je vais me rendre à terre dans la pirogue avec le docteur et le maître d'équipage. Monsieur Shandon, vous voudrez bien nous accompagner?

— A vos ordres, » répondit Shandon.

Quelques instants après, le docteur, muni de son attirail de chasseur et de savant, prenait place dans la pirogue avec ses compagnons; dix minutes plus tard, ils débarquaient sur une côte assez basse et rocailleuse.

« Guidez-nous, Johnson, dit Hatteras. Vous y retrouvez-vous?

— Parfaitement, capitaine; seulement, voici un monument que je ne m'attendais pas à rencontrer en cet endroit !

— Cela ! s'écria le docteur, je sais ce que c'est ; approchons-nous ; cette pierre va nous dire elle-même ce qu'elle est venue faire jusqu'ici. »

Les quatre hommes s'avancèrent, et le docteur dit en se découvrant :

« Ceci, mes amis, est un monument élevé à la mémoire de Franklin et de ses compagnons. »

En effet, lady Franklin, ayant remis en 1855 une table de marbre noir au docteur Kane, en confia une seconde en 1858 à Mac-Clintock, pour être déposée à l'île Beechey. Mac-Clintock s'acquitta religieusement de ce devoir, et il plaça cette table non loin d'une stèle funéraire érigée déjà à la mémoire de Bellot par les soins de sir John Barrow.

Cette table portait l'inscription suivante :

A la mémoire de
FRANKLIN,
CROZIER, FITZJAMES,
et de tous leurs vaillants frères
officiers et fidèles compagnons qui ont souffert et péri
pour la cause de la science et pour la gloire de leur patrie.
Cette pierre
est érigée près du lieu où ils ont passé
leur premier hiver arctique
et d'où ils sont partis pour triompher des obstacles
ou pour mourir.
Elle consacre le souvenir de leurs compatriotes et amis
qui les admirent,
et de l'angoisse maîtrisée par la foi
de celle qui a perdu dans le chef de l'expédition
le plus dévoué et le plus affectionné des époux.

C'est ainsi qu'il les conduisit
au port suprême où tous reposent.
1855.

Cette pierre, sur une côte perdue de ces régions lointaines, parlait douloureusement au cœur; le docteur, en présence de ces regrets touchants, sentit les larmes venir à ses yeux. A la place même où Franklin et ses compagnons passèrent, pleins d'énergie et d'espoir, il ne restait plus qu'un morceau de marbre pour souvenir; et malgré ce sombre avertissement de la destinée, le *Forward* allait s'élancer sur la route de *l'Erebus* et du *Terror*.

Hatteras s'arracha le premier à cette pénible contemplation, et gravit rapidement un monticule assez élevé et presque entièrement dépourvu de neige.

« Capitaine, lui dit Johnson en le suivant, de là nous apercevrons les magasins. »

Shandon et le docteur les rejoignirent au moment où ils atteignaient le sommet de la colline.

Mais, de là, leurs regards se perdirent sur de vastes plaines qui n'offraient aucun vestige d'habitation.

« Voilà qui est singulier, dit le maître d'équipage.
— Eh bien ! et ces magasins ? dit vivement Hatteras.
— Je ne sais... je ne vois... balbutia Johnson.
— Vous vous serez trompés de route, dit le docteur.
— Il me semble pourtant, reprit Johnson en réfléchissant, qu'à cet endroit même...
— Enfin, dit impatiemment Hatteras, où devons-nous aller ?
— Descendons, fit le maître d'équipage, car il est possible que je me trompe ! depuis sept ans, je puis avoir perdu la mémoire de ces localités !
— Surtout, répondit le docteur, quand le pays est d'une uniformité si monotone.
— Et cependant... » murmura Johnson.

Shandon n'avait pas fait une observation. Au bout de quelques minutes de marche, Johnson s'arrêta.

« Mais non, s'écria-t-il, non, je ne me trompe pas!

— Eh bien? dit Hatteras en regardant autour de lui.

— Qui vous fait parler ainsi, Johnson? demanda le docteur.

— Voyez-vous ce renflement du sol? dit le maître d'équipage en indiquant sous ses pieds une sorte d'extumescence dans laquelle trois saillies se distinguaient parfaitement.

— Qu'en concluez-vous? demanda le docteur.

— Ce sont-là, répondit Johnson, les trois tombes des marins de Franklin! J'en suis sûr! je ne me suis pas trompé, et à cent pas de nous devraient se trouver les habitations, et si elles n'y sont pas... c'est que... »

Il n'osa pas achever sa pensée; Hatteras s'était précipité en avant, et un violent mouvement de désespoir s'empara de lui. Là avaient dû s'élever en effet ces magasins tant désirés, avec ces approvisionnements de toutes sortes sur lesquels il comptait; mais la ruine, le pillage, le bouleversement, la destruction avaient passé là où des mains civilisées créèrent d'immenses ressources pour les navigateurs épuisés. Qui s'était livré à ces déprédations? Les animaux de ces contrées, les loups, les renards, les ours? Non, car ils n'eussent détruit que les vivres, et il ne restait pas un lambeau de tente, pas une pièce de bois, pas un morceau de fer, pas une parcelle d'un métal quelconque, et, circonstance plus terrible pour les gens du *Forward*, pas un fragment de combustible!

Évidemment les Esquimaux, qui ont été souvent en relation avec les navires européens, ont fini par apprendre la valeur de ces objets dont ils sont complétemen: dépourvus ; depuis le passage du *Fox,* ils étaient venus et revenus à ce lieu d'abondance, prenant et pillant sans cesse, avec l'intention bien raisonnée de ne laisser aucune trace de ce qui avait été ; et maintenant, un long rideau de neige à demi fondue recouvrait le sol !

Hatteras était confondu. Le docteur regardait en secouant la tête. Shandon se taisait toujours, et un observateur attentif eût surpris un méchant sourire sur ses lèvres.

En ce moment, les hommes envoyés par le lieutenant Wall arrivèrent. Ils comprirent tout. Shandon s'avança vers le capitaine et lui dit :

« Monsieur Hatteras, il me semble inutile de se désespérer ; nous sommes heureusement à l'entrée du détroit de Barrow, qui nous ramènera à la mer de Baffin !

— Monsieur Shandon, répondit Hatteras, nous sommes heureusement à l'entrée du détroit de Wellington, et il nous conduira au nord !

— Et comment naviguerons-nous, capitaine ?

— A la voile, monsieur ! Nous avons encore pour deux mois de combustible, et c'est plus qu'il ne nous en faut pendant notre prochain hivernage.

— Vous me permettrez de vous dire, reprit Shandon...

« — Je vous permettrai de me suivre à mon bord, monsieur, » répondit Hatteras.

Et tournant le dos à son second, il revint vers le brick, et s'enferma dans sa cabine.

Pendant deux jours, le vent fut contraire; le capitaine ne reparut pas sur le pont. Le docteur mit à profit ce séjour forcé en parcourant l'île Beechey; il recueillit les quelques plantes qu'une température relativement élevée laissait croître çà et là sur les rocs dépourvus de neige, quelques bruyères, des lichens peu variés, une espèce de renoncule jaune, une sorte de plante semblable à l'oseille, avec des feuilles larges de quelques lignes au plus, et des saxifrages assez vigoureux.

La faune de cette contrée était supérieure à cette flore si restreinte; le docteur aperçut de longues troupes d'oies et de grues qui s'enfonçaient dans le nord; les perdrix, les eider-ducks d'un bleu noir, les chevaliers, sorte d'échassiers de la classe des scolopax, des northern-divers, plongeurs au corps très-long, de nombreux ptarmites, espèce de gelinottes fort bonnes à manger, les dovekies avec le corps noir, les ailes tachetées de blanc, les pattes et le bec rouges comme du corail, les bandes criardes de kitty-wakes, et les gros loons au ventre blanc, représentaient dignement l'ordre des oiseaux. Le docteur fut assez heureux pour tuer quelques lièvres gris qui n'avaient pas encore revêtu leur blanche fourrure d'hiver, et un renard bleu que Duk força avec un remarquable talent.

Quelques ours, habitués évidemment à redouter la présence de l'homme, ne se laissèrent pas approcher, et les phoques étaient extrêmement fuyards, par la même raison sans doute que leurs ennemis les ours. La baie regorgeait d'une sorte de buccin fort agréable à déguster. La classe des animaux articulés, ordre des diptères, famille des culicides, division des nemocères, fut représentée par un simple moustique, un seul, dont le docteur eut la joie de s'emparer après avoir subi ses morsures. En qualité de conchyliologue, il fut moins favorisé, et il dut se borner à recueillir une sorte de moule et quelques coquilles bivalves.

CHAPITRE XXI.

LA MORT DE BELLOT.

La température, pendant les journées du 3 et du 4 juillet, se maintint à cinquante-sept degrés (+ 14° centig.); ce fut le plus haut point thermométrique observé pendant cette campagne. Mais le jeudi 5, le vent passa dans le sud-est, et fut accompagné de violents tourbillons de neige. Le thermomètre tomba dans la nuit précédente de vingt-trois degrés. Hatteras, sans se préoccuper des mauvaises dispositions de l'équipage, donna l'ordre d'appareiller. Depuis treize jours, c'est-à-dire depuis le cap Dundas, *le Forward* n'avait pu gagner un nouveau degré dans le nord; aussi le parti représenté par Clifton n'était pas satisfait; ses désirs, il est vrai, se trouvèrent d'accord en ce moment avec la résolution du capitaine de s'élever dans le canal Wellington, et il ne fit pas de difficultés pour manœuvrer.

Le brick ne parvint pas sans peine à mettre à la voile; mais, ayant établi dans la nuit sa misaine, ses huniers et ses perroquets, Hatteras s'avança hardiment au milieu des trains de glace que le courant entraînait vers le sud. L'équipage se fatigua beaucoup dans cette navigation sinueuse, qui l'obligeait souvent à contrebrasser la voilure.

Le canal Wellington n'a pas une très-grande largeur; il est resserré entre la côte du Devon septentrional à l'est, et l'île Cornvallis à l'ouest; cette île passa longtemps pour une presqu'île. Ce fut sir John Franklin qui la contourna, en 1846, par sa côte occidentale, en revenant de sa pointe au nord du canal.

L'exploration du canal Wellington fut faite, en 1851, par le capitaine Penny, sur les baleiniers *lady Franklin* et *Sophie;* l'un de ses lieutenants, Stewart, parvenu au cap Beecher, par 76° 20′ de latitude, découvrit la mer libre. La mer libre! Voilà ce qu'espérait Hatteras.

« Ce que Stewart a trouvé, je le trouverai, dit-il u docteur, et alors je pourrai naviguer à la voile vers e pôle.

— Mais, répondit le docteur, ne craignez-vous pas ue votre équipage...

— Mon équipage!... » dit durement Hatteras.

Puis, à voix basse.

« Pauvres gens! » murmura-t-il au grand étonnement du docteur.

C'était le premier sentiment de cette nature que celui-ci surprenait dans le cœur du capitaine.

« Mais non, reprit ce dernier avec énergie, il faut qu'ils me suivent! ils me suivront! »

Cependant, si *le Forward* n'avait pas à craindre la collision des ice-streams encore espacés, il gagnait peu dans le nord, car les vents contraires l'obligèrent souvent à s'arrêter. Il dépassa péniblement les caps Spencer et Innis, et, le 10, le mardi, le soixante-quinzième degré de latitude fut enfin franchi, à la grande joie de Clifton.

Le Forvard se trouvait à l'endroit même où les vaisseaux américains *le Rescue* et *l'Advance*, commandés par le capitaine de Haven, coururent de si terribles dangers. Le docteur Kane faisait partie de cette expédition; vers la fin de septembre 1850, ces navires, enveloppés par une banquise, furent rejetés avec une puissance irrésistible dans le détroit de Lancastre.

Ce fut Shandon qui raconta cette catastrophe à

James Wall devant quelques-uns des hommes du brick.

« *L'Advance* et *le Rescue,* leur dit-il, furent tellement secoués, enlevés, ballottés par les glaces, qu'on dut renoncer à conserver du feu à bord ; et cependant la température tomba jusqu'à dix-huit degrés au-dessous de zéro ! Pendant l'hiver tout entier, les malheureux équipages furent retenus prisonniers dans la banquise, toujours préparés à l'abandon de leur navire, et pendant trois semaines ils n'ôtèrent même pas leurs habits ! Ce fut dans cette situation épouvantable, qu'après une dérive de mille milles [1], ils furent drossés jusque dans le milieu de la mer de Baffin ! »

On peut juger de l'effet produit par ces récits sur le moral d'un équipage déjà mal disposé.

Pendant cette conversation, Johnson s'entretenait avec le docteur d'un événement dont ces parages avaient été le théâtre ; le docteur, suivant sa demande, le prévint du moment précis auquel le brick se trouvait par 75° 30′ de latitude.

« C'est là ! c'est bien là ! s'écria Johnson ; voilà cette terre funeste ! »

Et, en parlant ainsi, les larmes venaient aux yeux du digne maître d'équipage.

« Vous voulez parler de la mort du lieutenant Bellot, lui dit le docteur.

1. Plus de 400 lieues.

— Oui, monsieur Clawbonny, de ce brave officier de tant de cœur et de tant de courage !

— Et c'est ici, dites-vous, que cette catastrophe eut lieu ?

— Ici-même, sur cette partie de la côte du North-Devon ! Oh ! il y a eu dans tout cela une très-grande fatalité, et ce malheur ne serait pas arrivé, si le capitaine Pullen fût revenu plus tôt à son bord !

— Que voulez-vous dire ? Johnson.

— Écoutez-moi, monsieur Clawbonny, et vous verrez à quoi tient souvent l'existence. Vous savez que le lieutenant Bellot fit une première campagne à la recherche de Franklin, en 1850 ?

— Oui, Johnson, sur *le Prince-Albert*.

— Eh bien, en 1853, de retour en France, il obtint la permission d'embarquer sur *le Phénix*, à bord duquel je me trouvais en qualité de matelot, sous le capitaine Inglefield. Nous venions, avec *le Breadalbane*, transporter des approvisionnements à l'île Beechey.

— Ceux-là qui nous ont si malheureusement fait défaut !

— C'est cela même, monsieur Clawbonny. Nous arrivâmes à l'île Beechey au commencement d'août ; le 10 de ce mois, le capitaine Inglefield quitta *le Phénix* pour rejoindre le capitaine Pullen, séparé depuis un mois de son navire *le North-Star*. A son retour, il comptait expédier à sir Edward Belcher, qui hivernait dans le canal de Wellington, les dépêches de l'Amirauté. Or, peu après le départ de notre capitaine, le commandant Pullen regagna son bord. Que n'y est-il revenu avant le départ du capitaine Inglefield! Le lieutenant Bellot, craignant que l'absence de notre capitaine ne se prolongeât, et sachant que les dépêches de l'Amirauté étaient pressées, offrit de les porter lui-même. Il laissa le commandement des deux navires au capitaine Pullen, et partit le 12 août avec un traîneau et un canot en caoutchouc. Il emmenait avec lui Harvey, le quartier-maître du *North-Star*, trois matelots, Madden, David Hook, et moi. Nous supposions que sir Edward Belcher devait se trouver aux environs du cap Beecher, au nord du canal; nous nous dirigeâmes donc de ce côté, dans notre traîneau, en serrant de près les rivages de l'est. Le premier jour, nous campâmes à trois milles du cap Innis; le lendemain, nous nous arrêtions sur un glaçon, à trois milles à peu près du cap Bowden. Pendant la nuit, claire d'ailleurs comme le jour, la terre étant à trois milles, le lieutenant Bellot résolut d'y aller camper; il essaya de s'y rendre dans le canot de caoutchouc; deux fois une violente brise du sud-est le repoussa; à leur tour, Harvey et Madden tentèrent le passage et furent plus heureux; ils s'étaient munis d'une corde, et ils établirent une communication entre le traîneau et la côte; trois objets furent transportés au moyen de cette corde; mais à une quatrième tentative, nous sentîmes notre glaçon se mettre en mouvement; monsieur Bellot cria à ses compagnons de lâcher la corde, et nous fûmes entraînés, le lieutenant, David Hook et moi, à une grande distance de la côte. En ce moment, le vent soufflait avec force du sud-est, et il neigeait. Mais nous ne courions pas encore de grands dangers, et il pouvait bien en revenir, puisque nous en sommes revenus, nous autres ! »

Johnson s'interrompit un instant en considérant cette côte fatale, puis il reprit :

« Après avoir perdu de vue nos compagnons, nous essayâmes d'abord de nous abriter sous la tente de notre traîneau, mais en vain ; alors avec nos couteaux nous commençâmes à nous tailler une maison dans la glace. Monsieur Bellot s'assit une demi-heure, et s'entretint avec nous sur le danger de notre situation ; je lui dis que je n'avais pas peur. « Avec la protection de Dieu, nous répondit-il, pas un cheveu ne tombera de notre tête. » Je lui demandai alors quelle heure il était ; il répondit : « Environ six heures et quart. » C'était six heures et quart du matin, le jeudi 18 août. Alors monsieur Bellot attacha ses livres et dit qu'il voulait aller voir comment la glace flottait ; il était parti depuis quatre minutes seulement, quand j'allai, pour le chercher, faire le tour du même glaçon sur lequel nous étions abrités ; mais je ne pus le voir, et, en retournant à notre retraite, j'aperçus son bâton du côté opposé d'une crevasse d'environ cinq toises de large, où la glace était toute cassée. J'appelai alors, mais sans réponse. A cet instant le vent soufflait très-fort. Je cherchai encore autour du glaçon, mais je ne pus découvrir aucune trace du pauvre lieutenant.

— Et que supposez-vous? demanda le docteur ému de ce récit.

— Je suppose que quand monsieur Bellot sortit de la cachette, le vent l'emporta dans la crevasse, et, son paletot étant boutonné, il ne put nager pour revenir à la surface! Oh! monsieur Clawbonny, j'éprouvai là le plus grand chagrin de ma vie! Je ne voulais pas le croire! Ce brave officier, victime de son dévouement! car sachez que c'est pour obéir aux instructions du capitaine Pullen qu'il a voulu rejoindre la terre, avant cette débâcle! Brave jeune homme, aimé de tout le monde à bord, serviable, courageux! il a été pleuré de toute l'Angleterre, et il n'est pas jusqu'aux Esquimaux eux-mêmes qui, apprenant du capitaine Inglefield, à son retour à la baie de Pound, la mort du bon lieutenant, ne s'écrièrent en pleurant comme je le fais ici : pauvre Bellot! pauvre Bellot!

— Mais votre compagnon, et vous, Johnson, demanda le docteur attendri par cette narration touchante, comment parvîntes-vous à regagner la terre?

— Nous, monsieur, c'était peu de chose; nous restâmes encore vingt-quatre heures sur le glaçon, sans aliments et sans feu; mais nous finîmes par rencontrer un champ de glace échoué sur un bas-fond; nous y sautâmes, et, à l'aide d'un aviron qui nous restait, nous accrochâmes un glaçon capable de nous porter et d'être manœuvré comme un radeau. C'est ainsi que nous avons gagné le rivage, mais seuls, et sans notre brave officier ! »

A la fin de ce récit, *le Forward* avait dépassé cette côte funeste, et Johnson perdit de vue le lieu de cette terrible catastrophe. Le lendemain, on laissait la baie Griffin sur tribord, et, deux jours après, les caps Grinnel et Helpman ; enfin, le 14 juillet, on doubla la pointe Osborn, et, le 15, le brick mouilla dans la baie Baring, à l'extrémité du canal. La navigation n'avait pas été très-difficile ; Hatteras rencontra une mer presque aussi libre que celle dont Belcher profita pour aller hiverner avec *le Pionnier* et *l'Assistance* jusqu'auprès du soixante dix-septième degré. Ce fut de 1852 à 1853, pendant son premier hivernage, car, l'année suivante, il passa l'hiver de 1853 à 1854 à cette baie Baring où *le Forward* mouillait en ce moment.

Ce fut même à la suite des épreuves et des dangers les plus effrayants qu'il dut abandonner son navire *l'Assistance* au milieu de ces glaces éternelles.

Shandon se fit aussi le narrateur de cette catastrophe devant les matelots démoralisés. Hatteras connut-il ou non cette trahison de son premier officier ? Il est impossible de le dire ; en tout cas, il se tut à cet égard.

A la hauteur de la baie Baring se trouve un étroit chenal qui fait communiquer le canal Wellington avec le canal de la Reine. Là, les trains de glace se trouvèrent fort pressés. Hatteras fit de vains efforts pour franchir les passes du nord de l'île Hamilton ; le vent s'y opposait; il fallait donc se glisser entre l'île Hamilton et l'île Cornwallis; on perdit là cinq jours précieux en efforts inutiles. La température tendait à s'abaisser, et tomba même, le 19 juillet, à vingt-six degrés (— 4° centigr.); elle se releva le jour suivant; mais cette menace anticipée de l'hiver arctique devait engager Hatteras à ne pas attendre davantage. Le vent avait une tendance à se tenir dans l'ouest et s'opposait à la marche de son navire. Et cependant, il avait hâte de gagner le point où Stewart se trouva en présence d'une mer libre. Le 19, il résolut de s'avancer à tout prix dans le chenal; le vent soufflait debout au brick, qui, avec son hélice, eût pu lutter contre ces violentes rafales chargées de neige, mais Hatteras devait avant tout ménager son combustible; d'un autre côté, la passe était trop large pour permettre de haler sur le brick. Hatteras, sans tenir compte des fatigues de l'équipage, recourut à un moyen que les baleiniers emploient parfois dans des circonstances identiques. Il fit amener les embarcations à fleur d'eau, tout en les maintenant suspendues à leurs palans sur les flancs du navire; ces embarcations étant solidement amarrées de l'avant et de l'arrière, les avirons furent armés sur tribord des unes et sur bâbord des autres; les hommes, à tour de rôle, prirent place à leurs bancs de rameurs, et durent nager[1] vigoureusement de manière à pousser le brick contre le vent.

1. Ramer.

Le *Forward* s'avança lentement dans le chenal ; on comprend ce que furent les fatigues provoquées par ce genre de travaux ; les murmures se firent entendre. Pendant quatre jours, on navigua de la sorte jusqu'au 23 juin, où l'on parvint à atteindre l'île Baring dans le canal de la Reine.

Le vent restait contraire. L'équipage n'en pouvait plus. La santé des hommes parut fort ébranlée au docteur, et il crut voir chez quelques-uns les premiers symptômes du scorbut ; il ne négligea rien pour combattre ce mal terrible, ayant à sa disposition d'abondantes réserves de lime-juice et de pastilles de chaux.

Hatteras comprit bien qu'il ne fallait plus compter sur son équipage ; la douceur, la persuasion fussent demeurées sans effet ; il résolut donc de lutter par la sévérité, et de se montrer impitoyable à l'occasion ; il se défiait particulièrement de Richard Shandon, et même de James Wall, qui cependant n'osait parler trop haut. Hatteras avait pour lui le docteur, Jonhson, Bell, Simpson ; ces gens lui étaient dévoués corps et âme ; parmi les indécis, il notait Foker, Bolton, Wolsten, l'armurier, Brunton, le premier ingénieur, qui pouvaient à un moment donné se tourner contre lui ; quant aux autres, Pen, Gripper, Clifton, Waren, ils méditaient ouvertement leurs projets de révolte ; ils voulaient entraîner leurs camarades et forcer le *Forward* à revenir en Angleterre.

Hatteras vit bien qu'il ne pourrait plus obtenir de

cet équipage mal disposé, et surtout épuisé de fatigue, la continuation des manœuvres précédentes. Pendant vingt-quatre heures, il resta en vue de l'île Baring sans faire un pas en avant. Cependant la température s'abaissait, et le mois de juillet sous ces hautes latitudes se ressentait déjà de l'influence du prochain hiver. Le 24, le thermomètre tomba à vingt-deux degrés (— 6° centigr.). La *young-ice*, la glace nouvelle, se reformait pendant la nuit, et acquérait six à huit lignes d'épaisseur ; s'il neigeait par-dessus, elle pouvait devenir bientôt assez forte pour supporter le poids d'un homme. La mer prenait déjà cette teinte sale qui annonce la formation des premiers cristaux.

Hatteras ne se méprenait pas à ces symptômes alarmants ; si les passes venaient à se boucher, il serait forcé d'hiverner en cet endroit, loin du but de son voyage, et sans même avoir entrevu cette mer libre dont il devait être si rapproché, suivant les rapports de ses devanciers. Il résolut donc, coûte que coûte, de se porter en avant et de gagner quelques degrés dans le nord ; voyant qu'il ne pouvait employer ni les avirons avec un équipage à bout de forces, ni les voiles avec un vent toujours contraire, il donna l'ordre d'allumer les fourneaux.

CHAPITRE XXII.

COMMENCEMENT DE RÉVOLTE.

A ce commandement inattendu, la surprise fut grande à bord du *Forward*.

« Allumer les fourneaux ! dirent les uns.

— Et avec quoi? dirent les autres.

— Quand nous n'avons plus que deux mois de charbon dans le ventre ! s'écria Pen.

— Et comment nous chaufferons-nous, l'hiver? demanda Clifton.

— Il nous faudra donc, reprit Gripper, brûler le navire jusqu'à sa ligne de flottaison?

— Et bourrer le poêle avec les mâts, répondit Waren, depuis le petit perroquet jusqu'au bout-dehors de beaupré? »

Shandon regardait fixement Wall. Les ingénieurs stupéfaits hésitaient à descendre dans la chambre de la machine.

« M'avez-vous entendu? » s'écria le capitaine d'une voix irritée.

Brunton se dirigea vers l'écoutille; mais au moment de descendre, il s'arrêta.

« N'y va pas, Brunton, dit une voix.

— Qui a parlé? s'écria Hatteras.

— Moi! fit Pen, en s'avançant vers le capitaine.

— Et vous dites?... demanda celui-ci.

— Je dis..., je dis, répondit Pen en jurant, je dis que nous en avons assez, que nous n'irons pas plus loin, que nous ne voulons pas crever de fatigue et de froid pendant l'hiver, et qu'on n'allumera pas les fourneaux!

— Monsieur Shandon, répondit froidement Hatteras, faites mettre cet homme aux fers.

— Mais, capitaine, répondit Shandon, ce que cet homme a dit...

— Ce que cet homme a dit, répliqua Hatteras, si vous le répétez, vous, je vous fais enfermer dans votre cabine et garder à vue! — Que l'on saisisse cet homme! m'entend-on? »

Johnson, Bell, Simpson se dirigèrent vers le matelot que la colère mettait hors de lui.

« Le premier qui me touche!... » s'écria-t-il, en saisissant un anspect qu'il brandit au-dessus de sa tête.

Hatteras s'avança vers lui.

« Pen, dit-il d'une voix presque tranquille, un geste de plus, et je te brûle la cervelle! »

En parlant de la sorte, il arma un revolver et le dirigea sur le matelot.

Un murmure se fit entendre.

« Pas un mot, vous autres, dit Hatteras, ou cet homme tombe mort. »

En ce moment, Johnson et Bell désarmèrent Pen, qui ne résista plus et se laissa conduire à fond de cale.

« Allez, Brunton, » dit Hatteras.

L'ingénieur, suivi de Plover et de Waren, descendit à son poste. Hatteras revint sur la dunette.

« Ce Pen est un misérable, lui dit le docteur.

— Jamais homme n'a été plus près de la mort, » répondit simplement le capitaine.

Bientôt la vapeur eut acquis une pression suffisante : les ancres du *Forward* furent levées ; celui-ci, coupant vers l'est, mit le cap sur la pointe Becher, et trancha de son étrave les jeunes glaces déjà formées.

On rencontre entre l'île Baring et la pointe Becher un assez grand nombre d'îles, échouées pour ainsi dire au milieu des ice-fields ; les streams se pressaient en grand nombre dans les petits détroits dont cette partie de la mer est sillonnée ; ils tendaient à s'agglomérer sous l'influence d'une température relativement basse ; des hummocks se formaient çà et là, et l'on sentait que ces glaçons déjà plus compactes, plus denses, plus serrés, feraient bientôt avec l'aide des premières gelées une masse impénétrable.

Le Forward chenalait donc, non sans une extrême difficulté, au milieu des tourbillons de neige. Cependant, avec la mobilité qui caractérise l'atmosphère de ces régions, le soleil reparaissait de temps à autre ; la température remontait de quelques degrés; les obstacles se fondaient comme par enchantement, et une belle nappe d'eau, charmante à contempler, s'étendait là où naguère les glaçons hérissaient toutes les passes. L'horizon revêtait de magnifiques teintes orangées sur lesquelles l'œil se reposait complaisamment de l'éternelle blancheur des neiges. —

Le jeudi, 26 juillet, le *Forward* rasa l'île Dundas, et mit ensuite le cap plus au nord; mais alors il se trouva face à face avec une banquise, haute de huit à neuf pieds et formée de petits ice-bergs arrachés à la côte; il fut obligé d'en prolonger longtemps la courbure dans l'ouest. Le craquement ininterrompu des glaces, se joignant aux gémissements du navire, formait un bruit triste qui tenait du soupir et de la plainte. Enfin le brick trouva une passe et s'y avança péniblement; souvent un glaçon énorme paralysait sa course pendant de longues heures; le brouillard gênait la vue du pilote; tant que l'on voit à un mille en avant, on peut parer facilement les obstacles; mais au milieu de ces tourbillons embrumés, la vue s'arrêtait souvent à moins d'une encâblure. La houle très-forte fatiguait.

Parfois, les nuages lisses et polis prenaient un aspect particulier, comme s'ils eussent réfléchi les bancs de glace; il y eut des jours où les rayons jaunâtres du soleil ne parvinrent pas à franchir la brume tenace.

Les oiseaux étaient encore fort nombreux, et leurs cris assourdissants; des phoques, paresseusement couchés sur les glaçons en dérive, levaient leur tête peu effrayée et agitaient leurs longs cous au passage du navire; celui-ci, en rasant leur demeure flottante, y laissa plus d'une fois des feuilles de son doublage roulées par le frottement.

Enfin, après six jours de cette lente navigation, le 1er août, la pointe Becher fut relevée dans le nord; Hatteras passa ces dernières heures dans les barres de perroquet; la mer libre entrevue par Stewart, le 30 mai 1851, vers 76° 20′ de latitude, ne pouvait être éloignée, et cependant, si loin qu'Hatteras promenât ses regards, il n'aperçut aucun indice d'un bassin polaire dégagé de glaces. Il redescendit sans mot dire.

« Est-ce que vous croyez à cette mer libre? demanda Shandon au lieutenant.

— Je commence à en douter, répondit James Wall.

— N'avais-je donc pas raison de traiter cette prétendue découverte de chimère et d'hypothèse? Et l'on n'a pas voulu me croire, et vous même, Wall, vous avez pris parti contre moi !

— On vous croira désormais, Shandon.

— Oui, répondit ce dernier, quand il sera trop tard. »

Et il rentra dans sa cabine, où il se tenait presque toujours renfermé depuis sa discussion avec le capitaine.

Le vent retomba dans le sud vers le soir. Hatteras fit alors établir sa voilure et éteindre ses feux; pendant plusieurs jours, les plus pénibles manœuvres furent reprises par l'équipage; à chaque instant, il fallait ou lofer ou laisser arriver, ou masquer brusquement les voiles pour enrayer la marche du brick ; les bras des vergues déjà roidis par le froid couraient mal dans les poulies engorgées, et ajoutaient encore à la fatigue; il fallut plus d'une semaine pour atteindre la pointe Barrow. *Le Forward* n'avait pas gagné trente milles en dix jours.

Là, le vent sauta de nouveau dans le nord, et l'hélice fut remise en mouvement. Hatteras espérait encore trouver une mer affranchie d'obstacles, au delà du soixante-dix-septième parallèle, telle que la vit Edward Belcher.

Et cependant, s'il s'en rapportait aux récits de Penny, cette partie de mer qu'il traversait en ce moment aurait dû être libre, car, Penny, arrivé à la limite des glaces, reconnut en canot les bords du canal de la Reine jusqu'au soixante-dix-septième degré.

Devait-il donc regarder ces relations comme apocryphes? ou bien un hiver précoce venait-il s'abattre sur ces régions boréales?

Le 15 août, le mont Percy dressa dans la brume ses pics couverts de neiges éternelles; le vent très-violent brassait devant lui une mitraille de grésil qui crépitait avec bruit. Le lendemain, le soleil se coucha pour la première fois, terminant enfin la longue série des jours de vingt-quatre heures. Les hommes avaient fini par s'habituer à cette clarté incessante; mais les animaux en ressentaient peu l'influence; les chiens groënlandais se couchaient à l'heure habituelle, et Duk lui-même s'endormait régulièrement chaque soir, comme si les ténèbres eussent envahi l'horizon.

Cependant, pendant les nuits qui suivirent le 16 août, l'obscurité ne fut jamais profonde; le soleil, quoique couché, donnait encore une lumière suffisante par réfraction.

Le 19 août, après une assez bonne observation, on releva le cap Franklin sur la côte orientale, et sur la côte occidentale, le cap lady Franklin; ainsi, au point extrême atteint sans doute par ce hardi navigateur, la reconnaissance de ses compatriotes voulut que le nom de sa femme si dévouée fît face à son propre nom, emblème touchant de l'étroite sympathie qui les unit toujours!

Le docteur fut ému de ce rapprochement, de cette union morale entre deux pointes de terre au sein de ces contrées lointaines.

Le docteur, suivant les conseil de Johnson, s'accoutumait déjà à supporter les basses températures; il demeurait presque sans cesse sur le pont, bravant le froid le vent et la neige. Sa constitution, bien qu'il eût un peu maigri, ne souffrait pas des atteintes de ce rude climat. D'ailleurs, il s'attendait à d'autres périls, et constatait avec gaieté même les symptômes précurseurs de l'hiver.

« Voyez, dit-il un jour à Johnson, voyez ces bandes d'oiseaux qui émigrent vers le sud! Comme ils s'enfuient à tire-d'aile en poussant leurs cris d'adieu!

— Oui, monsieur Clawbonny, répondit Johnson; quelque chose leur a dit qu'il fallait partir, et ils se sont mis en route.

— Plus d'un des nôtres, Johnson, serait, je crois, tenté de les imiter!

— Ce sont des cœurs faibles, monsieur Clawbonny; que diable! ce qu'un oiseau ne peut faire, un homme doit le tenter! ces animaux-là n'ont pas un approvisionnement de nourriture comme nous, et il faut bien qu'ils aillent chercher leur existence ailleurs! Mais des marins, avec un bon navire sous les pieds, doivent aller au bout du monde.

— Vous espérez donc qu'Hatteras réussira dans ses projets?

— Il réussira, monsieur Clawbonny.

— Je le pense comme vous, Johnson, et dût-il, pour le suivre, ne conserver qu'un seul compagnon fidèle...

— Nous serions deux!

— Oui, Johnson, » répondit ce dernier en serrant la main du brave matelot.

La terre du Prince-Albert, que *le Forward* prolongeait en ce moment, porte aussi le nom de terre Grinnel, et bien qu'Hatteras, en haine des Yankees, n'eût jamais consenti à lui donner ce nom, c'est cependant celui sous lequel elle est le plus généralement désignée. Voici d'où vient cette double appellation: en même temps que l'Anglais Penny lui donnait le nom de Prince-Albert, le commandant de *la Rescue,* le lieutenant de Haven, la nommait terre Grinnel en l'honneur du négociant américain qui avait fait à New-York les frais de son expédition.

Le brick, en suivant ses contours, éprouva une série de difficultés inouïes, naviguant tantôt à la voile et tantôt à la vapeur. Le 18 août, on releva le mont Britannia à peine visible dans la brume, et *le Forward* jeta l'ancre le lendemain dans la baie de Northumberland. Il se trouvait cerné de toutes parts.

CHAPITRE XXIII

L'ASSAUT DES GLAÇONS.

Hatteras, après avoir présidé au mouillage du navire, rentra dans sa cabine, prit sa carte et la pointa avec soin; il se trouvait par 76° 57′ de latitude et 99° 20′ de longitude, c'est-à-dire à trois minutes seulement du soixante-dix-septième parallèle. Ce fut à cet endroit même que sir Edward Belcher passa son premier hivernage sur *le Pionnier* et *l'Assistance.* C'est de ce point qu'il organisa ses excursions en traîneau et en bateau; il découvrit l'île de la Table, les Cornouailles septentrionales, l'archipel Victoria et le canal Belcher. Parvenu au delà du soixante-dix-huitième degré, il vit la côte s'incliner vers le sud-est. Elle semblait devoir se relier au détroit de Jones, dont l'entrée donne sur la baie de Baffin. Mais dans le nord-ouest, au contraire, une mer libre, dit son rapport, « s'étendait à perte de vue ».

Hatteras considérait avec émotion cette partie des cartes marines où un large espace blanc figurait ces régions inconnues, et ses yeux revenaient toujours à ce bassin polaire dégagé de glaces.

« Après tant de témoignages, se dit-il, après les relations de Stewart, de Penny, de Belcher, il n'est pas permis de douter! il faut que cela soit! Ces hardis marins ont vu, vu de leurs propres yeux! peut-on révoquer leur assertion en doute? Non! — Mais, si cependant cette mer, libre alors, par suite d'un hiver précoce fut... Mais non, c'est à plusieurs années d'intervalle que ces découvertes ont été faites; ce bassin existe, je le trouverai! je le verrai! »

Hatteras remonta sur la dunette. Une brume intense enveloppait *le Forward ;* du pont on apercevait à peine le haut de sa mâture. Cependant Hatteras fit descendre l'ice-master de son nid de pie, et prit sa place; il voulait profiter de la moindre éclaircie du ciel pour examiner l'horizon du nord-ouest.

Shandon n'avait pas manqué cette occasion de dire au lieutenant :

« Eh bien, Wall! et cette mer libre?

— Vous aviez raison, Shandon, répondit Wall, et nous n'avons plus que pour six semaines de charbon dans nos soutes.

— Le docteur trouvera quelque procédé scientifique répondit Shandon, pour nous chauffer sans combustible. J'ai entendu dire que l'on faisait de la glace avec du feu; peut-être nous fera-t-il du feu avec de la glace. »

Shandon rentra dans sa cabine en haussant les épaules.

Le lendemain, 20 août, le brouillard se fendit pendant quelques instants. On vit Hatteras de son poste élevé promener vivement ses regards vers l'horizon; puis il redescendit sans rien dire et donna l'ordre de se porter en avant; mais il était facile de voir que son espoir avait été déçu une dernière fois.

Le Forward leva l'ancre et reprit sa marche incertaine vers le nord. Comme il fatiguait beaucoup, les vergues des huniers et de perroquet furent envoyées en bas avec tout leur gréement; les mâts furent dépassés; on ne pouvait plus compter sur le vent variable que la sinuosité des passes rendait d'ailleurs à peu près inutile; de larges taches blanchâtres se formaient çà et là sur la mer, semblables à des taches d'huile; elles faisaient présager une gelée générale très-prochaine; dès que la brise venait à tomber, la mer se prenait presque instantanément, mais au retour du vent cette jeune glace se brisait et se dissipait. Vers le soir, le thermomètre descendit à dix-sept degrés (— 7° centig.).

Lorsque le brick arrivait au fond d'une passe fermée, il faisait alors l'office de bélier, et se précipitait à toute vapeur sur l'obstacle qu'il enfonçait. Quelquefois on le croyait définitivement arrêté; mais un mouvement inattendu des streams lui ouvrait un nouveau passage, et il s'élançait hardiment; pendant ces temps d'arrêt, la vapeur, s'échappant par les soupapes, se condensait dans l'air froid et retombait en neige sur le pont. Une autre cause venait aussi suspendre la marche du brick; les glaçons s'engageaient parfois dans les branches de l'hélice, et ils avaient une dureté telle que tout l'effort de la machine ne parvenait pas à les briser; il fallait alors renverser la vapeur, revenir en arrière, et envoyer des hommes débarrasser l'hélice à l'aide de leviers et d'anspects; de là, des difficultés, des fatigues et des retards.

Pendant treize jours il en fut ainsi; le Forward se traîna péniblement le long du détroit de Penny. L'équipage murmurait, mais il obéissait; il comprenait que revenir en arrière était maintenant impossible. La marche au nord offrait moins de périls que la retraite au sud; il fallait songer à l'hivernage.

Les matelots parlaient entre eux de cette nouvelle situation, et, un jour, ils en causèrent même avec Richard Shandon, qu'ils savaient bien être pour eux. Celui-ci, au mépris de ses devoirs d'officier, ne craignit pas de laisser discuter devant lui l'autorité de son capitaine.

« Vous dites donc, monsieur Shandon, lui demandait Gripper, que nous ne pouvons plus revenir sur nos pas

— Maintenant, il est trop tard, répondit Shandon.

— Alors, reprit un autre matelot, nous ne devons plus songer qu'à l'hivernage?

— C'est notre seule ressource! On n'a pas voulu me croire...

— Une autre fois, répondit Pen, qui avait repris son service accoutumé, on vous croira.

— Comme je ne serai pas le maître.... répliqua Shandon.

— Qui sait? répliqua Pen. John Hatteras est libre d'aller aussi loin que bon lui semble, mais on n'est pas obligé de le suivre.

— Il n'y a qu'à se rappeler, reprit Gripper, son premier voyage à la mer de Baffin, et ce qui s'en est suivi!

— Et le voyage du *Farewel,* dit Clifton, qui est allé se perdre dans les mers du Spitzberg sous son commandement!

— Et dont il est revenu seul, répondit Gripper.

— Seul avec son chien, répliqua Clifton.

— Nous n'avons pas envie de nous sacrifier pour le bon plaisir de cet homme, ajouta Pen.

— Ni de perdre les primes que nous avons si bien gagnées! »

On reconnaît Clifton à cette remarque intéressée.

« Lorsque nous aurons dépassé le soixante-dix-huitième degré, ajouta-t-il, et nous n'en sommes pas loin, cela fera juste trois cent soixante-quinze livres pour chacun[1], six fois huit degrés !

— Mais, répondit Gripper, ne les perdrons-nous pas, si nous revenons sans le capitaine ?

— Non, répondit Clifton, lorsqu'il sera prouvé que le retour était devenu indispensable.

— Mais le capitaine... cependant...

— Sois tranquille, Gripper, répondit Pen, nous en aurons un capitaine, et un bon, que monsieur Shandon connaît. Quand un commandant devient fou, on le casse et on en nomme un autre. N'est-ce pas, monsieur Shandon ?

— Mes amis, répondit Shandon évasivement, vous trouverez toujours en moi un cœur dévoué. Mais attendons les événements. »

L'orage, on le voit, s'amassait sur la tête d'Hatteras ; celui-ci, ferme, inébranlable, énergique, toujours confiant, marchait avec audace. En somme, s'il n'avait pas été maître de la direction de son navire, celui-ci s'était vaillamment comporté ; la route parcourue en cinq mois représentait la route que d'autres navigateurs mirent deux et trois ans à faire ! Hatteras se trouvait maintenant dans l'obligation d'hiverner, mais cette situation ne pouvait effrayer des cœurs forts et décidés,

---

[1]. 9,375 francs.

des âmes éprouvées et aguerries, des esprits intrépides et bien trempés ! Sir John Ross et Mac-Clure ne passèrent-ils pas trois hivers successifs dans les régions arctiques? ce qui s'était fait ainsi ne pouvait-on le faire encore?

« Certes si, répétait Hatteras, et plus, s'il le faut! Ah ! disait-il avec regret au docteur, que n'ai-je pu forcer l'entrée de Smith, au nord de la mer de Baffin, je serais maintenant au pôle!

— Bon! répondait invariablement le docteur, qui eût inventé la confiance au besoin, nous y arriverons, capitaine, sur le quatre-vingt-dix-neuvième méridien au lieu du soixante-quinzième, il est vrai; mais qu'importe? si tout chemin mène à Rome, il est encore plus certain que tout méridien mène au pôle. »

Le 31 août, le thermomètre marqua treize degrés (— 10° centig.). La fin de la saison navigable arrivait; *le Forward* laissa l'île Exmouth sur tribord, et, trois jours après, il dépassa l'île de la Table, située au milieu du canal Belcher. A une époque moins avancée, il eût été possible peut-être de regagner par ce canal la mer de Baffin, mais alors il ne fallait pas y songer. Ce bras de mer, entièrement barré par les glaces, n'eût pas offert un pouce d'eau à la quille du *Forward*; le regard s'étendait sur des ice-fields sans fin et immobiles pour huit mois encore.

Heureusement, on pouvait encore gagner quelques

minutes vers le nord, mais à la condition de briser la glace nouvelle sous de gros rouleaux, ou de la déchirer au moyen des pétards. Ce qu'il fallait redouter alors, par ces basses températures, c'était le calme de l'atmosphère, car les passes se prenaient rapidement, et on accueillait avec joie même les vents contraires. Une nuit calme, et tout était glacé.

Or, le Forward ne pouvait hiverner dans la situation actuelle, exposé aux vents, aux ice-bergs, à la dérive du canal; un abri sûr est la première chose à trouver; Hatteras espérait gagner la côte du Nouveau-Cornouailles, et rencontrer, au delà de la pointe Albert, une baie de refuge suffisamment couverte. Il poursuivit donc sa route au nord avec persévérance.

Mais, le 8 septembre, une banquise continue, impénétrable, infranchissable, s'interposa entre le nord et lui; la température s'abaissa à dix degrés (— 12° centig.). Hatteras, le cœur inquiet, chercha vainement un passage, risquant cent fois son navire, et se tirant de pas dangereux par des prodiges d'habileté. On pouvait le taxer d'imprudence, d'irréflexion, de folie, d'aveuglement, mais pour bon marin, il l'était, et parmi les meilleurs !

La situation du Forward devint véritablement périlleuse; en effet, la mer se refermait derrière lui, et dans l'espace de quelques heures, la glace acquérait une dureté telle que les hommes couraient dessus et halaient le navire en toute sécurité.

Hatteras, ne pouvant tourner l'obstacle, résolut de l'attaquer de front ; il employa ses plus forts blasting-cylinders, de huit à dix livres de poudre ; on commençait par trouer la glace dans son épaisseur ; on remplissait le trou de neige, après avoir eu soin de placer le cylindre dans une position horizontale, afin qu'une plus grande partie de glace fût soumise à l'explosion ; alors on allumait la mèche, protégée par un tube de gutta-percha.

On travailla donc à briser la banquise ; on ne pouvait la scier, car les sciures se recollaient immédiatement. Toutefois, Hatteras put espérer passer le lendemain.

Mais, pendant la nuit, le vent fit rage ; la mer se souleva sous sa croûte glacée, comme secouée par quelque commotion sous-marine, et la voix terrifiée du pilote laissa tomber ces mots :

« Veille à l'arrière ! veille à l'arrière ! »

Hatteras porta ses regards vers la direction indiquée, et ce qu'il vit à la faveur du crépuscule était effrayant.

Une haute banquise, refoulée vers le nord, accourait sur le navire avec la rapidité d'une avalanche.

« Tout le monde sur le pont ! » s'écria le capitaine.

Cette montagne roulante n'était plus qu'à un demi-mille à peine ; les glaçons se soulevaient, passaient les uns par-dessus les autres, se culbutaient, comme d'énormes grains de sable emportés par un ouragan formidable ; un bruit terrible agitait l'atmosphère.

« Voilà, monsieur Clawbonny, dit Johnson au docteur, l'un des plus grands dangers dont nous ayons été menacés.

— Oui, répondit tranquillement le docteur, c'est assez effrayant

— Un véritable assaut qu'il nous faudra repousser, reprit le maître d'équipage.

— En effet on dirait une troupe immense d'animaux antédiluviens, de ceux que l'on suppose avoir habité le pôle! Ils se pressent! Ils se hâtent à qui arrivera le plus vite.

— Et, ajouta Johnson, il y en a qui sont armés de lances aiguës dont je vous engage à vous défier, monsieur Clawbonny.

— C'est un véritable siége, s'écria le docteur; eh bien! courons sur les remparts. »

Et il se précipita vers l'arrière, où l'équipage armé de perches, de barres de fer, d'anspects, se préparait à repousser cet assaut formidable.

L'avalanche arrivait et gagnait de hauteur, en s'accroissant des glaces environnantes qu'elle entraînait dans son tourbillon; d'après les ordres d'Hatteras, le canon de l'avant tirait à boulets pour rompre cette ligne menaçante. Mais elle arriva et se jeta sur le brick un craquement se fit entendre, et, comme il fut abordé par la hanche de tribord, une partie de son bastingage se brisa.

« Que personne ne bouge! s'écria Hatteras. Attention aux glaces! »

Celles-ci grimpaient avec une force irrésistible; des glaçons pesant plusieurs quintaux escaladaient les murailles du navire; les plus petits, lancés jusqu'à la hauteur des hunes, retombaient en flèches aiguës, brisant les haubans, coupant les manœuvres. L'équipage était débordé par ces ennemis innombrables, qui, de leur masse, eussent écrasé cent navires comme *le Forward*. Chacun essayait de repousser ces rocs envahissants, et plus d'un matelot fut blessé par leurs arrêtes aiguës, entre autres Bolton, qui eut l'épaule gauche entièrement déchirée. Le bruit prenait des proportions effrayantes. Duck aboyait avec rage après ces ennemis d'une nouvelle sorte. L'obscurité de la nuit accrut bientôt l'horreur de la situation, sans cacher ces blocs irrités, dont la blancheur répercutait les dernières lueurs éparses dans l'atmosphère.

Les commandements d'Hatteras retentissaient toujours au milieu de cette lutte étrange, impossible, surnaturelle, des hommes avec des glaçons. Le navire, obéissant à cette pression énorme, s'inclinait sur bâbord, et l'extrémité de sa grande vergue s'arc-boutait déjà contre le champ de glace, au risque de briser son mât.

Hatteras comprit le danger; le moment était terrible; le brick menaçait de se renverser entièrement, et la mâture pouvait être emportée.

Un bloc énorme, grand comme le navire lui-même, parut alors s'élever le long de la coque; il se soulevait avec une irrésistible puissance; il montait, il dépassait déjà la dunette; s'il se précipitait sur *le Forward,* tout était fini; bientôt il se dressa debout, sa hauteur dépassant les vergues de perroquet, et il oscilla sur sa base.

Un cri d'épouvante s'échappa de toutes les poitrines. Chacun reflua sur tribord.

Mais, à ce moment, le navire fut entièrement soulagé[1]. On le sentit enlevé, et pendant un temps inappréciable il flotta dans l'air, puis il inclina, retomba sur les glaçons, et, là, fut pris d'un roulis qui fit craquer ses bordages. Que se passait-il donc?

Soulevé par cette marée montante, repoussé par les blocs qui le prenaient à l'arrière, il franchissait l'infranchissable banquise. Après une minute, qui parut un siècle, de cette étrange navigation, il retomba de l'autre côté de l'obstacle, sur un champ de glace; il l'enfonça de son poids, et se retrouva dans son élément naturel.

« La banquise est franchie! s'écria Johnson, qui s'était jeté à l'avant du brick.

— Dieu soit loué! » répondit Hatteras.

En effet, le brick se trouvait au centre d'un bassin de glace; celle-ci l'entourait de toutes parts, et, bien que la quille plongeât dans l'eau, il ne pouvait bouger; mais s'il demeurait immobile, le champ marchait pour lui.

1. Soulevé.

« Nous dérivons, capitaine! cria Johnson

— Laissons faire, » répondit Hatteras.

Comment, d'ailleurs, eût-il été possible de s'opposer cet entraînement?

Le jour revint, et il fut bien constaté que sous l'influence d'un courant sous-marin le banc de glace dérivait vers le nord avec rapidité. Cette masse flottante emportait *le Forward,* cloué au milieu de l'ice-field, dont on ne voyait pas la limite; dans la prévision d'une catastrophe, dans le cas où le brick serait jeté sur une côte ou écrasé par la pression des glaces, Hatteras fit monter sur le pont une grande quantité de provisions, les effets de campement, les vêtements et les couvertures de l'équipage; à l'exemple de ce que fit le capitaine Mac-Clure dans une circonstance semblable, il fit entourer le bâtiment d'une ceinture de hamacs gonflés d'air de manière à le prémunir contre les grosses avaries; bientôt la glace, s'accumulant sous l'influence d'une température de sept degrés (— 14° centig.), le navire fut entouré d'une muraille de laquelle sa mâture sortait seule.

Pendant sept jours, il navigua de cette façon; la pointe Albert, qui forme l'extrémité ouest du Nouveau-Cornouailles, fut entrevue, le 10 septembre, et disparut bientôt; on remarqua que le champ de glace inclina dans l'est à partir de ce moment. Où allait-il de la sorte? où s'arrêterait-on? Qui pouvait le prévoir?

L'équipage attendait et se croisait les bras. Enfin, le

15 septembre, vers les trois heures du soir, l'ice-field, précipité sans doute sur un autre champ, s'arrêta brusquement ; le navire ressentit une secousse violente, Hatteras, qui avait fait son point pendant cette journée, consulta sa carte ; il se trouvait dans le nord, sans aucune terre en vue, par 95° 35' de longitude et 78° 15' de latitude, au centre de cette région, de cette mer inconnue, où les géographes ont placé le pôle du froid !

CHAPITRE XXIV.

PRÉPARATIFS D'HIVERNAGE.

L'hémisphère austral est plus froid à parité de latitude que l'hémisphère boréal ; mais la température du Nouveau Continent est encore de quinze degrés au-dessous de celle des autres parties du monde ; et, en Amérique, ces contrées, connues sous le nom de pôle du froid, sont les plus redoutables.

La température moyenne pour toute l'année n'est que de deux degrés au-dessous de zéro (—19° centigr.). Les savants ont expliqué cela de la façon suivante, et le docteur Clawbonny partageait leur opinion à cet égard.

Suivant eux, les vents qui règnent avec la force la plus constante dans les régions septentrionales de l'Amérique sont les vents de sud-ouest; ils viennent de l'océan Pacifique avec une température égale et supportable; mais pour arriver aux mers arctiques, ils sont forcés de traverser l'immense territoire américain, couvert de neiges; ils se refroidissent à son contact et couvrent alors les régions hyperboréennes de leur glaciale âpreté.

Hatteras se trouvait au pôle du froid, au delà des contrées entrevues par ses devanciers; il s'attendait donc à un hiver terrible, sur un navire perdu au milieu des glaces, avec un équipage à demi révolté. Il résolut de combattre ces dangers divers avec son énergie habituelle. Il regarda sa situation en face, et ne baissa pas les yeux.

Il commença par prendre avec l'aide et l'expérience de Johnson toutes les mesures nécessaires à son hivernage. D'après son calcul, *le Forward* avait été entraîné à deux cent cinquante milles de la dernière terre connue, c'est-à-dire le Nouveau-Cornouailles; il était étreint dans un champ de glace, comme dans un lit de granit, et nulle puissance humaine ne pouvait l'en arracher.

Il n'existait plus une goutte d'eau libre dans ces vastes mers frappées par l'hiver arctique. Les ice-fields se déroulaient à perte de vue, mais sans offrir une surface

14.

unie. Loin de là. De nombreux ice-bergs hérissaient la plaine glacée, et le *Forward* se trouvait abrité par les plus hauts d'entre eux sur trois points du compas; le vent du sud-est seul soufflait jusqu'à lui. Que l'on suppose des rochers au lieu de glaçons, de la verdure au lieu de neige, et la mer reprenant son état liquide, le brick eût été tranquillement à l'ancre dans une jolie baie et à l'abri des coups de vent les plus redoutables. Mais quelle désolation sous cette latitude ! quelle nature attristante ! quelle lamentable contemplation !

Le navire, quelque immobile qu'il fût, dut être néanmoins assujetti fortement au moyen de ses ancres; il fallait redouter les débâcles possibles ou les soulèvements sous-marins. Johnson, en apprenant cette situation du *Forward* au pôle du froid, observa plus sévèrement encore ses mesures d'hivernage.

« Nous en verrons de rudes ! avait-il dit au docteur; voilà bien la chance du capitaine ! aller se faire pincer au point le plus désagréable du globe ! Bah ! vous verrez que nous nous en tirerons. »

Quant au docteur, au fond de sa pensée, il était tout simplement ravi de la situation. Il ne l'eût pas changée pour une autre ! Hiverner au pôle du froid ! quelle bonne fortune !

Les travaux de l'extérieur occupèrent d'abord l'équipage; les voiles demeurèrent enverguées au lieu d'être serrées à fond de cale, comme le firent les premiers hiverneurs; elles furent uniquement repliées dans leur étui, et bientôt la glace leur fit une enveloppe imperméable; on ne dépassa même pas les mâts de perroquet, et le nid de pie resta en place. C'était un observatoire naturel ; les manœuvres courantes furent seules retirées.

Il devint nécessaire de couper le champ autour du navire, qui souffrait de sa pression. Les glaçons, accumulés sur ses flancs, pesaient d'un poids considérable; il ne reposait pas sur sa ligne de flottaison habituelle. Travail long et pénible. Au bout de quelques jours, la carène fut délivrée de sa prison, et l'on profita de cette circonstance pour l'examiner ; elle n'avait pas souffert, grâce à la solidité de sa construction; seulement son doublage de cuivre était presque entièrement arraché. Le navire, devenu libre, se releva de près de neuf pouces; on s'occupa alors de tailler la glace en biseau suivant la forme de la coque; de cette façon, le champ se rejoignait sous la quille du brick, et s'opposait lui-même à tout mouvement de pression.

Le docteur participait à ces travaux; il maniait adroitement le couteau à neige; il excitait les matelots par sa bonne humeur. Il instruisait et s'instruisait. Il approuva fort cette disposition de la glace sous le navire.

« Voilà une bonne précaution, dit-il.

— Sans cela, monsieur Clawbonny, répondit Johnson, on n'y résisterait pas. Maintenant, nous pouvons sans crainte élever une muraille de neige jusqu'à la hauteur du plat-bord; et, si nous voulons, nous lui donnerons dix pieds d'épaisseur, car les matériaux ne manquent pas.

— Excellente idée, reprit le docteur; la neige est un mauvais conducteur de la chaleur; elle réfléchit au lieu s'absorber, et la température intérieure ne pourra pas déchapper au dehors.

— Cela est vrai, répondit Johnson; nous élevons une fortification contre le froid, mais aussi contre les animaux, s'il leur prend fantaisie de nous rendre visite; le travail terminé, cela aura bonne tournure, vous verrez; nous taillerons dans cette masse de neige deux escaliers, donnant accès l'un à l'avant, l'autre à l'arrière du navire; une fois les marches taillées au couteau, nous répandrons de l'eau dessus; cette eau se convertira en une glace dure comme du roc, et nous aurons un escalier royal.

— Parfait, répondit le docteur, et, il faut l'avouer, il est heureux que le froid engendre la neige et la glace, c'est-à-dire de quoi se protéger contre lui. Sans cela, on serait fort embarrassé. »

En effet, le navire était destiné à disparaître sous une couche épaisse de glace, à laquelle il demandait la conservation de sa température intérieure; un toit fait d'épaisses toiles goudronnées et recouvertes de neige fut construit au dessus du pont sur toute sa longueur; la toile descendait assez bas pour recouvrir les flancs du navire. Le pont, se trouvant à l'abri de toute impression du dehors, devint un véritable promenoir; il fut recouvert de deux pieds et demi de neige ; cette neige fut foulée et battue de manière à devenir très dure ; là elle faisait encore obstacle au rayonnement de la chaleur interne ; on étendit au-dessus d'elle une couche de sable, qui devint, s'incrustant, un macadamisage de la plus grande dureté.

« Un peu plus, disait le docteur, et avec quelques arbres, je me croirais à Hyde-Park, et même dans les jardins suspendus de Babylone. »

On fit un trou à feu à une distance assez rapprochée du brick ; c'était un espace circulaire creusé dans le champ, un véritable puits, qui devait être maintenu toujours praticable ; chaque matin, on brisait la glace formée à l'orifice ; il devait servir à se procurer de l'eau en cas d'incendie, ou pour les bains fréquents ordonnés aux hommes de l'équipage par mesure d'hygiène ; on avait même soin, afin d'épargner le combustible, de puiser l'eau dans des couches profondes, où elle est moins froide ; on parvenait à ce résultat au moyen d'un appareil indiqué par un savant français[1] ; cet appareil, descendu à une certaine profondeur, donnait accès à l'eau environnante au moyen d'un double fond mobile dans un cylindre.

Habituellement, on enlève, pendant les mois d'hiver, us les objets qui encombrent le navire, afin de se réserer de plus larges espaces ; on dépose ces objets à terre

[1]. François Arago.

dans des magasins. Mais ce qui peut se pratiquer près d'une côte est impossible à un navire mouillé sur un champ de glace.

Tout fut disposé à l'intérieur pour combattre les deux grands ennemis de ces latitudes, le froid et l'humidité; le premier amenait le second, plus redoutable encore; on résiste au froid, on succombe à l'humidité; il s'agissait donc de la prévenir.

Le Forward, destiné à une navigation dans les mers arctiques, offrait l'aménagement le meilleur pour un hivernage : la grande chambre de l'équipage était sagement disposée; on y avait fait la guerre aux coins, où l'humidité se réfugie d'abord; en effet, par certains abaissements de température, une couche de glace se forme sur les cloisons, dans les coins particulièrement, et, quand elle vient à se fondre, elle entretient une humidité constante. Circulaire, la salle de l'équipage eût encore mieux convenu; mais enfin, chauffée par un vaste poêle, et convenablement ventilée, elle devait être très-habitable; les murs étaient tapissés de peaux de daims, et non d'étoffes de laine, car la laine arrête les vapeurs qui s'y condensent, et imprègnent l'atmosphère d'un principe humide.

Les cloisons furent abattues dans la dunette, et les officiers eurent une salle commune plus grande, plus aérée, et chauffée par un poêle. Cette salle, ainsi que celle de l'équipage, était précédée d'une sorte d'antichambre, qui lui enlevait toute communication directe avec l'extérieur. De cette façon, la chaleur ne pouvait se perdre, et l'on passait graduellement d'une température à l'autre. On laissait dans les antichambres les vêtements chargés de neige ; on se frottait les pieds à des scrapers[1] installés au dehors, de manière à n'introduire avec soi aucun élément malsain.

Des manches en toile servaient à l'introduction de l'air destiné au tirage des poêles ; d'autres manches permettaient à la vapeur d'eau de s'échapper. Au surplus, des condensateurs étaient établis dans les deux salles, et recueillaient cette vapeur au lieu de la laisser se résoudre en eau ; on les vidait deux fois par semaine, et ils renfermaient quelquefois plusieurs boisseaux de glace. C'était autant de pris sur l'ennemi.

Le feu se réglait parfaitement et facilement, au moyen des manches à air ; on reconnut qu'une petite quantité de charbon suffisait à maintenir dans les salles une température de cinquante degrés (+ 10° centigr.). Cependant Hatteras, après avoir fait jauger ses soutes, vit bien que même avec la plus grande parcimonie il n'avait pas pour deux mois de combustible.

Un séchoir fut installé pour les vêtements qui devaient être souvent lavés ; on ne pouvait les faire sécher à l'air, car ils devenaient durs et cassants.

Les parties délicates de la machine furent aussi démontées avec soin ; la chambre qui la renfermait fut hermétiquement close.

1. Grattoirs.

La vie du bord devint l'objet de sérieuses méditations ; Hatteras la régla avec le plus grand soin, et le règlement fut affiché dans la salle commune. Les hommes se levaient à six heures du matin ; les hamacs étaient exposés à l'air trois fois par semaine ; le plancher des deux chambres fut frotté chaque matin avec du sable chaud ; le thé brûlant figurait à chaque repas, et la nourriture variait autant que possible suivant les jours de la semaine ; elle se composait de pain, de farine, de gras de bœuf et de raisins secs pour les puddings, de sucre, de cacao, de thé, de riz, de jus de citron, de viande conservée, de bœuf et de porc salé, de choux, et de légumes au vinaigre ; la cuisine était située en dehors des salles communes ; on se privait ainsi de sa chaleur ; mais la cuisson des aliments est une source constante d'évaporation et d'humidité.

La santé des hommes dépend beaucoup de leur genre de nourriture ; sous ces latitudes élevées, on doit consommer le plus possible de matières animales. Le docteur avait présidé à la rédaction du programme d'alimentation.

« Il faut prendre exemple sur les Esquimaux, disait-il ; ils ont reçu les leçons de la nature et sont nos maîtres en cela ; si les Arabes, si les Africains peuvent se contenter de quelques dattes et d'une poignée de riz, ici il est important de manger, et beaucoup. Les Esquimaux absorbent jusqu'à dix et quinze livres d'huile par jour. Si ce régime ne vous plaît pas, nous devons recourir aux matières riches en sucre et en graisse. En un mot, il nous faut du carbone, faisons du carbone! c'est bien de mettre du charbon dans le poêle, mais n'oublions pas d'en bourrer ce précieux poêle que nous portons en nous ! »

Avec ce régime, une propreté sévère fut imposée à l'équipage; chacun dut prendre tous les deux jours un bain de cette eau à demi glacée, que procurait le trou à feu, excellent moyen de conserver sa chaleur naturelle. Le docteur donnait l'exemple; il le fit d'abord comme une chose qui devait lui être fort désagréable; mais ce prétexte lui échappa bientôt, car il finit par trouver un plaisir véritable à cette immersion très-hygiénique.

Lorsque le travail, ou la chasse, ou les reconnaissances entraînaient les gens de l'équipage au dehors par les grands froids, ils devaient prendre garde surtout à ne pas être *frost bitten*, c'est-à-dire gelés dans une partie quelconque du corps; si le cas arrivait, on se hâtait, à l'aide de frictions de neige, de rétablir la circulation du sang. D'ailleurs, les hommes soigneusement vêtus de laine sur tout le corps portaient des capotes en peau de daim et des pantalons de peaux de phoque qui sont parfaitement imperméables au vent.

Les divers aménagements du navire, l'installation du bord, prirent environ trois semaines, et l'on arriva au 10 octobre sans incident particulier.

15

CHAPITRE XXV.

UN VIEUX RENARD DE JAMES ROSS.

Ce jour-là, le thermomètre s'abaissa jusqu'à trois degrés au dessous de zéro (— 16° centig.). Le temps fut assez calme; le froid se supportait facilement en l'absence de la brise. Hatteras, profitant de la clarté de l'atmosphère, alla reconnaître les plaines environnantes; il gravit l'un des plus hauts ice-bergs du nord, et n'embrassa dans le champ de sa lunette qu'une suite de montagnes de glaces et d'ice-fields. Pas une terre en vue, mais bien l'image du chaos sous son plus triste aspect. Il revint à bord, essayant de calculer la longueur probable de sa captivité.

Les chasseurs, et parmi eux, le docteur, James Wall, Simpson, Johnson, Bell, ne manquaient pas de pourvoir le navire de viande fraîche. Les oiseaux avaient disparu, cherchant au sud des climats moins rigoureux. Les ptarmigans seuls, perdrix de rocher particulières à cette latitude, ne fuyaient pas devant l'hiver; on pouvait les tuer facilement, et leur grand nombre promettait une réserve abondante de gibier.

Les lièvres, les renards, les loups, les hermines, les ours ne manquaient pas ; un chasseur français, anglais ou norwégien n'eût pas eu le droit de se plaindre ; mais ces animaux très-farouches ne se laissaient guère approcher ; on les distinguait difficilement d'ailleurs sur ces plaines blanches dont ils possédaient la blancheur, car avant les grands froids, ils changent de couleur, et revêtent leur fourrure d'hiver. Le docteur constata, contrairement à l'opinion de certains naturalistes, que ce changement ne provenait pas du grand abaissement de la température, car il avait lieu avant le mois d'octobre ; il ne résultait donc pas d'une cause physique, mais bien de la prévoyance providentielle, qui voulait mettre les animaux arctiques en mesure de braver la rigueur d'un hiver boréal.

On rencontrait souvent des veaux marins, des chiens de mer, animaux compris sous la dénomination générale de phoques ; leur chasse fut spécialement recommandée aux chasseurs, autant pour leurs peaux que pour leur graisse éminemment propre à servir de combustible. D'ailleurs le foie de ces animaux devenait au besoin un excellent comestible ; on en comptait par centaines, et à deux ou trois milles au nord du navire, le champ était littéralement percé à jour par les trous de ces énormes amphibies ; seulement ils éventaient le chasseur avec un instinct remarquable, et beaucoup furent blessés, qui s'échappèrent aisément en plongeant sous les glaçons.

Cependant, le 19, Simpson parvint à s'emparer de l'un d'eux à quatre cents yards du navire ; il avait eu la précaution de boucher son trou de refuge, de sorte que l'animal fut à la merci des chasseurs. Il se débattit longtemps, et, après avoir essuyé plusieurs coups de feu, il finit par être assommé. Il mesurait neuf pieds de long ; sa tête de bull-dog, les seize dents de ses mâchoires, ses grandes nageoires pectorales en forme d'ailerons, sa queue petite et munie d'une autre paire de nageoires, en faisaient un magnifique spécimen de la famille des chiens de mer. Le docteur, voulant conserver sa tête pour sa collection d'histoire naturelle, et sa peau pour les besoins à venir, fit préparer l'une et l'autre par un moyen rapide et peu coûteux. Il plongea le corps de l'animal dans le trou à feu, et des milliers de petites crevettes enlevèrent les moindres parcelles de chair ; au bout d'une demi journée, le travail était accompli, et le plus adroit de l'honorable corporation des tanneurs de Liverpool n'eût pas mieux réussi.

Dès que le soleil a dépassé l'équinoxe d'automne, c'est-à-dire le 23 septembre, on peut dire que l'hiver commence dans les régions arctiques. Cet astre bienfaisant, après avoir peu à peu descendu au dessous de l'horizon, disparut enfin le 23 octobre, effleurant de ses obliques rayons la crête des montagnes glacées. Le docteur lui lança le dernier adieu du savant et du voyageur. Il ne devait plus le revoir avant le mois de février.

Il ne faut pourtant pas croire que l'obscurité soit complète pendant cette longue absence du soleil ; la lune vient chaque mois le remplacer de son mieux ; il y a encore la scintillation très-claire des étoiles, l'éclat des planètes, de fréquentes aurores boréales, et des réfractions particulières aux horizons blancs de neige ; d'ailleurs, le soleil, au moment de sa plus grande déclinaison australe, le 21 décembre, s'approche encore de treize degrés de l'horizon polaire ; il règne donc, chaque jour, un certain crépuscule de quelques heures. Seulement le brouillard et les tourbillons de neige venaient souvent plonger ces froides régions dans la plus complète obscurité.

Cependant, jusqu'à cette époque, le temps fut assez favorable ; les perdrix et les lièvres seuls purent s'en plaindre, car les chasseurs ne leur laissaient pas un moment de repos ; on disposa plusieurs trappes à renard ; mais ces animaux soupçonneux ne s'y laissèrent pas prendre ; plusieurs fois même, ils grattèrent la neige au-dessous de la trappe, et s'emparèrent de l'appât sans courir aucun risque ; le docteur les donnait au diable, fort peiné toutefois de lui faire un semblable cadeau.

Le 25 octobre, le thermomètre ne marqua plus que quatre degrés au-dessous de zéro (— 20° centig.). Un ouragan d'une violence extrême se déchaîna ; une neige épaisse s'empara de l'atmosphère, ne permettant plus à un rayon de lumière d'arriver au *Forward*. Pendant plusieurs heures, on fut inquiet du sort de Bell et de Simpson, que la chasse avait entraînés au loin ; ils ne regagnèrent le bord que le lendemain, après être restés une journée entière couchés dans leur peau de daim, tandis que l'ouragan balayait l'espace au-dessus d'eux, et les ensevelissait sous cinq pieds de neige. Ils faillirent être gelés, et le docteur eut beaucoup de peine à rétablir en eux la circulation du sang.

La tempête dura huit longs jours sans interruption. On ne pouvait mettre le pied dehors. Il y avait, pour une seule journée, des variations de quinze et vingt degrés dans la température.

Pendant ces loisirs forcés, chacun vivait à part, les uns dormant, les autres fumant, certains s'entretenant à voix basse et s'interrompant à l'approche de Johnson ou du docteur ; il n'existait aucune liaison morale entre les hommes de cet équipage ; ils ne se réunissaient qu'à la prière du soir, faite en commun, et le dimanche, pour la lecture de la Bible et de l'office divin.

Clifton s'était parfaitement rendu compte que, le soixante-dix-huitième parallèle franchi, sa part de prime s'élevait à trois cent soixante-quinze livres [1] ; il trouvait la somme ronde, et son ambition n'allait pas au delà. On partageait volontiers son opinion, et l'on

---

1. 9,375 francs.

songeait à jouir de cette fortune acquise au prix de tant de fatigues.

Hatteras demeurait presque invisible. Il ne prenait part ni aux chasses, ni aux promenades. Il ne s'intéressait aucunement aux phénomènes météorologiques qui faisaient l'admiration du docteur. Il vivait avec une seule idée; elle se résumait en trois mots : le pôle nord. Il ne songeait qu'au moment où *le Forward*, libre enfin, reprendrait sa course aventureuse.

En somme, le sentiment général du bord, c'était la tristesse. Rien d'écœurant en effet comme la vue de ce navire captif, qui ne repose plus dans son élément naturel, dont les formes sont altérées sous ces épaisses couches de glace; il ne ressemble à rien : fait pour le mouvement, il ne peut bouger; on le métamorphose en maison de bois, en magasin, en demeure sédentaire, lui qui sait braver le vent et les orages! Cette anomalie, cette situation fausse, portait dans les cœurs un indéfinissable sentiment d'inquiétude et de regret.

Pendant ces heures inoccupées, le docteur mettait en ordre les notes de voyage, dont ce récit est la reproduction fidèle; il n'était jamais désœuvré, et son égalité d'humeur ne changeait pas. Seulement il vit venir avec satisfaction la fin de la tempête, et se disposa à reprendre ses chasses accoutumées.

Le 3 novembre, à six heures du matin, et par une température de cinq degrés au-dessous de zéro (— 21°

centig.), il partit en compagnie de Johnson et de Bell; les plaines de glace étaient unies; la neige, répandue en grande abondance pendant les jours précédents et solidifiée par la gelée, offrait un terrain assez propice à la marche; un froid sec et piquant se glissait dans l'atmosphère; la lune brillait avec une incomparable pureté, et produisait un jeu de lumière étonnant sur les moindres aspérités du champ; les traces de pas s'éclairaient sur leurs bords et laissaient comme une traînée lumineuse par le chemin des chasseurs, dont les grandes ombres s'allongeaient sur la glace avec une surprenante netteté.

Le docteur avait emmené son ami Duk avec lui; il le préférait pour chasser le gibier aux chiens groënlandais, et cela avec raison; ces derniers sont peu utiles en semblable circonstance, et ne paraissent pas avoir le feu sacré de la race des zones tempérées. Duk courait en flairant la route, et tombait souvent en arrêt sur des traces d'ours encore fraîches. Cependant, en dépit de son habileté, les chasseurs n'avaient pas rencontré même un lièvre, au bout de deux heures de marche.

« Est-ce que le gibier aurait senti le besoin d'émigrer vers le sud? dit le docteur en faisant halte au pied d'un hummock.

— On le croirait, monsieur Clawbonny, répondit le charpentier.

— Je ne le pense pas pour mon compte, répondit

Johnson; les lièvres, les renards et les ours sont faits à ces climats; suivant moi, la dernière tempête doit avoir causé leur disparition; mais avec les vents du sud, ils ne tarderont pas à revenir. Ah! si vous me parliez de rennes ou de bœufs musqués, ce serait autre chose.

— Et cependant, à l'île Melville, on trouve ces animaux-là par troupes nombreuses, reprit le docteur; elle est située plus au sud, il est vrai, et pendant ses hivernages, Parry a toujours eu de ce magnifique gibier à discrétion.

— Nous sommes moins bien partagés, répondit Bell; si nous pouvions seulement nous approvisionner de viande d'ours, il ne faudrait pas nous plaindre.

— Voilà précisément la difficulté, répliqua le docteur; c'est que les ours me paraissent fort rares et très-sauvages; ils ne sont pas encore assez civilisés pour venir au-devant d'un coup de fusil.

— Bell parle de la chair de l'ours, reprit Johnson; mais la graisse de cet animal est plus enviable en ce moment que sa chair et sa fourrure.

— Tu as raison, Johnson, répondit Bell; tu penses toujours au combustible?

— Comment n'y pas penser? même en le ménageant avec la plus sévère économie, il ne nous en reste pas pour trois semaines!

— Oui, reprit le docteur, là est le véritable danger, car nous ne sommes qu'au commencement de novembre, et février est le mois le plus froid de l'année dans la zone glaciale; toutefois, à défaut de graisse d'ours, nous pouvons compter sur la graisse de phoques.

— Pas longtemps, monsieur Clawbonny, répondit hnson, ces animaux-là ne tarderont pas à nous abandonner; raison de froid ou d'effroi, ils ne se montreront bientôt plus à la surface des glaçons.

— Alors, reprit le docteur, je vois qu'il faut absolument se rabattre sur les ours, et, je l'avoue, c'est bien l'animal le plus utile de ces contrées, car, à lui seul, il peut fournir la nourriture, les vêtements, la lumière et le combustible nécessaires à l'homme. Entends-tu, Duk, fit le docteur en caressant le chien, il nous faut des ours, mon ami; cherche! voyons, cherche! »

Duk, qui flairait la glace en ce moment, excité par la voix et les caresses du docteur, partit tout d'un coup avec la rapidité d'un trait. Il aboyait avec vigueur, et malgré son éloignement, ses aboiements arrivaient avec force jusqu'aux chasseurs.

L'extrême portée du son par les basses températures est un fait étonnant; il n'est égalé que par la clarté des constellations dans le ciel boréal; les rayons lumineux et les ondes sonores se transportent à des distances considérables, surtout par les froids secs des nuits hyperboréennes.

Les chasseurs, guidés par ces aboiements lointains, se lancèrent sur les traces de Duk; il leur fallut faire un mille, et ils arrivèrent essoufflés, car les poumons sont rapidement suffoqués dans une semblable atmosphère. Duk demeurait en arrêt à cinquante pas à peine d'une masse énorme qui s'agitait au sommet d'un monticule.

« Nous voilà servis à souhait! s'écria le docteur en armant son fusil.

— Un ours, ma foi, et un bel ours, dit Bell en imitant le docteur.

— Un ours singulier, » fit Johnson, se réservant de tirer après ses deux compagnons.

Duk aboyait avec fureur. Bell s'avança d'une vingtaine de pieds et fit feu; mais l'animal ne parut pas être atteint, car il continua de balancer lourdement sa tête.

Johnson s'approcha à son tour, et, après avoir soigneusement visé, il pressa la détente de son arme.

« Bon! s'écria le docteur; rien encore! Ah! maudite réfraction! nous sommes hors de portée; on ne s'y habituera donc jamais! Cet ours est à plus de mille pas de nous!

— En avant! » répondit Bell.

Les trois compagnons s'élancèrent rapidement vers l'animal que cette fusillade n'avait aucunement troublé; il semblait être de la plus forte taille, et, sans calculer les dangers de l'attaque, les chasseurs se livraient déjà à la joie de la conquête. Arrivés à une portée raisonnable, ils firent feu; l'ours, blessé mortellement sans doute, fit un bond énorme et tomba au pied du monticule.

Duk se précipita sur lui.

« Voilà un ours, dit le docteur, qui n'aura pas été difficile à abattre.

— Trois coups de feu seulement, répondit Bell d'un air méprisant, et il est à terre.

— C'est même singulier, fit Johnson.

— A moins que nous ne soyons arrivés juste au moment où il allait mourir de vieillesse, répondit le docteur en riant.

— Ma foi, vieux ou jeune, répliqua Bell, il n'en sera pas moins de bonne prise. »

En parlant de la sorte, les chasseurs arrivèrent au monticule, et, à leur grande stupéfaction, ils trouvèrent Duk acharné sur le cadavre d'un renard blanc !

« Ah ! par exemple, s'écria Bell, voilà qui est fort !

— En vérité, dit le docteur ! nous tuons un ours, et c'est un renard qui tombe ! »

Johnson ne savait trop que répondre.

« Bon ! s'écria le docteur avec un éclat de rire, mêlé de dépit; encore la réfraction ! toujours la réfraction !

— Que voulez-vous dire, monsieur Clawbonny ? demanda le charpentier.

— Eh oui, mon ami; elle nous a trompés sur les dimensions comme sur la distance ! elle nous a fait voir un ours sous la peau d'un renard ! pareille méprise est arrivée plus d'une fois aux chasseurs dans des circonstances identiques! Allons! nous en sommes pour nos frais d'imagination.

« Ma foi, répondit Johnson, ours ou renard, on le mangera tout de même. Emportons-le. »

Mais, au moment où le maître d'équipage allait charger l'animal sur ses épaules :

« Voilà qui est plus fort! s'écria-t-il.

— Qu'est-ce donc? demanda le docteur.

— Regardez, monsieur Clawbonny, voyez! il y a un collier au cou de cette bête!

— Un collier? » répliqua le docteur, en se penchant sur l'animal.

En effet, un collier de cuivre à demi usé apparaissait au milieu de la blanche fourrure du renard; le docteur crut y remarquer des lettres gravées; en un tour de main, il l'enleva de ce cou autour duquel il paraissait rivé depuis longtemps.

« Qu'est-ce que cela veut dire? demanda Johnson.

— Cela veut dire, répondit le docteur, que nous venons de tuer un renard âgé de plus de douze ans, mes amis, un renard qui fut pris par James Ross en 1848.

— Est-il possible! s'écria Bell.

— Cela n'est pas douteux; je regrette que nous ayons abattu ce pauvre animal! Pendant son hivernage, James Ross eut l'idée de prendre dans des piéges une grande quantité de renards blancs; on riva à leur cou des colliers de cuivre sur lesquels étaient gravée l'indication de ses navires *l'Entreprise* et *l'Investigator*, ainsi que celle des dépôts de vivres. Ces animaux traversent d'immenses étendues de terrain en quête de leur nourriture, et James Ross espérait que l'un d'eux pourrait tomber entre les mains de quelques hommes de l'expédition Franklin. Voilà toute l'explication, et cette pauvre bête qui aurait pu sauver la vie de deux équipages, est venu inutilement tomber sous nos balles.

— Ma foi, nous ne le mangerons pas, dit Johnson; d'ailleurs, un renard de douze ans! En tous cas, nous conserverons sa peau en témoignage de cette curieuse rencontre. »

Johnson chargea la bête sur ses épaules. Les chasseurs se dirigèrent vers le navire en s'orientant sur les étoiles; leur expédition ne fut pas cependant tout à fait infructueuse; ils purent abattre plusieurs couples de ptarmigans.

Une heure avant d'arriver au *Forward*, il survint un phénomène qui excita au plus haut degré l'étonnement du docteur. Ce fut une véritable pluie d'étoiles filantes; on pouvait les compter par milliers, comme les fusées dans un bouquet de feu d'artifice d'une blancheur éclatante; la lumière de la lune pâlissait. L'œil ne pouvait se lasser d'admirer ce phénomène qui dura plusieurs heures. Pareil météore fut observé au Groënland par les Frères Moraves en 1799. On eut dit une véritable fête que le ciel donnait à la terre sous ces latitudes désolées. Le docteur, de retour à bord, passa la nuit entière à suivre la marche de ce météore, qui cessa vers les sept heures du matin, au milieu du profond silence de l'atmosphère.

CHAPITRE XXVI.

LE DERNIER MORCEAU DE CHARBON.

Les ours paraissaient décidément imprenables; on tua quelques phoques pendant les journées des 4, 5 et 6 novembre, puis le vent venant à changer, la température s'éleva de plusieurs degrés; mais les drifts[1] de neige recommencèrent avec une incomparable violence. Il devint impossible de quitter le navire, et l'on eut fort à faire pour combattre l'humidité. A la fin de la semaine, les condensateurs recélaient plusieurs boisseaux de glace.

Le temps changea de nouveau le 15 novembre, et le thermomètre, sous l'influence de certaines conditions atmosphériques, descendit à vingt-quatre degrés au-dessous de zéro (— 31° centig.). Ce fut la plus basse température observée jusque-là. Ce froid eût été sup-

1. Tourbillon.

portable dans une atmosphère tranquille; mais le vent soufflait alors, et semblait fait de lames aiguës qui traversaient l'air.

Le docteur regretta fort d'être ainsi captif, car la neige, raffermie par le vent, offrait un terrain solide pour la marche, et il eût pu tenter quelque lointaine excursion.

Cependant, il faut le dire, tout exercice violent par un tel froid amène vite l'essoufflement. Un homme ne peut alors produire le quart de son travail habituel; les outils de fer deviennent impossibles à manier; si la main les prend sans précaution, elle éprouve une douleur semblable à celle d'une brûlure, et des lambeaux de sa peau restent attachés à l'objet imprudemment saisi.

L'équipage, confiné dans le navire, fut donc réduit à se promener pendant deux heures par jour sur le pont recouvert, où il avait la permission de fumer, car cela était défendu dans la salle commune.

Là, dès que le feu baissait un peu, la glace envahissait les murailles et les jointures du plancher; il n'y avait pas une cheville, un clou de fer, une plaque de métal qui ne se recouvrît immédiatement d'une couche glacée.

L'instantanéité du phénomène émerveillait le docteur. L'haleine des hommes se condensait dans l'air et, sautant de l'état fluide à l'état solide, elle retomba en neige autour d'eux. A quelques pieds seulement de poêles, le froid reprenait alors toute son énergie, et les hommes se tenaient près du feu, en groupe serré.

Cependant, le docteur leur conseillait de s'aguerrir, de se familiariser avec cette température, qui n'avait certainement pas dit son dernier mot; il leur recommandait de soumettre peu à peu leur épiderme à ces cuissons intenses, et prêchait d'exemple; mais la paresse ou l'engourdissement clouait la plupart d'entre eux à leur poste; ils n'en voulaient pas bouger, et préféraient s'endormir dans cette mauvaise chaleur.

Cependant, d'après le docteur, il n'y avait aucun danger à s'exposer à un grand froid en sortant d'une salle chauffée; ces transitions brusques n'ont d'inconvénient en effet que pour les gens qui sont en moiteur; le docteur citait des exemples à l'appui de son opinion, mais ses leçons étaient perdues ou à peu près.

Quant à John Hatteras, il ne paraissait pas ressentir l'influence de cette température. Il se promenait silencieusement, ni plus ni moins vite. Le froid n'avait-il pas prise sur son énergique constitution? Possédait-il au suprême degré ce principe de chaleur naturelle qu'il recherchait chez ses matelots? Était-il cuirassé dans son idée fixe, de manière à se soustraire aux impressions extérieures? Ses hommes ne le voyaient pas sans un profond étonnement affronter ces vingt-quatre degrés au-dessous de zéro; il quittait le bord pendant des heures entières, et revenait sans que sa figure portât les marques du froid.

« Cet homme est étrange, disait le docteur à Johnson ; il m'étonne moi-même ! il porte en lui un foyer ardent ! C'est une des plus puissantes natures que j'aie étudiées de ma vie !

— Le fait est, répondit Johnson, qu'il va, vient, circule en plein air, sans se vêtir plus chaudement qu'au mois de juin.

— Oh ! la question de vêtement est peu de chose, répondait le docteur ; à quoi bon vêtir chaudement celui qui ne peut produire la chaleur de lui-même ? C'est essayer d'échauffer un morceau de glace en l'enveloppant dans une couverture de laine ! Mais Hatteras n'a pas besoin de cela ; il est ainsi bâti, et je ne serais pas étonné qu'il fît véritablement chaud à ses côtés, comme auprès d'un charbon incandescent. »

Johnson, chargé de dégager chaque matin le trou à feu, remarqua que la glace mesurait plus de dix pieds d'épaisseur.

Presque toutes les nuits, le docteur pouvait observer de magnifiques aurores boréales ; de quatre heures à huit heures du soir, le ciel se colorait légèrement dans le nord ; puis, cette coloration prenait la forme régulière d'une bordure jaune pâle, dont les extrémités semblaient s'arc-bouter sur le champ de glace. Peu à peu, la zone brillante s'élevait dans le ciel suivant le méridien magnétique, et apparaissait striée de bandes noirâtres ; des jets d'une matière lumineuse s'élançaient, s'allongeaient alors, diminuant ou forçant leur éclat; le météore, arrivé à son zénith, se composait souvent de plusieurs arcs, qui se baignaient dans les ondes rouges, jaunes ou vertes de la lumière. C'était un éblouissement, un incomparable spectacle. Bientôt, les diverses courbes se réunissaient en un seul point, et formaient des couronnes boréales d'une opulence toute céleste. Enfin, les arcs se pressaient les uns contre les autres, la splendide aurore pâlissait, les rayons intenses se fondaient en lueurs pâles, vagues, indéterminées, indécises, et le merveilleux phénomène, affaibli, presque éteint, s'évanouissait insensiblement dans les nuages obscurcis du sud.

On ne saurait comprendre la féerie d'un tel spectacle, sous les hautes latitudes, à moins de huit degrés du pôle; les aurores boréales, entrevues dans les régions tempérées, n'en donnent aucune idée, même affaiblie; il semble que la Providence ait voulu réserver à ces climats ses plus étonnantes merveilles.

Des parasélènes nombreuses apparaissaient également pendant la durée de la lune, dont plusieurs images se présentaient alors dans le ciel, en accroissant son éclat; souvent aussi, de simples halos lunaires entouraien l'astre des nuits, qui brillait au centre d'un cercle lumineux avec une splendide intensité.

Le 26 novembre, il y eut une grande marée, et l'eau s'échappa avec violence par le trou à feu; l'épaisse couche de glace fut comme ébranlée par le soulèvement de la mer, et des craquements sinistres annoncèrent la lutte sous-marine ; heureusement le navire tint ferme dans son lit, et ses chaînes seules travaillèrent avec bruit ; d'ailleurs, en prévision de l'événement, Hatteras les avait fait assujettir.

Les jours suivants furent encore plus froids ; le ciel se couvrit d'un brouillard pénétrant ; le vent enlevait la neige amoncelée ; il devenait difficile de voir si ces tourbillons prenaient naissance dans le ciel ou sur les ice-fields ; c'était une confusion inexprimable.

L'équipage s'occupait de divers travaux à l'intérieur, dont le principal consistait à préparer la graisse et l'huile produites par les phoques ; elles se convertissaient en blocs de glace qu'il fallait travailler à la hache ; on concassait cette glace en morceaux, dont la dureté égalait celle du marbre ; on en recueillit ainsi la valeur d'une dizaine de barils. Comme on le voit, toute espèce de vase devenait inutile ou à peu près ; d'ailleurs ils se seraient brisés sous l'effort du liquide que la température transformait.

Le 28, le thermomètre descendit à trente-deux degrés au dessous de zéro (— 36° centig.) ; il n'y avait plus que pour dix jours de charbon, et chacun voyait arriver avec effroi le moment où ce combustible viendrait à manquer.

Hatteras, par mesure d'économie, fit éteindre le poêle de la dunette, et dès lors, Shandon, le docteur et lui durent partager la salle commune de l'équipage. Hatteras fut donc plus constamment en rapport avec ses hommes, qui jetaient sur lui des regards hébétés et farouches. Il entendait leurs récriminations, leurs reproches, leurs menaces même, et ne pouvait les punir. Du reste, il semblait sourd à toute observation. Il ne réclamait pas la place la plus rapprochée du feu. Il restait dans un coin, les bras croisés, sans mot dire.

En dépit des recommandations du docteur, Pen et ses amis se refusaient à prendre le moindre exercice ; ils passaient les journées entières accoudés au poêle ou sous les couvertures de leur hamac; aussi leur santé ne tarda pas à s'altérer ; ils ne purent réagir contre l'influence funeste du climat, et le terrible scorbut fit son apparition à bord.

Le docteur avait cependant commencé depuis longtemps à distribuer chaque matin le jus de citron et les pastilles de chaux ; mais ces préservatifs, si efficaces d'habitude, n'eurent qu'une action insensible sur les malades, et la maladie, suivant son cours, offrit bientôt ses plus horribles symptômes.

Quel spectacle que celui de ces malheureux dont les nerfs et les muscles se contractaient sous la douleur ! Leurs jambes enflaient extraordinairement et se couvraient de larges taches d'un bleu noirâtre ; leurs gencives sanglantes, leurs lèvres tuméfiées, ne livraient passage qu'à des sons inarticulés; la masse du sang complétement altérée, défibrinisée, ne transmettait plus la vie aux extrémités du corps.

Clifton, le premier, fut attaqué de cette cruelle maladie; bientôt Gripper, Brunton, Strong, durent renoncer à quitter leur hamac. Ceux que la maladie épargnait encore ne pouvaient fuir le spectacle de ces souffrances : il n'y avait pas d'autre abri que la salle commune; il y fallait demeurer; aussi fut-elle promptement transformée en hôpital, car sur les dix-huit marins du *Forward,* treize furent en peu de jours frappés par le scorbut. Pen semblait devoir échapper à la contagion; sa vigoureuse nature l'en préservait; Shandon ressentit les premiers symptômes du mal; mais cela n'alla pas plus loin, et l'exercice parvint à le maintenir dans un état de santé suffisant.

Le docteur soignait ses malades avec le plus entier dévouement, et son cœur se serrait en face de maux qu'il ne pouvait soulager. Cependant, il faisait surgir le plus de gaieté possible du sein de cet équipage désolé ; ses paroles, ses consolations, ses réflexions philosophiques, ses inventions heureuses, rompaient la monotonie de ces longs jours de douleur; il lisait à voix haute; son étonnante mémoire lui fournissait des récits amusants, tandis que les hommes, encore valides, entouraient le poêle de leur cercle pressé; mais les gémissements des malades, les plaintes, les cris de désespoir l'interrompaient parfois, et, son histoire suspendue, il redevenait le médecin attentif et dévoué.

D'ailleurs, sa santé résistait : il ne maigrissait pas ; sa

corpulence lui tenait lieu du meilleur vêtement, et, disait-il, il se trouvait fort bien d'être habillé comme un phoque ou une baleine, qui, grâce à leurs épaisses couches de graisse, supportent facilement les atteintes d'une atmosphère arctique.

Hatteras, lui, n'éprouvait rien, ni au physique ni au moral. Les souffrances de son équipage ne paraissaient même pas le toucher. Peut-être ne permettait-il pas à une émotion de se traduire sur sa figure; et cependant un observateur attentif eût surpris parfois un cœur d'homme à battre sous cette enveloppe de fer.

Le docteur l'analysait, l'étudiait, et ne parvenait pas à classer cette organisation étrange, ce tempérament surnaturel.

Le thermomètre baissa encore; le promenoir du pont restait désert; les chiens esquimaux l'arpentaient seuls en poussant de lamentables aboiements.

Il y avait toujours un homme de garde auprès du poêle, et qui veillait à son alimentation; il était important de ne pas le laisser s'éteindre; dès que le feu venait à baisser, le froid se glissait dans la salle, la glace s'incrustait sur les murailles, et l'humidité, subitement condensée, retombait en neige sur les infortunés habitants du brick.

Ce fut au milieu de ces tortures indicibles, que l'on atteignit le 8 décembre; ce matin-là, le docteur alla consulter, suivant son habitude, le thermomètre placé à l'extérieur. Il trouva le mercure entièrement gelé dans la cuvette.

« Quarante-quatre degrés au-dessous de zéro! » se dit-il avec effroi.

Et ce jour-là, on jeta dans le poêle le dernier morceau de charbon du bord.

CHAPITRE XXVII.

LES GRANDS FROIDS DE NOEL.

Il y eut alors un moment de désespoir. La pensée de la mort, et de la mort par le froid, apparut dans toute son horreur; ce dernier morceau de charbon brûlait avec un crépitement sinistre; le feu menaçait déjà de manquer, et la température de la salle s'abaissait sensiblement. Mais Johnson alla chercher quelques morceaux de ce nouveau combustible que lui avaient fourni les animaux marins, et il en chargea le poêle; il y ajouta de l'étoupe imprégnée d'huile gelée, et obtint bientôt une chaleur suffisante. L'odeur de cette graisse était fort insupportable; mais comment s'en débarrasser? il fallait s'y faire. Johnson convint lui-même que son expédient laissait à désirer, et n'aurait aucun succès dans les maisons bourgeoises de Liverpool.

« Et pourtant, ajouta-t-il, cette odeur fort déplaisante amènera peut-être de bons résultats.

— Et lesquels donc? demanda le charpentier.

— Elle attirera sans doute les ours de notre côté, car ils sont friands de ces émanations.

— Bon, répliqua Bell, et la nécessité d'avoir des ours?

— Ami Bell, répondit Johnson, il ne nous faut plus compter sur les phoques; ils ont disparu et pour longtemps; si les ours ne viennent pas à leur tour fournir leur part de combustible, je ne sais pas ce que nous deviendrons.

— Tu dis vrai, Johnson; notre sort est loin d'être assuré; cette situation est effrayante. Et si ce genre de chauffage vient à nous manquer... je ne vois pas trop le moyen...

— Il y en aurait encore un!...

— Encore un? répondit Bell.

— Oui, Bell! en désespoir de cause... mais jamais le capitaine... Et cependant, il faudra peut-être en venir là. »

Le vieux Johnson secoua tristement la tête, et tomba dans des réflexions silencieuses, dont Bell ne voulut pas le tirer. Il savait que ces morceaux de graisse, si péniblement acquis, ne dureraient pas huit jours, malgré la plus sévère économie.

Le maître d'équipage ne se trompait pas. Plusieurs

ours, attirés par ces exhalaisons fétides, furent signalés sous le vent du *Forward*; les hommes valides leur donnèrent la chasse; mais ces animaux sont doués d'une vitesse remarquable et d'une finesse qui déjoue tous les stratagèmes; il fut impossible de les approcher, et les balles les plus adroites ne purent les atteindre.

L'équipage du brick fut sérieusement menacé de mourir de froid; il était incapable de résister quarante-huit heures à une température pareille, qui envahirait la salle commune. Chacun voyait venir avec terreur la fin du dernier morceau de combustible.

Or, cela arriva le 20 décembre, à trois heures du soir; le feu s'éteignit; les matelots, rangés en cercle autour du poêle, se regardaient avec des yeux hagards. Hatteras demeurait immobile dans son coin; le docteur, suivant son habitude, se promenait avec agitation; il ne savait plus à quoi s'ingénier.

La température tomba subitement dans la salle à sept degrés au-dessous de zéro. (— 22° centig.)

Mais si le docteur était à bout d'imagination, s'il ne savait plus que faire, d'autres le savaient pour lui. Aussi, Shandon, froid et résolu, Pen, la colère aux yeux, et deux ou trois de leurs camarades, de ceux qui pouvaient encore se traîner, s'avancèrent vers Hatteras.

« Capitaine, » dit Shandon.

Hatteras, absorbé dans ses pensées, ne l'entendit pas.

« Capitaine! » répéta Shandon en le touchant de la main.

Hatteras se redressa.

« Monsieur, dit-il.

— Capitaine, nous n'avons plus de feu.

— Eh bien? répondit Hatteras.

— Si votre intention est que nous mourions de froid, reprit Shandon avec une terrible ironie, nous vous prions de nous en informer!

— Mon intention, répondit Hatteras d'une voix grave, est que chacun ici fasse son devoir jusqu'au bout.

— Il y a quelque chose au-dessus du devoir, capitaine, répondit le second, c'est le droit à sa propre conservation. Je vous répète que nous sommes sans feu, et si cela continue, dans deux jours, pas un de nous ne sera vivant!

— Je n'ai pas de bois, répondit sourdement Hatteras.

— Eh bien! s'écria violemment Pen, quand on n'a plus de bois, on va en couper où il en pousse! »

Hatteras pâlit de colère.

« Où cela? dit-il.

— A bord, répondit insolemment le matelot.

— A bord! reprit le capitaine, les poings crispés, l'œil étincelant.

— Sans doute, répondit Pen, quand le navire n'est plus bon à porter son équipage, on brûle le navire! »

Au commencement de cette phrase, Hatteras avait

saisi une hache; à la fin, cette hache était levée sur la tête de Pen.

« Misérable ! » s'écria-t-il.

Le docteur se jeta au-devant de Pen, qu'il repoussa; la hache, retombant à terre, entailla profondément le plancher. Johnson, Bell, Simpson, groupés autour d'Hatteras, paraissaient décidés à le soutenir. Mais des voix lamentables, plaintives, douloureuses, sortirent de ces cadres transformés en lits de mort.

« Du feu! du feu! » criaient les infortunés malades, envahis par le froid sous leurs couvertures.

Hatteras fit un effort sur lui-même, et, après quelques instants de silence, il prononça ces mots d'un ton calme :

« Si nous détruisons notre navire, comment regagnerons-nous l'Angleterre?

— Monsieur, répondit Johnson, on pourrait peut-être brûler sans inconvénient les parties les moins utiles, le plat-bord, les bastingages...

— Il resterait toujours les chaloupes, reprit Shandon, et, d'ailleurs, qui nous empêcherait de reconstruire un navire plus petit avec les débris de l'ancien?...

— Jamais! répondit Hatteras.

— Mais... reprirent plusieurs matelots en élevant la voix...

— Nous avons de l'esprit-de-vin en grande quantité, répondit Hatteras; brûlez-le jusqu'à la dernière goutte.

— Eh bien, va pour de l'esprit-de-vin! » répondit

Johnson, avec une confiance affectée qui était loin de son cœur.

Et, à l'aide de larges mèches, trempées dans cette liqueur dont la flamme pâle léchait les parois du poêle, il put élever de quelques degrés la température de la salle.

Pendant les jours qui suivirent cette scène désolante, le vent revint dans le sud, le thermomètre remonta; la neige tourbillonna dans une atmosphère moins rigide. Quelques-uns des hommes purent quitter le navire aux heures les moins humides du jour; mais les ophthalmies et le scorbut retinrent la plupart d'entre eux à bord; d'ailleurs, ni la chasse, ni la pêche ne furent praticables.

Au reste, ce n'était qu'un répit dans les atroces violences du froid, et, le 25, après une saute de vent inattendue, le mercure gelé disparut de nouveau dans la cuvette de l'instrument; on dut alors s'en rapporter au thermomètre à esprit-de-vin, que les plus grands froids ne parviennent pas à congeler.

Le docteur, épouvanté, le trouva à soixante-six degrés au-dessous de zéro (— 52° centig.). C'est à peine s'il avait jamais été donné à l'homme de supporter une telle température.

La glace s'étendait en longs miroirs ternis sur le plancher; un épais brouillard envahissait la salle; l'humidité retombait en neige épaisse; on ne se voyait plus; la chaleur humaine se retirait des extrémités du corps; les pieds et les mains devenaient bleus; la tête se cerclait de fer, et la pensée confuse, amoindrie, gelée, portait au délire. Symptôme effrayant : la langue ne pouvait plus articuler une parole.

Depuis ce jour où on le menaça de brûler son navire, Hatteras rôdait pendant de longues heures sur le pont. Il surveillait, il veillait. Ce bois, c'était sa chair à lui! On lui coupait un membre en en coupant un morceau! Il était armé et faisait bonne garde, insensible au froid, à la neige, à cette glace qui roidissait ses vêtements et l'enveloppait comme d'une cuirasse de granit. Duk, le comprenant, aboyait sur ses pas et l'accompagnait de ses hurlements.

Cependant, le 25 décembre, il descendit à la salle commune. Le docteur, profitant d'un reste d'énergie, alla droit à lui.

« Hatteras, lui dit-il, nous allons mourir faute de feu.

— Jamais! fit Hatteras, sachant bien à quelle demande il répondait ainsi.

— Il le faut, reprit doucement le docteur.

— Jamais, reprit Hatteras avec plus de force, jamais je n'y consentirai! Que l'on me désobéisse, si l'on veut! »

C'était la liberté d'agir donnée ainsi. Johnson et Bell s'élancèrent sur le pont. Hatteras entendit le bois de son brick craquer sous la hache. Il pleura.

Ce jour-là, c'était le jour de Noël, la fête de la famille, en Angleterre, la soirée des réunions enfantines! Quel souvenir amer que celui de ces enfants joyeux autour de leur arbre encore vert! Qui ne se rappelait ces longues pièces de viande rôtie que fournissait le bœuf engraissé pour cette circonstance? Et ces tourtes, ces minced-pies, où les ingrédiens de toutes sortes se trouvaient amalgamés pour ce jour si cher aux cœurs anglais? Mais ici, la douleur, le désespoir, la misère à son dernier degré, et pour bûche de Noël ces morceaux du bois d'un navire perdu au plus profond de la zone glaciale!

Cependant, sous l'influence du feu, le sentiment et la force revinrent à l'esprit des matelots; les boissons brûlantes de thé ou de café produisirent un bien-être instantané, et l'espoir est chose si tenace à l'esprit, que l'on se reprit à espérer. Ce fut dans ces alternatives que se termina cette funeste année 1860, dont le précoce hiver avait déjoué les hardis projets d'Hatteras.

Or, il arriva que précisément ce premier janvier 1861 fut marqué par une découverte inattendue. Il faisait un peu moins froid; le docteur avait repris ses études accoutumées; il lisait les relations de sir Edward Belcher sur son expédition dans les mers polaires. Tout d'un coup, un passage, inaperçu jusqu'alors, le frappa d'étonnement; il relut; on ne pouvait s'y méprendre.

Sir Edward Belcher racontait qu'après être parvenu à l'extrémité du canal de la Reine il avait découvert des traces importantes du passage et du séjour des hommes.

« Ce sont, disait-il, des restes d'habitations bien supérieures à tout ce que l'on peut attribuer aux habitudes grossières des tribus errantes d'Esquimaux. Leurs murs sont bien assis dans le sol profondément creusé ; l'aire de l'intérieur, recouvert d'une couche épaisse de beau gravier, a été pavée. Des ossements de rennes, de morses, de phoques, s'y voient en grande quantité. *Nous y rencontrâmes du charbon.* »

Aux derniers mots, une idée surgit dans l'esprit du docteur ; il emporta son livre et vint le communiquer à Hatteras.

« Du charbon ! s'écria ce dernier.

— Oui, Hatteras, du charbon ; c'est à dire le salut pour nous !

— Du charbon ! sur cette côte déserte ! reprit Hatteras. Non, cela n'est pas possible !

— Pourquoi en douter, Hatteras ? Belcher n'eût pas avancé un tel fait sans en être certain, sans l'avoir vu de ses propres yeux.

— Eh bien, après, docteur ?

— Nous ne sommes pas à cent milles de la côte où Belcher vit ce charbon ! Qu'est-ce qu'une excursion de cent milles ? Rien. On a souvent fait des recherches plus longues à travers les glaces, et par des froids aussi grands. Partons donc, capitaine !

— Partons ! » s'écria Hatteras, qui avait rapidement pris son parti, et, avec la mobilité de son imagination, entrevoyait des chances de salut.

Johnson fut aussitôt prévenu de cette résolution ; il

approuva fort le projet; il le communiqua à ses camarades; les uns y applaudirent, les autres l'accueillirent avec indifférence.

« Du charbon sur ces côtes! dit Wall, enfoui dans son lit de douleur.

— Laissons-les faire, » lui répondit mystérieusement Shandon.

Mais avant même que les préparatifs de voyage fussent commencés, Hatteras voulut reprendre avec la plus parfaite exactitude la position du *Forward*. On comprend aisément l'importance de ce calcul, et pourquoi cette situation devait être mathématiquement connue. Une fois loin du navire, on ne saurait le retrouver sans chiffres certains.

Hatteras monta donc sur le pont; il recueillit à divers moments plusieurs distances lunaires, et les hauteurs méridiennes des principales étoiles.

Ces observations présentaient de sérieuses difficultés, car, par cette basse température, le verre et les miroirs des instruments se couvraient d'une couche de glace au souffle d'Hatteras; plus d'une fois ses paupières furent entièrement brûlées en s'appuyant sur le cuivre des lunettes.

Cependant, il put obtenir des bases très-exactes pour ses calculs, et il revint les chiffrer dans la salle. Quand ce travail fut terminé, il releva la tête avec stupéfaction, prit sa carte, la pointa et regarda le docteur.

« Eh bien? demanda celui-ci.

— Par quelle latitude nous trouvions-nous au commencement de l'hivernage ?

— Mais par soixante-dix-huit degrés, quinze minutes de latitude, et quatre-vingt-quinze degrés, trente-cinq minutes de longitude, précisément au pôle du froid.

— Eh bien, ajouta Hatteras à voix basse, notre champ de glace dérive ! nous sommes de deux degrés plus au nord et plus à l'ouest, à trois cents milles au moins de votre dépôt de charbon !

— Et ces infortunés qui ignorent !... s'écria le docteur.

— Silence ! » fit Hatteras en portant son doigt à ses lèvres.

CHAPITRE XXVIII.

PRÉPARATIFS DE DÉPART.

Hatteras ne voulut pas mettre son équipage au courant de cette situation nouvelle. Il avait raison. Ces malheureux, se sachant entraînés vers le nord avec une force irrésistible, se fussent livrés peut-être aux folies du désespoir. Le docteur le comprit, et approuva le silence du capitaine.

Celui-ci avait renfermé dans son cœur les impressions que lui causèrent cette découverte. Ce fut son premier instant de bonheur depuis ces longs mois passés dans sa lutte incessante contre les éléments. Il se trouvait reporté à cent cinquante milles plus au nord, à peine à huit degrés du pôle ! Mais cette joie, il la cacha si profondément, que le docteur ne put pas même la soupçonner; celui-ci se demanda bien pourquoi l'œil d'Hatteras brillait d'un éclat inaccoutumé; mais ce fut tout, et la réponse si naturelle à cette question ne lui vint même pas a l'esprit.

Le Forward, en se rapprochant du pôle, s'était éloigné de ce gisement de charbon observé par sir Edward Belcher; au lieu de cent milles, il fallait, pour le chercher, revenir de deux cent cinquante milles vers le sud. Cependant, après une courte discussion à cet égard entre Hatteras et Clawbonny, le voyage fut maintenu.

Si Belcher avait dit vrai, et l'on ne pouvait mettre sa véracité en doute, les choses devaient se trouver dans l'état où il les avait laissées. Depuis 1853, pas une expédition nouvelle ne fut dirigée vers ces continents extrêmes. On ne rencontrait que peu ou point d'Esquimaux sous cette latitude. La déconvenue arrivée à l'île Beechey ne pouvait se reproduire sur les côtes du Nouveau-Cornouailles. La basse température de ce climat conservait indéfiniment les objets abandonnés à son influence. Toutes les chances se réunissaient donc en faveur de cette excursion à travers les glaces.

On calcula que ce voyage pourrait durer quarante jours au plus, et les préparatifs furent faits par Johnson en conséquence.

Ses soins se portèrent d'abord sur le traîneau; il était de forme groënlandaise, large de trente-cinq pouces, et long de vingt-quatre pieds. Les Esquimaux en construisent qui dépassent souvent cinquante pieds en longueur. Celui-ci se composait de longues planches recourbées à l'avant et à l'arrière, et tendues comme un arc par deux fortes cordes. Cette disposition lui donnait un certain ressort de nature à rendre les chocs moins dangereux. Ce traîneau courait aisément sur la glace; mais par les temps de neige, lorsque les couches blanches n'étaient pas encore durcies, on lui adaptait deux châssis verticaux juxtaposés, et, élevé de la sorte, il pouvait avancer sans accroître son tirage. D'ailleurs, en le frottant d'un mélange de soufre et de neige, suivant la méthode esquimau, il glissait avec une remarquable facilité.

Son attelage se composait de six chiens; ces animaux, robustes malgré leur maigreur, ne paraissaient pas trop souffrir de ce rude hiver; leurs harnais de peau de daim étaient en bon état; on devait compter sur un tel équipage, que les Groënlandais d'Uppernawik avaient vendu en conscience. A eux six, ces animaux pouvaient traîner un poids de deux mille livres, sans se fatiguer outre mesure.

Les effets de campement furent une tente, pour le

cas où la construction d'une snow-house[1] serait impossible, une large toile de mackintosh, destinée à s'étendre sur la neige, qu'elle empêchait de fondre au contact du corps, et enfin plusieurs couvertures de laine et de peau de buffle. De plus, on emporta l'halkett-boat.

Les provisions consistèrent en cinq caisses de pemmican pesant environ quatre cent cinquante livres; on comptait une livre de pemmican par homme et par chien; ceux-ci étaient au nombre de sept, en comprenant Duk; les hommes ne devaient pas être plus de quatre. On emportait aussi douze gallons d'esprit-de-vin, c'est-à-dire cent cinquante livres à peu près, du thé, du biscuit en quantité suffisante, une petite cuisine portative, avec une notable quantité de mèches et d'étoupes, de la poudre, des munitions, et quatre fusils à deux coups. Les hommes de l'expédition, d'après l'invention du capitaine Parry, devaient se ceindre de ceintures en caoutchouc, dans lesquelles la chaleur du corps et le mouvement de la marche maintenaient du café, du thé et de l'eau à l'état liquide.

Johnson soigna tout particulièrement la confection des snow-shoes[2], fixées sur des montures en bois garnies de lanières de cuir; elles servaient de patins; sur les terrains entièrement glacés et durcis, les moccassins de peau de daim les remplaçaient avec avantage; cha-

1. Maison de neige.
2. Chaussures à neige.

que voyageur dut être muni de deux paires des unes et des autres.

Ces préparatifs, si importants, puisqu'un détail omis peut amener la perte d'une expédition, demandèrent quatre jours pleins. Chaque midi, Hatteras eut soin de relever la position de son navire ; il ne dérivait plus, et il fallait cette certitude absolue pour opérer le retour.

Hatteras s'occupa de choisir les hommes qui devaient le suivre. C'était une grave décision à prendre ; quelques-uns n'étaient pas bons à emmener, mais on devait aussi regarder à les laisser à bord. Cependant, le salut commun dépendant de la réussite du voyage, il parut opportun au capitaine de choisir avant tout des compagnons sûrs et éprouvés.

Shandon se trouva donc exclu ; il ne manifesta, d'ailleurs, aucun regret à cet égard. James Wall, complétement alité, ne pouvait prendre part à l'expédition.

L'état des malades, au surplus, n'empirait pas ; leur traitement consistait en frictions répétées et en fortes doses de jus de citron ; il n'était pas difficile à suivre, et ne nécessitait aucunement la présence du docteur. Celui-ci se mit donc en tête des voyageurs, et son départ n'amena point la moindre réclamation.

Johnson eût vivement désiré accompagner le capitaine dans sa périlleuse entreprise ; mais celui-ci le prit à part, et d'une voix affectueuse, presque émue :

« Johnson, lui dit-il, je n'ai de confiance qu'en

vous. Vous êtes le seul officier auquel je puisse laisser mon navire. Il faut que je vous sache là pour surveiller Shandon et les autres. Ils sont enchaînés ici par l'hiver ; mais qui sait les funestes résolutions dont leur méchanceté est capable? Vous serez muni de mes instructions formelles, qui remettront au besoin le commandement entre vos mains. Vous serez un autre moi-même. Notre absence durera quatre à cinq semaines au plus, et je serai tranquille, vous ayant là où je ne puis être. Il vous faut du bois, Johnson. Je le sais! mais, autant qu'il sera possible, épargnez mon pauvre navire. Vous m'entendez, Johnson?

— Je vous entends, capitaine, répondit le vieux marin, et je resterai, puisque cela vous convient ainsi.

— Merci ! » dit Hatteras en serrant la main de son maître d'équipage, et il ajouta :

« Si vous ne nous voyez pas revenir, Johnson, attendez jusqu'à la débâcle prochaine, et tâchez de pousser une reconnaissance vers le pôle. Si les autres s'y opposent, ne pensez plus à nous, et ramenez le *Forward* en Angleterre.

— C'est votre volonté, capitaine?

— Ma volonté absolue, répondit Hatteras.

— Vos ordres seront exécutés, » dit simplement Johnson.

Cette décision prise, le docteur regretta son digne ami, mais il dut reconnaître qu'Hatteras faisait bien en agissant ainsi.

Les deux autres compagnons de voyage furent Bell, le charpentier, et Simpson. Le premier, bien portant, brave et dévoué, devait rendre de grands services pour les campements sur la neige; le second, quoique moins résolu, accepta cependant de prendre part à une expédition dans laquelle il pouvait être fort utile en sa double qualité de chasseur et de pêcheur.

Ainsi ce détachement se composa d'Hatteras, de Clawbonny, de Bell, de Simpson et du fidèle Duk, c'étaient donc quatre hommes et sept chiens à nourrir. Les approvisionnements avaient été calculés en conséquence.

Pendant les premiers jours de janvier, la température se maintint en moyenne à trente-trois degrés au-dessous de zéro (— 37° centigr.). Hatteras guettait avec impatience un changement de temps; plusieurs fois il consulta le baromètre, mais il ne fallait pas s'y fier; cet instrument semble perdre sous les hautes latitudes sa justesse habituelle; la nature, dans ces climats, apporte de notables exceptions à ses lois générales : ainsi la pureté du ciel n'était pas toujours accompagnée de froid, et la neige ne ramenait pas une hausse dans la température; le baromètre restait incertain, ainsi que l'avaient déjà remarqué beaucoup de navigateurs des mers polaires; il descendait volontiers avec des vents du nord et de l'est; bas, il amenait du beau temps; haut, de la neige ou de la pluie. On ne pouvait donc compter sur ses indications.

Enfin, le 5 janvier, une brise de l'est ramena une reprise de quinze degrés; la colonne thermométrique remonta à dix-huit degrés au-dessous de zéro (— 28 centigr.). Hatteras résolut de partir le lendemain; il n' tenait plus, à voir sous ses yeux dépecer son navire; l dunette avait passé tout entière dans le poêle.

Donc, le 6 janvier, au milieu de rafales de neige, l'ordre du départ fut donné; le docteur fit ses dernières recommandations aux malades; Bell et Simpson échangèrent de silencieux serrements de main avec leurs compagnons. Hatteras voulut adresser ses adieux à haute voix, mais il se vit entouré de mauvais regards. Il crut surprendre un ironique sourire sur les lèvres de Shandon. Il se tut. Peut-être même hésita-t-il un instant à partir, en jetant les yeux sur *le Forward*.

Mais il n'y avait pas à revenir sur sa décision; le traîneau chargé et attelé attendait sur le champ de glace; Bell prit les devants; les autres suivirent. Johnson accompagna les voyageurs pendant un quart de mille; puis Hatteras le pria de retourner à bord, ce que le vieux marin fit après un long geste d'adieu.

En ce moment, Hatteras, se retournant une dernière fois vers le brick, vit l'extrémité de ses mâts disparaître dans les sombres neiges du ciel.

CHAPITRE XXIX.

A TRAVERS LES CHAMPS DE GLACE.

La petite troupe descendit vers le sud-est. Simpson dirigeait l'équipage du traîneau. Duk l'aidait avec zèle, ne s'étonnant pas trop du métier de ses semblables. Hatteras et le docteur marchaient derrière, tandis que Bell, chargé d'éclairer la route, s'avançait en tête, sondant les glaces du bout de son bâton ferré.

La hausse du thermomètre annonçait une neige prochaine; celle-ci ne se fit pas attendre, et tomba bientôt en épais flocons. Ces tourbillons opaques ajoutaient aux difficultés du voyage; on s'écartait de la ligne droite; on n'allait pas vite; cependant, on put compter sur une moyenne de trois milles à l'heure.

Le champ de glace, tourmenté par les pressions de la gelée, présentait une surface inégale et raboteuse; les heurts du traîneau devenaient fréquents, et, suivant les pentes de la route, il s'inclinait parfois sous des angles inquiétants; mais enfin on se tira d'affaire.

Hatteras et ses compagnons se renfermaient avec

soin dans leurs vêtements de peau taillés à la mode groënlandaise ; ceux-ci ne brillaient pas par la coupe, mais ils s'appropriaient aux nécessités du climat ; la figure des voyageurs se trouvait encadrée dans un étroit capuchon impénétrable au vent et à la neige ; la bouche, le nez, les yeux, subissaient seuls le contact de l'air, et il n'eût pas fallu les en garantir ; rien d'incommode comme les hautes cravates et les cache-nez, bientôt roidis par la glace ; le soir, on n'eût pu les enlever qu'à coups de hache, ce qui, même dans les mers arctiques, est une vilaine manière de se déshabiller. Il fallait au contraire laisser un libre passage à la respiration, qui devant un obstacle se fût immédiatement congelée.

L'interminable plaine se poursuivait avec une fatigante monotonie ; partout des glaçons amoncelés sous des aspects uniformes, des hummoks dont l'irrégularité finissait par sembler régulière, des blocs fondus dans un même moule, et des ice-bergs entre lesquels serpentaient de tortueuses vallées ; on marchait, la boussole à la main ; les voyageurs parlaient peu. Dans cette froide atmosphère, ouvrir la bouche constituait une véritable souffrance ; des cristaux de glace aigus se formaient soudain entre les lèvres, et la chaleur de l'haleine ne parvenait pas à les dissoudre. La marche restait silencieuse, et chacun tâtait de son bâton ce sol inconnu. Les pas de Bell s'imprégnaient dans les couches molles ; on les suivait attentivement, et, là où il passait, le reste de la troupe pouvait se hasarder à son tour.

Des traces nombreuses d'ours et de renards se croisaient en tous sens ; mais il fut impossible pendant cette première journée d'apercevoir un seul de ces animaux ; les chasser eût été d'ailleurs dangereux et inutile : on ne pouvait encombrer le traîneau déjà lourdement chargé.

Ordinairement, dans les excursions de ce genre, les voyageurs ont soin de laisser des dépôts de vivres sur leur route ; il les placent dans des cachettes de neige à l'abri des animaux, se déchargeant d'autant pour leur voyage, et, au retour, ils reprennent peu à peu ces approvisionnements qu'ils n'ont pas eu la peine de transporter.

Hatteras ne pouvait recourir à ce moyen sur un champ de glace peut-être mobile ; en terre ferme, ces dépôts eussent été praticables, mais non à travers les ice-fields, et les incertitudes de la route rendaient fort problématique un retour aux endroits déjà parcourus.

A midi, Hatteras fit arrêter sa petite troupe à l'abri d'une muraille de glace ; le déjeuner se composa de pemmican et de thé bouillant ; les qualités revivifiantes de cette boisson produisirent un véritable bien-être, et les voyageurs ne s'en firent pas faute.

La route fut reprise après une heure de repos ; vingt milles environ avaient été franchis pendant cette première journée de marche; au soir, hommes et chiens étaient épuisés.

Cependant, malgré la fatigue, il fallut construire une maison de neige pour y passer la nuit; la tente eût été insuffisante. Ce fut l'affaire d'une heure et demie. Bell se montra fort adroit; les blocs de glace, taillés au couteau, se superposèrent avec rapidité, s'arrondirent en forme de dôme, et un dernier quartier vint assurer la solidité de l'édifice, en formant clef de voûte; la neige molle servait de mortier; elle remplissait les interstices, et, bientôt durcie, elle fit un bloc unique de la construction tout entière.

Une ouverture étroite, et par laquelle on se glissait en rampant, donnait accès dans cette grotte improvisée; le docteur s'y enfourna non sans peine, et les autres le suivirent. On prépara rapidement le souper sur la cuisine à esprit-de-vin. La température intérieure de cette snow-house était fort supportable; le vent, qui faisait rage au dehors, ne pouvait y pénétrer.

« A table! » s'écria bientôt le docteur de sa voix la plus aimable.

Et ce repas, toujours le même, peu varié mais réconfortant, se prit en commun. Quand il fut terminé, on ne songea plus qu'au sommeil; les toiles de mackintosh, étendues sur la couche de neige, préservaient de toute humidité. On fit sécher à la flamme de la cuisine portative les bas et les chaussures; puis, trois des voyageurs, enveloppés dans leur couverture de

17.

laine, s'endormirent tour à tour sous la garde du quatrième; celui-là devait veiller à la sûreté de tous, et empêcher l'ouverture de la maison de se boucher, car, faute de ce soin, on risquait d'être enterré vivant.

Duk partageait la chambre commune; l'équipage de chiens demeurait au dehors, et, après avoir pris sa part du souper, il se blottit sous une neige qui lui fit bientôt une imperméable couverture.

La fatigue de cette journée amena un prompt sommeil. Le docteur prit son quart de veille à trois heures du matin; l'ouragan se déchaînait dans la nuit. Situation étrange que celle de ces gens isolés, perdus dans les neiges, enfouis dans ce tombeau dont les murailles s'épaississaient sous les rafales!

Le lendemain matin, à six heures, la marche monotone fut reprise; toujours mêmes vallées, mêmes icebergs, une uniformité qui rendait difficile le choix des points de repère. Cependant la température, s'abaissant de quelques degrés, rendit plus rapide la course des voyageurs, en glaçant les couches de neige. Souvent on rencontrait certains monticules qui ressemblaient à des cairns ou à des cachettes d'Esquimaux; le docteur en fit démolir un pour l'acquit de sa conscience, et n'y trouva qu'un simple bloc de glace.

« Qu'espérez-vous, Clawbonny? lui disait Hatteras; ne sommes-nous pas les premiers hommes à fouler cette partie du globe?

— Cela est probable, répondit le docteur, mais enfin qui sait?

— Ne perdons pas de temps en vaines recherches, reprenait le capitaine; j'ai hâte d'avoir rejoint mon navire, quand même ce combustible si désiré viendrait à nous manquer.

— A cet égard, répondit le docteur, j'ai bon espoir.

— Docteur, disait souvent Hatteras, j'ai eu tort de quitter *le Forward*, c'est une faute ! la place d'un capitaine est à son bord, et non ailleurs.

— Johnson est là.

— Sans doute! enfin... hâtons-nous! hâtons-nous! »

L'équipage marchait rapidement; on entendait les cris de Simpson qui excitait les chiens; ceux-ci, par suite d'un curieux phénomène de phosphorescence, couraient sur un sol enflammé, et les châssis du traîneau semblaient soulever une poussière d'étincelles. Le docteur s'était porté en avant pour examiner la nature de cette neige, quand tout d'un coup, en voulant sauter un hummock, il disparut. Bell, qui se trouvait rapproché de lui, accourut aussitôt.

« Eh bien, monsieur Clawbonny, cria-t-il avec inquiétude, pendant qu'Hatteras et Simpson le rejoignaient, où êtes-vous?

— Docteur! fit le capitaine.

— Par ici! au fond d'un trou, répondit une voix rassurante; un bout de corde, et je remonte à la surface du globe. »

On tendit une corde au docteur, qui se trouvait blotti au fond d'un entonnoir creux d'une dizaine de pieds; il s'attacha par le milieu du corps, et ses trois compagnons le halèrent, non sans peine.

« Êtes-vous blessé? demanda Hatteras.

— Jamais! il n'y a pas de danger avec moi, répondit le docteur en secouant sa bonne figure toute neigeuse.

— Mais comment cela vous est-il arrivé?

— Eh! c'est la faute de la réfraction! répondit-il en riant, toujours la réfraction! j'ai cru franchir un intervalle large d'un pied, et je suis tombé dans un trou profond de dix! Ah! les illusions d'optique! ce sont les seules illusions qui me restent, mes amis, mais j'aurai de la peine à les perdre! Que cela vous apprenne à ne jamais faire un pas sans avoir sondé le terrain, car il ne faut pas compter sur ses sens! ici les oreilles entendent de travers et les yeux voient faux! C'est vraiment un pays de prédilection.

— Pouvons-nous continuer notre route? demanda le capitaine.

— Continuons, Hatteras, continuons! cette petite chute m'a fait plus de bien que de mal. »

La route au sud-est fut reprise, et, le soir venu, les voyageurs s'arrêtaient, après avoir franchi une distance de vingt-cinq milles; ils étaient harassés, ce qui n'empêcha pas le docteur de gravir une montagne de glace, pendant la construction de la maison de neige.

La lune, presque pleine encore, brillait d'un éclat

extraordinaire dans le ciel pur; les étoiles jetaient des rayons d'une intensité surprenante; du sommet de l'ice-berg la vue s'étendait sur l'immense plaine, hérissée de monticules aux formes étranges; à les voir épars, resplendissant sous les faisceaux lunaires, découpant leurs profils nets sur les ombres avoisinantes, semblables à des colonnes debout, à des fûts renversés, à des pierres tumulaires, on eût dit un vaste cimetière sans arbres, triste, silencieux, infini, dans lequel vingt générations du monde entier se fussent couchées à l'aise pour le sommeil éternel.

Malgré le froid et la fatigue, le docteur demeura dans une longue contemplation dont ses compagnons eurent beaucoup de peine à l'arracher; mais il fallait songer au repos; la hutte de neige était préparée : les quatre voyageurs s'y blottirent comme des taupes et ne tardèrent pas à s'endormir.

Le lendemain et les jours suivants se passèrent sans amener aucun incident particulier; le voyage se faisait facilement ou difficilement, avec rapidité ou lenteur, suivant les caprices de la température, tantôt âpre et glaciale, tantôt humide et pénétrante; il fallait, selon la nature du sol, employer soit les moccassins, soit les chaussures à neige.

On atteignit ainsi le 15 janvier; la lune, dans son dernier quartier, restait peu de temps visible; le soleil, quoique toujours caché sous l'horizon, donnait déjà six heures d'une sorte de crépuscule, insuffisant encore pour éclairer la route; il fallait la jalonner d'après la direction donnée par le compas. Puis Bell prenait la tête; Hatteras marchait en ligne droite derrière lui; Simpson et le docteur, les relevant l'un par l'autre, de manière à n'apercevoir qu'Hatteras, cherchaient ainsi à se maintenir dans la ligne droite; et cependant, malgré leurs soins, ils s'en écartaient parfois de trente et quarante degrés; il fallait alors recommencer le travail des jalons.

Le 15 janvier, le dimanche, Hatteras estimait avoir fait à peu près cent milles dans le sud; cette matinée fut consacrée à la réparation de divers objets de toilette et de campement; la lecture du service divin ne fut pas oubliée.

A midi, l'on se remit en marche; la température était froide; le thermomètre marquait seulement trente-deux degrés au-dessous de zéro (— 36° centigr.), dans une atmosphère très-pure.

Tout à coup, et sans que rien pût faire présager ce changement soudain, il s'éleva de terre une vapeur dans un état complet de congélation; elle atteignit une hauteur de quatre-vingt-dix pieds environ, et resta immobile; on ne se voyait plus à un pas de distance; cette vapeur s'attachait aux vêtements qu'elle hérissait de longs prismes aigus.

Les voyageurs, surpris par ce phénomène du frost-rime [1], n'eurent qu'une pensée d'abord, celle de se

1. Fumée-gelée.

réunir; aussitôt ces divers appels se firent entendre :

« Oh! Simpson!

— Bell! par ici!

— Monsieur Clawbonny!

— Docteur!

— Capitaine! où êtes-vous? »

Les quatre compagnons de route se cherchaient, les bras étendus dans ce brouillard intense, qui ne laissait aucune perception au regard. Mais ce qui devait les inquiéter, c'est qu'aucune réponse ne leur parvenait; on eût dit cette vapeur impropre à transmettre les sons.

Chacun eut donc l'idée de décharger ses armes, afin de se donner un signal de ralliement. Mais, si le son de la voix paraissait trop faible, les détonations des armes à feu étaient trop fortes, car les échos s'en emparèrent, et, repercutées dans toutes les directions, elles produisaient un roulement confus, sans direction appréciable.

Chacun agit alors suivant ses instincts. Hatteras s'arrêta, et, se croisant les bras, attendit. Simpson se contenta, non sans peine, de retenir son traîneau. Bell revint sur ses pas, dont il rechercha soigneusement les marques avec la main. Le docteur, se heurtant aux blocs de glace, tombant et se relevant, alla de droite et de gauche, coupant ses traces et s'égarant de plus en plus.

Au bout de cinq minutes, il se dit :

« Cela ne peut pas durer! Singulier climat! Un peu trop d'imprévu, par exemple! On ne sait sur quoi compter, sans parler de ces prismes aigus qui vous déchirent la figure. Aho ! aho ! capitaine ! » cria-t-il de nouveau.

Mais il n'obtint pas de réponse ; à tout hasard, il rechargea son fusil, et malgré ses gants épais le froid du canon lui brûlait les mains. Pendant cette opération, il lui sembla entrevoir une masse confuse qui se mouvait à quelques pas de lui.

« Enfin ! dit-il, Hatteras ! Bell ! Simpson ! Est-ce vous ? Voyons, répondez ! »

Un sourd grognement se fit entendre.

« Haï ! pensa le bon docteur, qu'est cela ? »

La masse se rapprochait ; en perdant leur dimension première, ses contours s'accusaient davantage. Une pensée terrible se fit jour à l'esprit du docteur.

« Un ours ! » se dit-il.

En effet, ce devait être un ours de grande dimension ; égaré dans le brouillard, il allait, venait, retournait sur ses pas, au risque de heurter ces voyageurs dont certainement il ne soupçonnait pas la présence.

« Cela se complique ! » pensa le docteur en restant immobile.

Tantôt il sentait le souffle de l'animal, qui peu après se perdait dans ce frost-rime ; tantôt il entrevoyait les pattes énormes du monstre, battant l'air, et elles passaient si près de lui que ses vêtements furent plus d'une fois déchirés par des griffes aiguës ; il sautait en arrière, et alors la masse en mouvement s'évanouissait à la façon des spectres fantasmagoriques.

Mais en reculant ainsi le docteur sentit le sol s'élever sous ses pas; s'aidant des mains, se cramponnant aux arêtes des glaçons, il gravit un bloc, puis deux; il tâta du bout de son bâton.

« Un ice-berg! se dit-il; si j'arrive au sommet, je suis sauvé. »

Et, ce disant, il grimpa avec une agilité surprenante à quatre-vingts pieds d'élévation environ; il dépassait de la tête le brouillard gelé, dont la partie supérieure se tranchait nettement!

« Bon! » se dit-il, et, portant ses regards autour de lui, il aperçut ses trois compagnons émergeant de ce fluide dense.

« Hatteras!
— Monsieur Clawbonny!
— Bell!
— Simpson! »

Ces quatre cris partirent presque en même temps; le ciel, allumé par un magnifique halo, jetait des rayons pâles qui coloraient le frost-rime à la façon des nuages, et le sommet des ice-bergs semblait sortir d'une masse d'argent liquide. Les voyageurs se trouvaient circonscrits dans un cercle de moins de cent pieds de diamètre. Grâce à la pureté des couches d'air supérieures, par une température très-froide, leurs paroles s'entendaient avec une extrême facilité, et ils purent converser du haut de leur glaçon. Après les premiers coups de fusil, chacun d'eux n'entendant pas de réponse n'avait eu rien de mieux à faire que de s'élever au-dessus du brouillard.

« Le traîneau ! cria le capitaine.

— A quatre-vingts pieds au-dessous de nous, répondit Simpson.

— En bon état ?

— En bon état.

— Et l'ours ? demanda le docteur.

— Quel ours ? répondit Bell.

— L'ours que j'ai rencontré, qui a failli me briser le crâne.

— Un ours ! fit Hatteras ; descendons alors.

— Mais non ! répliqua le docteur, nous nous perdrions encore, et ce serait à recommencer.

— Et si cet animal se jette sur nos chiens ?... » dit Hatteras.

En ce moment, les aboiements de Duk retentirent ; ils sortaient du brouillard, et ils arrivaient facilement aux oreilles des voyageurs.

« C'est Duk ! s'écria Hatteras ! Il y a certainement quelque chose. Je descends. »

Des hurlements de toute espèce sortaient alors de la masse, comme un concert effrayant ; Duk et les chiens donnaient avec rage. Tout ce bruit ressemblait à un bourdonnement formidable, mais sans éclat, ainsi qu'il arrive à des sons produits dans une salle capitonnée. On sentait qu'il se passait là, au fond de cette brume épaisse, quelque combat invisible, et la vapeur s'agitait parfois comme la mer pendant la lutte des monstres marins.

« Duk! Duk, s'écria le capitaine en se disposant à rentrer dans le frost-rime.

— Attendez! Hatteras, attendez! répondit le docteur; il me semble que le brouillard se dissipe. »

Il ne se dissipait pas, mais il baissait comme l'eau d'un étang qui se vide peu à peu; il paraissait rentrer dans le sol où il avait pris naissance; les sommets resplendissants des ice-bergs grandissaient au-dessus de lui; d'autres, immergés jusqu'alors, sortaient comme des îles nouvelles; par une illusion d'optique facile à concevoir, les voyageurs, accrochés à leurs cônes de glace, croyaient s'élever dans l'atmosphère, tandis que le niveau supérieur du brouillard s'abaissait au-dessous d'eux.

Bientôt le haut du traîneau apparut, puis les chiens d'attelage, puis d'autres animaux au nombre d'une trentaine, puis de grosses masses s'agitant, et Duk sautant, dont la tête sortait de la couche gelée et s'y replongeait tour à tour.

« Des renards! s'écria Bell.

— Des ours, répondit le docteur! un! trois! cinq!

— Nos chiens! nos provisions! » fit Simpson.

Une bande de renards et d'ours, ayant rejoint le traîneau, faisait une large brèche aux provisions. L'instinct du pillage les réunissait dans un parfait accord; les chiens aboyaient avec fureur, mais la troupe n'y prenait pas garde ; et la scène de destruction se poursuivait avec acharnement.

« Feu ! » s'écria le capitaine en déchargeant son fusil

Ses compagnons l'imitèrent. Mais à cette quadruple étonation les ours, relevant la tête et poussant un grognement comique, donnèrent le signal du départ ; ils prirent un petit trot que le galop d'un cheval n'eût pas égalé, et, suivis de la bande de renards, ils disparurent bientôt au milieu des glaçons du nord.

CHAPITRE XXX.

LE CAIRN.

La durée de ce phénomène particulier aux climats polaires avait été de trois quarts d'heure environ ; les ours et les renards eurent le temps d'en prendre à leur aise ; ces provisions arrivaient à point pour remettre ces animaux, affamés pendant ce rude hiver ; la bâche du traîneau déchirée par des griffes puissantes, les caisses de pemmican ouvertes et défoncées, les sacs de biscuit pillés, les provisions de thé répandues sur la neige, un tonnelet d'esprit-de-vin aux douves disjointes et vide de son précieux liquide, les effets de campement dispersés, saccagés, tout témoignait de l'acharnement de ces bêtes sauvages, de leur avidité famélique, de leur insatiable voracité.

« Voilà un malheur, dit Bell en contemplant cette scène de désolation.

— Et probablement irréparable, répondit Simpson.

— Évaluons d'abord le dégât, reprit le docteur, et nous en parlerons après. »

Hatteras, sans mot dire, recueillait déjà les caisses et les sacs épars; on ramassa le pemmican et les biscuits encore mangeables; la perte d'une partie de l'esprit-de-vin était une chose fâcheuse; sans lui, plus de boisson chaude, plus de thé, plus de café. En faisant l'inventaire des provisions épargnées, le docteur constata la disparition de deux cents livres de pemmican, et de cent cinquante livres de biscuit; si le voyage continuait, il devenait nécessaire aux voyageurs de se mettre à demi-ration.

On discuta donc le parti à prendre dans ces circonstances. Devait-on retourner au navire, et recommencer cette expédition? Mais comment se décider à perdre ces cent cinquante milles déjà franchis? Revenir sans ce combustible si nécessaire serait d'un effet désastreux sur l'esprit de l'équipage! Trouverait-on encore des gens déterminés à reprendre cette course à travers les glaces?

Évidemment, le mieux était de se porter en avant, même au prix des privations les plus dures.

Le docteur, Hatteras et Bell étaient pour ce dernier parti ; Simpson poussait au retour ; les fatigues du voyage avaient altéré sa santé ; il s'affaiblissait visiblement ; mais enfin, se voyant seul de son avis, il reprit sa place en tête du traîneau, et la petite caravane continua sa route au sud.

Pendant les trois jours suivants, du 15 au 17 janvier, les incidents monotones du voyage se reproduisirent ; on avançait plus lentement ; les voyageurs se fatiguaient ; la lassitude les prenait aux jambes ; les chiens de l'attelage tiraient péniblement ; cette nourriture insuffisante n'était pas faite pour réconforter bêtes et gens. Le temps variait avec sa mobilité accoutumée, sautant d'un froid intense à des brouillards humides et pénétrants.

Le 18 janvier, l'aspect des champs de glace changea soudain ; un grand nombre de pics, semblables à des pyramides terminées par une pointe aiguë, et d'une grande élévation, se dressèrent à l'horizon ; le sol, à certaines places, perçait la couche de neige ; il semblait formé de gneiss, de schiste et de quartz avec quelque apparence de roches calcaires. Les voyageurs foulaient enfin la terre ferme, et cette terre devait être, d'après l'estimation, ce continent appelé le Nouveau-Cornouailles.

Le docteur ne put s'empêcher de frapper d'un pied satisfait ce terrain solide ; les voyageurs n'avaient plus que cent milles à franchir pour atteindre le cap Belcher ; mais leurs fatigues allaient singulièrement s'accroître sur ce sol tourmenté, semé de roches aiguës, de ressauts dangereux, de crevasses et de précipices ; il fallait s'enfoncer dans l'intérieur des terres, et gravir les hautes falaises de la côte, à travers des gorges étroites dans lesquelles les neiges s'amoncelaient sur une hauteur de trente à quarante pieds.

Les voyageurs vinrent à regretter promptement le chemin à peu près uni, presque facile, des ice-fields si propices au glissage du traîneau ; maintenant, il fallait tirer avec force ; les chiens éreintés n'y suffisaient plus ; les hommes, forcés de s'atteler près d'eux, s'épuisaient à les soulager ; plusieurs fois, il devint nécessaire de décharger entièrement les provisions pour franchir des monticules extrêmement roides, dont les surfaces glacées ne donnaient aucune prise ; tel passage de dix pieds demanda des heures entières ; aussi, pendant cette première journée, on gagna cinq milles à peine sur cette terre de Cornouailles, bien nommée assurément, car elle présentait les aspérités, les pointes aiguës, les arêtes vives, les roches convulsionnées de l'extrémité sud-ouest de l'Angleterre.

Le lendemain, le traîneau atteignit la partie supérieure des falaises ; les voyageurs, à bout de forces, ne pouvant construire leur maison de neige, durent passer la nuit sous la tente, enveloppés dans les peaux de buffle, et réchauffant leurs bas mouillés sur leur poitrine. On comprend les conséquences inévitables d'une pareille hygiène ; le thermomètre, pendant cette nuit, descendit plus bas que quarante-quatre degrés (— 42° centigr.), et le mercure gela.

La santé de Simpson s'altérait d'une façon inquiétante; un rhume de poitrine opiniâtre, des rhumatismes violents, des douleurs intolérables, l'obligeaient à se coucher sur le traîneau qu'il ne pouvait plus guider. Bell le remplaça; il souffrait, mais ses souffrances n'étaient pas de nature à l'aliter. Le docteur ressentait aussi l'influence de cette excursion par un hiver terrible; cependant il ne laissait pas une plainte s'échapper de sa poitrine; il marchait en avant, appuyé sur son bâton; il éclairait la route, il aidait à tout. Hatteras, impassible, impénétrable, insensible, valide comme au premier jour avec son tempérament de fer, suivait silencieusement le traîneau.

Le 20 janvier, la température fut si rude, que le moindre effort amenait immédiatement une prostration complète. Cependant les difficutés du sol devinrent telles, que le docteur, Hatteras et Bell, s'attelèrent près des chiens; des chocs inattendus avaient brisé le devant du traîneau; on dut le raccommoder. Ces causes de retard se reproduisaient plusieurs fois par jour.

Les voyageurs suivaient une profonde ravine, engagés dans la neige jusqu'à mi-corps, et suant au milieu d'un froid violent. Ils ne disaient mot. Tout à coup, Bell, placé près du docteur, se prend à regarder celui-ci avec effroi; puis, sans prononcer une parole, il ramasse une poignée de neige, et en frotte vigoureusement la figure de son compagnon.

« Eh bien, Bell ! » faisait le docteur en se débattant. Mais Bell continuait et frottait de son mieux.

« Voyons ! Bell ; reprit le docteur, la bouche, le nez, les yeux pleins de neige, êtes-vous fou ? Qu'y a-t-il donc ?

— Il y a, répondit Bell, que si vous possédez encore un nez, c'est à moi que vous le devrez !

— Un nez ! répliqua vivement le docteur en portant la main à son visage.

— Oui ; monsieur Clawbonny, vous étiez complétement frost-bitten ; votre nez était tout blanc quand je vous ai regardé, et sans mon traitement énergique vous seriez privé de cet ornement, incommode en voyage, mais nécessaire dans l'existence. »

En effet, un peu plus le docteur avait le nez gelé ; la circulation du sang s'étant heureusement refaite à propos, grâce aux vigoureuses frictions de Bell, tout danger disparut.

« Merci ! Bell, dit le docteur, et à charge de revanche.

— J'y compte, monsieur Clawbonny, répondit le charpentier, et plût au ciel que nous n'eussions jamais de plus grands malheurs à redouter !

— Hélas, Bell ! reprit le docteur, vous faites allusion à Simpson ; le pauvre garçon est en proie à de terribles souffrances.

— Craignez-vous pour lui ? demanda vivement Hatteras

— Oui, capitaine, reprit le docteur.

— Et que craignez-vous ?

— Une violente attaque de scorbut ; ses jambes enflent déjà et ses gencives se prennent ; le malheureux est là, couché sous les couvertures du traîneau, à demi gelé, et les chocs ravivent à chaque instant ses douleurs ; je le plains, Hatteras, et je ne puis rien pour le soulager !

— Pauvre Simpson ! murmura Bell.

— Peut-être faudrait-il nous arrêter un jour ou deux, reprit le docteur.

— S'arrêter ! s'écria Hatteras, quand la vie de dix-huit hommes tient à notre retour !

— Cependant... fit le docteur.

— Clawbonny, Bell, écoutez-moi, reprit Hatteras ; il ne nous reste pas pour vingt jours de vivres ! Voyez si nous pouvons perdre un instant ! »

Ni le docteur, ni Bell, ne répondirent un seul mot, et le traîneau reprit sa marche un moment interrompue.

Le soir, on s'arrêta au pied d'un monticule de glace dans lequel Bell tailla promptement une caverne ; les voyageurs s'y réfugièrent ; le docteur passa la nuit à soigner Simpson ; le scorbut exerçait déjà sur le malheureux ses affreux ravages, et les souffrances amenaient une plainte continuelle sur ses lèvres tuméfiées.

« Ah ! monsieur Clawbonny !

— Du courage, mon garçon ! disait le docteur.

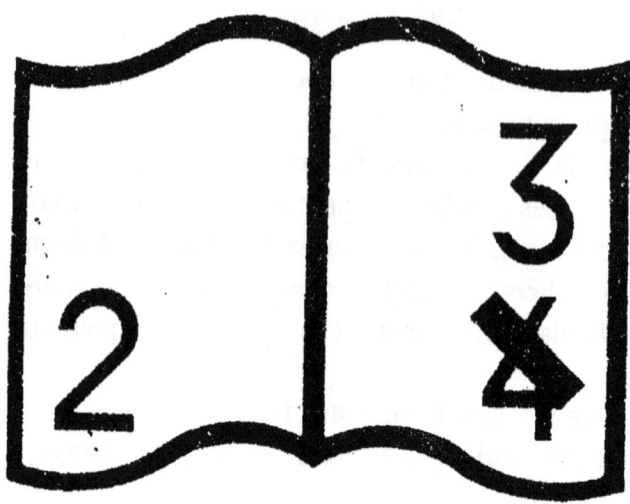

Pagination incorrecte — date incorrecte
NF Z 43-120-12

lire PAGE 315
au lieu de PAGE 313

— Je n'en reviendrai pas! je le sens! je n'en puis plus! j'aime mieux mourir! »

A ces paroles désespérées, le docteur répondait par des soins incessants; quoique brisé lui-même des fatigues du jour, il employait la nuit à composer quelque potion calmante pour le malade; mais déjà le lime-juice restait sans action, et les frictions n'empêchaient pas le scorbut de s'étendre peu à peu.

Le lendemain, il fallait replacer cet infortuné sur le traîneau, quoiqu'il demandât à rester seul, abandonné, et qu'on le laissât mourir en paix; puis on reprenait cette marche effroyable au milieu de difficultés sans cesse accumulées.

Les brumes glacées pénétraient ces trois hommes jusqu'aux os; la neige, le grésil, leur fouettaient le visage; ils faisaient le métier de bête de somme, et n'avaient plus une nourriture suffisante.

Duk, semblable à son maître, allait et venait, bravant les fatigues, toujours alerte, découvrant de lui-même la meilleure route à suivre; on s'en remettait à son merveilleux instinct.

Pendant la matinée du 23 janvier, au milieu d'une obscurité presque complète, car la lune était nouvelle, Duk avait pris les devants; durant plusieurs heures on le perdit de vue; l'inquiétude prit Hatteras, d'autant plus que de nombreuses traces d'ours sillonnaient le sol; il ne savait trop quel parti prendre, quand des aboiements se firent entendre avec force.

Hatteras hâta la marche du traîneau, et bientôt il rejoignit le fidèle animal au fond d'une ravine.

Duk, en arrêt, immobile comme s'il eût été pétrifié, aboyait devant une sorte de cairn, fait de quelques pierres à chaux recouvertes d'un ciment de glace.

« Cette fois, dit le docteur en détachant ses courroies, c'est un cairn, il n'y a pas à s'y tromper.

— Que nous importe? répondit Hatteras.

— Hatteras, si c'est un cairn, il peut contenir un document précieux pour nous; il renferme peut-être un dépôt de provisions, et cela vaut la peine d'y regarder.

— Et quel Européen aurait poussé jusqu'ici? fit Hatteras en haussant les épaules.

— Mais à défaut d'Européens, répliqua le docteur, les Esquimaux n'ont-ils pu faire une cache en cet endroit, et y déposer les produits de leur pêche ou de leur chasse? c'est assez leur habitude, ce me semble.

— Eh bien! voyez, Clawbonny, répondit Hatteras; mais je crains bien que vous n'en soyez pour vos peines. »

Clawbonny et Bell, armés de pioches, se dirigèrent vers le cairn. Duk continuait d'aboyer avec fureur. Les pierres à chaux étaient fortement cimentées par la glace; mais quelques coups ne tardèrent pas à les éparpiller sur le sol.

« Il y a évidemment quelque chose, dit le docteur.

— Je le crois, » répondit Bell.

Ils démolirent le cairn avec rapidité. Bientôt une cachette fut découverte ; dans cette cachette se trouvait un papier tout humide. Le docteur s'en empara, le cœur palpitant. Hatteras accourut, prit le document et lut :

« Altam..., *Porpoise,* 13 déc... 1860, 12..° long...
« 8..° 35' lat... »

« *Le Porpoise,* dit le docteur.

— *Le Porpoise,* répéta Hatteras ! Je ne connais pas de navire de ce nom à fréquenter ces mers.

— Il est évident, reprit le docteur, que des navigateurs, des naufragés peut-être, ont passé là depuis moins de deux mois.

— Cela est certain, répondit Bell.

— Qu'allons-nous faire? demanda le docteur.

— Continuer notre route, répondit froidement Hatteras. Je ne sais ce qu'est ce navire *le Porpoise,* mais je sais que le brick *le Forward* attend notre retour. »

CHAPITRE XXXI.

LA MORT DE SIMPSON.

Le voyage fut repris; l'esprit de chacun s'emplissait d'idées nouvelles et inattendues, car une rencontre dans ces terres boréales est l'événement le plus grave qui puisse se produire. Hatteras fronçait le sourcil avec inquiétude.

« *Le Porpoise!* se demandait-il ; qu'est-ce que ce navire? Et que vient-il faire si près du pôle ? »

A cette pensée, un frisson le prenait en dépit de la température. Le docteur et Bell, eux, ne songeaient qu'aux deux résultats que pouvait amener la découverte de ce document : sauver leurs semblables ou être sauvés par eux.

Mais les difficultés, les obstacles, les fatigues revinrent bientôt, et ils ne durent songer qu'à leur propre situation, si dangereuse alors.

La situation de Simpson empirait; les symptômes d'une mort prochaine ne purent être méconnus par le docteur. Celui-ci n'y pouvait rien; il souffrait cruellement lui-même d'une ophthalmie douloureuse qui pouvait aller jusqu'à la cécité, s'il n'y prenait garde. Le crépuscule donnait alors une quantité suffisante de lumière, et cette lumière, réfléchie par les neiges, brûlait les yeux; il était difficile de se protéger contre cette réflexion, car les verres des lunettes, se couvrant d'une croûte glacée, devenaient opaques et interceptaient la vue. Or, il fallait veiller avec soin aux moindres accidents de la route et les relever du plus loin possible : force était donc de braver les dangers de l'ophthalmie ; cependant le docteur et Bell, se couvrant les yeux, laissaient tour à tour à chacun d'eux le soin de diriger le traîneau.

Celui-ci glissait mal sur ses châssis usés; le tirage devenait de plus en plus pénible; les difficultés du terrain ne diminuaient pas; on avait affaire à un continent de nature volcanique, hérissé et sillonné de crêtes vives; les voyageurs avaient dû, peu à peu, s'élever à une hauteur de quinze cents pieds pour franchir le sommet des montagnes. La température était là plus âpre; les rafales et les tourbillons s'y déchaînaient avec une violence sans égale, et c'était un triste spectacle que celui de ces infortunés se traînant sur ces cimes désolées.

Ils étaient pris aussi du mal de la blancheur; cet éclat uniforme écœurait; il enivrait, il donnait le vertige; le sol semblait manquer et n'offrir aucun point fixe sur cette immense nappe blanche; le sentiment éprouvé était celui du roulis, pendant lequel le pont du navire fuit sous le pied du marin ; les voyageurs ne pouvaient s'habituer à cet effet, et la continuité de cette sensation leur portait à la tête. La torpeur s'emparait de leurs membres, la somnolence de leur esprit, et souvent ils marchaient comme des hommes à peu près endormis ; alors un chaos, un heurt inattendu, une chute même, les tirait de cette inertie, qui les reprenait quelques instants plus tard.

Le 25 janvier, ils commencèrent à descendre des pentes abruptes ; leurs fatigues s'accrurent encore sur ces déclivités glacées ; un faux pas, bien difficile à éviter, pouvait les précipiter dans des ravins profonds, et, là, ils eussent été perdus sans ressource.

Vers le soir, une tempête d'une violence extrême balaya les sommets neigeux ; on ne pouvait résister à la violence de l'ouragan ; il fallait se coucher à terre ; mais la température étant fort basse, on risquait de se faire geler instantanément.

Bell, aidé d'Hatteras, construisit avec beaucoup de peine une snow-house, dans laquelle les malheureux cherchèrent un abri ; là, on prit quelques pincées de pemmican et un peu de thé chaud ; il ne restait pas quatre gallons d'esprit-de-vin ; or il était nécessaire d'en user pour satisfaire la soif, car il ne faut pas croire que la neige puisse être absorbée sous sa forme naturelle ; on est forcé de la faire fondre. Dans les pays tempérés, où le froid descend à peine au-dessous du point de congélation, elle ne peut être malfaisante; mais au delà du cercle polaire il en est tout autrement; elle atteint une température si basse, qu'il n'est pas plus possible de la saisir avec la main qu'un morceau de fer rougi à blanc, et cela, quoiqu'elle conduise très-mal la chaleur; il y a donc entre elle et l'estomac une différence de température telle, que son absorption produirait une suffocation véritable. Les Esquimaux préfèrent endurer les plus longs tourments à se désaltérer de cette neige, qui ne peut aucunement remplacer l'eau et augmente la soif au lieu de l'apaiser. Les voyageurs ne pouvaient donc étancher la leur qu'à la condition de fondre la neige en brûlant l'esprit-de-vin.

A trois heures du matin, au plus fort de la tempête, le docteur prit le quart de veille; il était accoudé dans un coin de la maison, quand une plainte lamentable de Simpson appela son attention; il se leva pour lui donner ses soins, mais en se levant il se heurta fortement la tête à la voûte de glace; sans se préoccuper autrement de cet incident, il se courba sur Simpson et se mit à lui frictionner ses jambes enflées et bleuâtres; après un quart d'heure de ce traitement, il voulut se relever, et se heurta la tête une seconde fois, bien qu'il fût agenouillé alors.

« Voilà qui est bizarre, » se dit-il.

Il porta la main au-dessus de sa tête : la voûte baissait sensiblement.

« Grand Dieu ! s'écria-t-il. Alerte, mes amis ! »

A ses cris, Hatteras et Bell se relevèrent vivement, et se heurtèrent à leur tour ; ils étaient dans une obscurité profonde.

« Nous allons être écrasés ! dit le docteur ; au dehors ! au dehors ! »

Et tous les trois, traînant Simpson à travers l'ouverture, ils quittèrent cette dangereuse retraite ; il était temps, car les blocs de glace, mal assujettis, s'effondrèrent avec fracas.

Les infortunés se trouvaient alors sans abri au milieu de la tempête, saisis par un froid d'une rigueur extrême. Hatteras se hâta de dresser la tente ; on ne put la maintenir contre la violence de l'ouragan, et il fallut s'abriter sous les plis de la toile, qui fut bientôt chargée d'une couche épaisse de neige ; mais au moins cette neige, empêchant la chaleur de rayonner au dehors, préserva les voyageurs du danger d'être gelés vivants.

Les rafales ne cessèrent pas avant le lendemain ; en attelant les chiens insuffisamment nourris, Bell s'aperçut que trois d'entre eux avaient commencé à ronger leurs courroies de cuir ; deux paraissaient fort malades et ne pouvaient aller loin.

Cependant la caravane reprit sa marche tant bien que mal ; il restait encore soixante milles à franchir avant d'atteindre le point indiqué.

Le 26, Bell, qui allait en avant, appela tout à coup

ses compagnons. Ceux-ci accoururent, et il leur montra d'un air stupéfait un fusil appuyé sur un glaçon.

« Un fusil ! » s'écria le docteur.

Hatteras le prit ; il était en bon état et chargé.

« Les hommes du *Porpoise* ne peuvent être loin, » dit le docteur.

Hatteras, en examinant l'arme, remarqua qu'elle était d'origine américaine ; ses mains se crispèrent sur le canon glacé.

« En route ! en route ! » dit-il d'une voix sourde.

On continua de descendre la pente des montagnes. Simpson paraissait privé de tout sentiment ; il ne se plaignait plus ; la force lui manquait.

La tempête ne discontinuait pas ; la marche du traîneau devenait de plus en plus lente ; on gagnait à peine quelques milles par vingt-quatre heures, et, malgré l'économie la plus stricte, les vivres diminuaient sensiblement ; mais, tant qu'il en restait au delà de la quantité nécessaire au retour, Hatteras marchait en avant.

Le 27, on trouva presque enfoui sous la neige un sextant, puis une gourde ; celle-ci contenait de l'eau-de-vie, ou plutôt un morceau de glace, au centre duquel tout l'esprit de cette liqueur s'était réfugié sous la forme d'une boule de neige ; elle ne pouvait plus servir.

Évidemment Hatteras suivait sans le vouloir les traces d'une grande catastrophe ; il s'avançait par le seul chemin praticable, ramassant les épaves de quelque naufrage horrible. Le docteur examinait avec soin si de nouveaux cairns ne s'offriraient pas à sa vue ; mais en vain.

De tristes pensées lui venaient à l'esprit : en effet, s'il découvrait ces infortunés, quels secours pourrait-il leur apporter? Ses compagnons et lui commençaient à manquer de tout ; leurs vêtements se déchiraient, leurs vivres devenaient rares. Que ces naufragés fussent nombreux, et ils périssaient tous de faim. Hatteras semblait porté à les fuir ! N'avait-il pas raison, lui sur qui reposait le salut de son équipage? Devait-il, en ramenant des étrangers à bord, compromettre la sûreté de tous?

Mais ces étrangers, c'étaient des hommes, leurs semblables, peut-être des compatriotes ! Si faible que fût leur chance de salut, devait-on la leur enlever? Le docteur voulut connaître la pensée de Bell à cet égard. Bell ne répondit pas. Ses propres souffrances lui endurcissaient le cœur. Clawbonny n'osa pas interroger Hatteras ; il s'en rapporta donc à la Providence.

Le 27 janvier, vers le soir, Simpson parut être à toute extrémité ; ses membres déjà roidis et glacés, sa respiration haletante qui formait un brouillard autour de sa tête, des soubresauts convulsifs, annonçaient sa dernière heure. L'expression de son visage était terrible désespérée, avec des regards de colère impuissante adressés au capitaine. Il y avait là toute une accusation, toute une suite de reproches muets, mais significatifs, mérités peut-être !

Hatteras ne s'approchait pas du mourant. Il l'évitait, il le fuyait, plus taciturne, plus concentré, plus rejeté en lui-même que jamais!

La nuit suivante fut épouvantable; la tempête redoublait de violence; trois fois la tente fut arrachée, et le drift de neige s'abattit sur ces infortunés, les aveuglant, les glaçant, les perçant de dards aigus arrachés aux glaçons environnants. Les chiens hurlaient lamentablement; Simpson restait exposé à cette cruelle température. Bell parvint à rétablir le misérable abri de toile, qui, s'il ne défendait pas du froid, protégeait au moins contre la neige. Mais une rafale, plus rapide, l'enleva une quatrième fois, et l'entraîna dans son tourbillon au milieu d'épouvantables sifflements.

« Ah! c'est trop souffrir! s'écria Bell.

— Du courage! du courage! » répondit le docteur en s'accrochant à lui pour ne pas être roulé dans les ravins.

Simpson râlait. Tout à coup, par un dernier effort, il se releva à demi, tendit son poing fermé vers Hatteras, qui le regardait de ses yeux fixes, poussa un cri déchirant et retomba mort au milieu de sa menace inachevée.

« Mort! s'écria le docteur.

— Mort! » répéta Bell.

Hatteras, qui s'avançait vers le cadavre, recula sous la violence du vent.

C'était donc le premier de cet équipage qui tombait

frappé par ce climat meurtrier, le premier à ne jamais revenir au port, le premier à payer de sa vie, après d'incalculables souffrances, l'entêtement intraitable du capitaine. Ce mort l'avait traité d'assassin, mais Hatteras ne courba pas la tête sous l'accusation. Cependant, une larme, glissant de sa paupière, vint se congeler sur sa joue pâle.

Le docteur et Bell le regardaient avec une sorte de terreur. Arc-bouté sur son long bâton, il apparaissait comme le génie de ces régions hyperboréennes, droit au milieu des rafales surexcitées, et sinistre dans son effrayante immobilité.

Il demeura debout, sans bouger, jusqu'aux premières lueurs du crépuscule, hardi, tenace, indomptable, et semblant défier la tempête qui mugissait autour de lui.

CHAPITRE XXXII.

LE RETOUR AU FORWARD.

Le vent se calma vers six heures du matin, et, passant subitement dans le nord, il chassa les nuages du ciel; le thermomètre marquait trente-trois degrés au dessous de zéro (—37° centigr.). Les premières lueurs du crépuscule argentaient cet horizon qu'elles devaient dorer quelques jours plus tard.

Hatteras vint auprès de ses deux compagnons abattus, et d'une voix douce et triste il leur dit :

« Mes amis, plus de soixante milles nous séparent encore du point signalé par sir Edward Belcher. Nous n'avons que le strict nécessaire de vivres pour rejoindre le navire. Aller plus loin, ce serait nous exposer à une mort certaine, sans profit pour personne. Nous allons retourner sur nos pas.

— C'est là une bonne résolution, Hatteras, répondit le docteur; je vous aurais suivi jusqu'où il vous eût plu de me mener, mais notre santé s'affaiblit de jour en jour; à peine pouvons-nous mettre un pied devant l'autre; j'approuve complétement ce projet de retour.

— Est-ce également votre avis, Bell? demanda Hatteras.

— Oui, capitaine, répondit le charpentier.

— Eh bien, reprit Hatteras, nous allons prendre deux jours de repos. Ce n'est pas trop. Le traîneau a besoin de réparations importantes. Je pense donc que nous devons construire une maison de neige, dans laquelle puissent se refaire nos forces.

Ce point décidé, les trois hommes se mirent à l'ouvrage avec ardeur; Bell prit les précautions nécessaires pour assurer la solidité de sa construction, et bientôt une retraite suffisante s'éleva au fond de la ravine où la dernière halte avait eu lieu.

Hatteras s'était fait sans doute une violence extrême pour interrompre son voyage! tant de peines, de fatigues perdues! une excursion inutile, payée de la mort d'un homme! Revenir à bord sans un morceau de charbon! qu'allait devenir l'équipage? qu'allait-il faire sous l'inspiration de Richard Shandon? Mais Hatteras ne pouvait lutter davantage.

Tous ses soins se reportèrent alors sur les préparatifs du retour; le traîneau fut réparé, sa charge avait bien diminué d'ailleurs, et ne pesait pas deux cents livres. On raccommoda les vêtements usés, déchirés, imprégnés de neige et durcis par la gelée; des moccassins et des snow-shoes nouveaux remplacèrent les anciens mis hors d'usage. Ces travaux prirent la journée du 29 et la matinée du 30 ; d'ailleurs, les trois voyageurs se reposaient de leur mieux et se réconfortaient pour l'avenir.

Pendant ces trente-six heures passées dans la maison de neige et sur les glaçons de la ravine, le docteur avait observé Duk, dont les singulières allures ne lui semblaient pas naturelles; l'animal tournait sans cesse en faisant mille circuits imprévus qui paraissaient avoir entre eux un centre commun; c'était une sorte d'élévation, de renflement du sol produit par différentes couches de glaces superposées; Duk, en contournant ce point, aboyait à petit bruit, remuant sa queue avec impatience, regardant son maître et semblant l'interroger.

Le docteur, après avoir réfléchi, attribua cet état d'inquiétude à la présence du cadavre de Simpson, que ses compagnons n'avaient pas encore eu le temps d'enterrer.

Il résolut donc de procéder à cette triste cérémonie le jour même; on devait repartir le lendemain matin dès le crépuscule.

Bell et le docteur se munirent de pioches et se dirigèrent vers le fond de la ravine; l'éminence signalée par Duk offrait un emplacement favorable pour y déposer le cadavre; il fallait l'inhumer profondément pour le soustraire à la griffe des ours.

Le docteur et Bell commencèrent par enlever la couche superficielle de neige molle, puis ils attaquèrent la

19.

glace durcie; au troisième coup de pioche, le docteur rencontra un corps dur qui se brisa; il en retira les morceaux, et reconnut les restes d'une bouteille de verre.

De son côté, Bell mettait à jour un sac racorni, et dans lequel se trouvaient des miettes de biscuit parfaitement conservé.

« Hein? fit le docteur.

— Qu'est-ce que cela veut dire? » demanda Bell en suspendant son travail.

Le docteur appela Hatteras, qui vint aussitôt.

Duk aboyait avec force, et, de ses pattes, il essayait de creuser l'épaisse couche de glace.

« Est-ce que nous aurions mis la main sur un dépôt de provisions? dit le docteur.

— Cela y ressemble, répondit Bell.

— Continuez! » fit Hatteras.

Quelques débris d'aliments furent encore retirés, et une caisse au quart pleine de pemmican.

« Si c'est une cache, dit Hatteras, les ours l'ont certainement visitée avant nous. Voyez, ces provisions ne sont pas intactes.

— Cela est à craindre, répondit le docteur, car... »

Il n'acheva pas sa phrase; un cri de Bell venait de l'interrompre : ce dernier, écartant un bloc assez fort, montrait une jambe roide et glacée qui sortait par l'interstice des glaçons.

« Un cadavre! s'écria le docteur.

— Ce n'est pas une cache, répondit Hatteras, c'est une tombe. »

Le cadavre, mis à l'air, était celui d'un matelot d'une trentaine d'années, dans un état parfait de conservation ; il avait le vêtement des navigateurs arctiques ; le docteur ne put dire à quelle époque remontait sa mort.

Mais après ce cadavre Bell en découvrit un second, celui d'un homme de cinquante ans, portant encore sur sa figure la trace des souffrances qui l'avaient tué.

« Ce ne sont pas des corps enterrés, s'écria le docteur ; ces malheureux ont été surpris par la mort, tels que nous les trouvons.

— Vous avez raison, monsieur Clawbonny, répondit Bell.

— Continuez ! continuez ! » disait Hatteras.

Bell osait à peine. Qui pouvait dire ce que ce monticule de glace renfermait de cadavres humains !

« Ces gens ont été victimes de l'accident qui a failli nous arriver à nous-mêmes, dit le docteur ; leur maison de neige s'est affaissée. Voyons si quelqu'un d'eux ne respire pas encore ! »

La place fut déblayée avec rapidité, et Bell ramena un troisième corps, celui d'un homme de quarante ans ; il n'avait pas l'apparence cadavérique des autres ; le docteur se baissa sur lui, et crut surprendre encore quelques symptômes d'existence.

« Il vit ! il vit ! s'écria-t-il.

Bell et lui transportèrent ce corps dans la maison de neige, tandis qu'Hatteras, immobile, considérait la demeure écroulée.

Le docteur dépouilla entièrement le malheureux exhumé ; il ne trouva sur lui aucune trace de blessure ; aidé de Bell, il le frictionna vigoureusement avec des étoupes imbibées d'esprit-de-vin, et il sentit peu à peu la vie renaître ; mais l'infortuné était dans un état de prostration absolue, et complétement privé de la parole ; sa langue adhérait à son palais, comme gelée.

Le docteur chercha dans les poches de ses vêtements ; elles étaient vides. Donc pas de document. Il laissa Bell continuer ses frictions et revint vers Hatteras.

Celui-ci, descendu dans les cavités de la maison de neige, avait fouillé le sol avec soin, et remontait en tenant à la main un fragment à demi brûlé d'une enveloppe de lettre. On pouvait encore y lire ces mots :

. . . . tamont,

. . . . . *orpoise*

w-Yorck.

« Altamont, s'écria le docteur ! du navire *le Ponpoise !* de New-York !

— Un Américain ! fit Hatteras en tressaillant.

— Je le sauverai ! dit le docteur, j'en réponds, et nous saurons le mot de cette épouvantable énigme. »

Il retourna près du corps d'Altamont, tandis qu'Hatteras demeurait pensif. Grâce à ses soins, le docteur parvint à rappeler l'infortuné à la vie, mais non au sentiment ; il ne voyait, ni n'entendait, ni ne parlait, mais enfin il vivait !

Le lendemain matin, Hatteras dit au docteur

« Il faut cependant que nous partions.

— Partons, Hatteras ! le traîneau n'est pas chargé ; nous y transporterons ce malheureux, et nous le ramènerons au navire.

— Faites, dit Hatteras. Mais auparavant ensevelissons ces cadavres. »

Les deux matelots inconnus furent replacés sous les débris de la maison de neige ; le cadavre de Simpson vint remplacer le corps d'Altamont.

Les trois voyageurs donnèrent, sous forme de prière, un dernier souvenir à leur compagnon, et, à sept heures du matin, ils reprirent leur marche vers le navire.

Deux des chiens d'attelage étant morts, Duk vint de lui-même s'offrir pour tirer le traîneau, et il le fit avec la conscience et la résolution d'un groënlandais.

Pendant vingt jours, du 31 janvier au 19 février, le retour présenta à peu près les mêmes péripéties que l'aller. Seulement, dans ce mois de février, le plus froid de l'hiver, la glace offrit partout une surface résistante ; les voyageurs souffrirent terriblement de la température, mais non des tourbillons et du vent.

Le soleil avait reparu pour la première fois depuis le 31 janvier ; chaque jour il se maintenait davantage au-dessus de l'horizon. Bell et le docteur étaient au bout de leurs forces, presque aveugles et à demi écloppés ; le charpentier ne pouvait marcher sans béquilles.

Altamont vivait toujours, mais dans un état d'insensibilité complète ; parfois on désespérait de lui, mais des soins intelligents le ramenaient à l'existence ! Et cependant le brave docteur aurait eu grand besoin de se soigner lui-même, car sa santé s'en allait avec les fatigues.

Hatteras songeait au *Forward !* à son brick ! Dans quel état allait-il le retrouver ? Que se serait-il passé à bord ? Johnson aurait-il pu résister à Shandon et aux siens ? Le froid avait été terrible ! Avait-on brûlé le malheureux navire ? ses mâts, sa carène, étaient-ils respectés ?

En pensant à tout cela, Hatteras marchait en avant, comme s'il eût voulu voir son *Forward* de plus loin.

Le 24 février, au matin, il s'arrêta subitement. A trois cents pas devant lui, une lueur rougeâtre apparaissait, au-dessus de laquelle se balançait une immense colonne de fumée noirâtre qui se perdait dans les brumes grises du ciel !

« Cette fumée ! » s'écria-t-il.

Son cœur battit à se briser.

— Voyez ! là-bas ! cette fumée ! dit-il à ses deux compagnons qui l'avaient rejoint ; mon navire brûle !

— Mais nous sommes encore à plus de trois milles de lui, repartit Bell. Ce ne peut être *le Forward !*

— Si, répondit le docteur, c'est lui ; il se produit

un phénomène de mirage qui le fait paraître plus rapproché de nous!

— Courons! » s'écria Hatteras en devançant ses compagnons.

Ceux-ci, abandonnant le traîneau à la garde de Duk, s'élancèrent rapidement sur les traces du capitaine.

Une heure après, ils arrivaient en vue du navire. Spectacle horrible! le brick brûlait au milieu des glaces qui se fondaient autour de lui; les flammes enveloppaient sa coque, et la brise du sud rapportait à l'oreille d'Hatteras des craquements inaccoutumés.

A cinq cents pas, un homme levait les bras avec désespoir; il restait là, impuissant, en face de cet incendie qui tordait *le Forward* dans ses flammes.

Cet homme était seul, et cet homme, c'était le vieux Johnson.

Hatteras courut à lui.

« Mon navire! mon navire! demanda-t-il d'une voix altérée.

— Vous! capitaine! répondit Johnson, vous! arrêtez! pas un pas de plus!

— Eh bien? demanda Hatteras avec un terrible accent de menace.

— Les misérables! répondit Johnson; partis depuis quarante-huit heures, après avoir incendié le navire !

— Malédiction! » s'écria Hatteras.

Alors une explosion formidable se produisit; la terre trembla; les ice-bergs se couchèrent sur le champ de glace; une colonne de fumée alla s'enrouler dans les nuages, et *le Forward,* éclatant sous l'effort de sa poudrière enflammée, se perdit dans un abîme de feu.

Le docteur et Bell arrivaient en ce moment auprès d'Hatteras. Celui-ci, abîmé dans son désespoir, se releva tout d'un coup.

« Mes amis, dit-il d'une voix énergique, les lâches ont pris la fuite ! les forts réussiront ! Johnson, Bell, vous avez le courage; docteur, vous avez la science; moi, j'ai la foi ! le pôle nord est là-bas ! à l'œuvre donc, à l'œuvre ! »

Les compagnons d'Hatteras se sentirent renaître à ces mâles paroles.

Et cependant, la situation était terrible pour ces quatre hommes et ce mourant, abandonnés sans ressource, perdus, seuls, sous le quatre-vingtième degré de latitude, au plus profond des régions polaires !

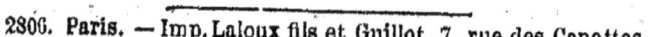

2806. Paris. — Imp. Laloux fils et Guillot, 7, rue des Canettes.

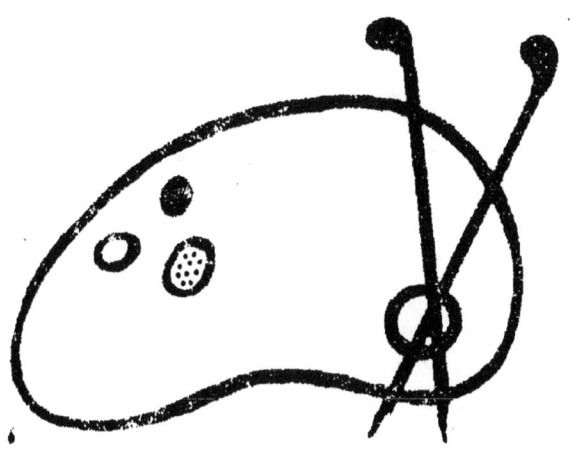

Original en couleur
NF Z 43-120-9

www.ingramcontent.com/pod-product-compliance
Lightning Source LLC
Chambersburg PA
CBHW072015150426
43194CB00008B/1122